大風呂敷

後藤新平の生涯 下

杉森久英
SUGIMORI HISAHIDE

毎日新聞出版

大風呂敷（上）目次

大風呂敷（下）

再起

清国との戦いは、わが軍に有利に展開し、国内は戦勝のよろこびで湧き立った。

しかし、後藤新平の身辺は、寂寥をきわめていた。

開戦の第一報があったとき、彼はすでに一審で無罪を宣せられ、保釈出獄を許されていたけれど、引き続き検事が控訴したので、彼は依然として刑事被告人であった。

控訴院で無罪が確定したとき、はじめて彼は青天白日の身となった。

盛大な無罪祝賀会が各地で開かれ、それに出席して、万丈の気焔を吐いているうちは、彼も気がまぎれた。

しかし、それも一通り過ぎてしまうと、彼の日常はふたたび淋しいものになった。

官にあるうちは、何かうまい話にでもありつけないかと、彼の家を訪ねる者が絶えなかったが、浪人の身となると、パッタリ誰も来なくなる。

さかりをば見る人多し散る花の跡を訪ふこそ情なりけれという歌は、彼が予審で錦織の身の上のこととして引用したものだったが、いまや彼自身にも、そのままあてはまった。

銀座の牛肉店松喜の女将は入金の女将とともに、俠骨をもって知られ、浪人仲間の面倒をよく見ていたが、新平はときどきこの店に現われて、牛鍋をつつきながら、一杯の酒に鬱を散じていた。

以前は彼が姿を現わすと、あちこちから声がかかり、彼の周囲には阿諛と追従のさざめきが絶えなかったが、今は気がついても、知らぬふりをする者ばかりである。

こういう新平の状態について、一番心配したのは、石黒忠悳であった。

石黒は新平を名古屋の病院長から内務省衛生局へ抜擢した本人で、従って新平の身の振り方について責任を感じないでいられない一人であったが、日清の開戦と共に、野戦衛生長官となって、広島の大本営に詰めていた。

石黒は、後藤新平をいつまでも遊ばせておいてはよくないと思った。

この男は普通のモノサシでは計られぬ大器である。使い方がよければ、人の及ばぬ働きをするが、一歩誤まると、どんな悪い事をしでかさないとも限らない。ともかく、さし当り必要なことは、彼にやり甲斐のある仕事を与えることだ……

こう思うと、彼は新平を広島へ呼び寄せて
「どうだね、もう一度役所へ勤める気はないかね」

「いや、役人はもう真っ平です。役人というものは、その地位にあるうちは、人はチヤホヤしてくれますが、いったん失脚したとなると、見むきもしません。あんなはかないものはない……」

「しかし、君も何かしなければなるまい。ひとまず中央衛生会の委員にでもなっておいたらどうかね」

「役人と似たようなものじゃありませんか」

「ちがう。あれは一応民間事業だ」

新平は不承々々、中央衛生会の委員にさせられた。

石黒忠悳が新平に無理矢理にすすめて、中央衛生会の委員になることを承諾させたについては、彼なりに一つのもくろみがあったと見ていいであろう。

清国との戦争は、日本軍の連戦連勝で、講和は時の問題となっていた。

やがて戦争が終れば、将兵は一度にどっと帰ってくるだろう。一般国民は日の丸を打ち振って、歓呼と共に迎えればすむことだが、医学関係者にとっては重大な問題があった。

戦役において、多くの死傷者が出ることはいうまでもないが、もっと多いのは病兵である。ことに清国のように、衛生制度の不備な国に、何カ月も転戦するとチフス、赤痢等の伝染病にかかる者はその数を知らない。これらの患者をそのまま帰国させるときは、病菌は日本中に蔓延して、その惨禍はおそるべきものとなるであろう。

すでに十数年前、西南戦争の終結ののち、凱旋兵の中に発生したコレラとの戦いに、死力を尽したが及ばず、ついに五百名の死者を出したことのある石黒忠悳は、ふたたび同じ事態を迎えようとして、今度こそは万全の策を講じなければならぬと思った。

西南戦争のときとちがって、この度は国をあげての戦いであり、軍夫、従丁までいれると、百万に及ぶ帰還者である。これらの中から、一人の保菌者をも国内へ入れぬためには、よほど腰をすえてかからねばならぬ。

石黒長官は陸軍大臣ならびに内務大臣にあてて建言書を出し、大規模な検疫設備をもうける必要を説いた。

時を同じくして、中央衛生会でも、同じ問題について審議した結果、委員長長谷川泰の名前で、内務大臣にあてて同様趣旨の建議をした。

石黒と長谷川の間に、事前の打ち合わせがあったのは、当然と見なければならぬ。

内務大臣は石黒の建言書を中央衛生会に回付して、その具体策を諮問した。

中央衛生会では検討の結果、委員を広島の大本営に派遣して、陸軍当局者と協議させることに決定した。

そして、その任に選ばれたのが、委員になりたての後藤新平であった。ほかの委員たちは、それぞれ急に投げ出すことのできない役職を持っており、牢屋から出たばかりで、これという仕事のない後藤新平に、その役が廻ってくるのは、きわめて自然であるが、もっと想像をたくましくすれば、石黒忠悳は、はじめからこの仕事を新平にやらせるつもりで、まず中央衛生会へ押しこんでおき、委員長の長谷川に説いて、お膳立てをしたものであろうと考えられるのである。

石黒のお膳立ては、おそらく相馬事件で世間から葬られようとしている後藤新平に、手腕を発揮して名誉回復をさせ、ふたたび立ち上る機会を得せしめようという温情から出たものであろう。

この任務を与えられた新平は、簡単な実施計画を立案すると、広島へ下り、参謀次長川上操六中将に面会を求めて、案の内容を説明しようとした。

川上中将は、後藤新平の用向きを聞くと、

「軍隊の検疫は、後方勤務の問題だから、参謀本部の所管ではない。陸軍省へ相談したらよかろう」

といった。

そこで新平は陸軍次官の児玉源太郎少将に面会を求めて、計画を説明した。

児玉はこの時四十三歳。色の黒い小柄な身体に、知恵のいっぱい詰まっているような男で、目

をパチパチさせながら聞いていたが
「よろしい。検疫の問題は甚だ重大だ。野戦でいろんな悪いバイキンをいっぱい背負って来た兵隊たちを、あのまま上陸させたら、日本中病気の巣になるだろう。厳重に検査をする必要がある」

と即座に断言したので、新平は児玉の理解の早さに驚いた。

もっとも児玉には、石黒衛生長官から、前もって話が通じてあったのである。石黒は上述のように、軍隊検疫設備の必要を説いた上申書を、陸軍大臣あてに提出するとともに、児玉に直接会って、説明した。児玉は
「よくわかりました。ところで、この大仕事を誰にやらせるかですが……」

「実は、僕が自分でやってもいいと思っていたのです。ところが、小松宮殿下が旅順へいらっしゃることになったので、僕はおともをせねばなりません。それで、誰か代りにやってくれる者があればいいのですが……陸軍に誰かいませんか」

「さあ……陸軍はいま人材払底でしてな……すこしましな奴はみな、戦地へいっていますから。それに、こういう仕事はやはり医学畑の人がいいでしょう」

石黒の胸には、後藤新平という切り札があるのだが、まだ出すのは早い。

「医界も、いざとなると、これだけの仕事を任せられる男はいませんなあ。すこし腕の立つ男は、みんな自分の仕事を持っていて、離れたがりませんし……もっとも、いま一人だけ、遊んでいる男がいますが」

「どういう人です？」

「後藤新平」

「たしか、相馬事件で牢屋へ入っている男ではないですか」

「この間、無罪の判決がありまして、出て来ました」

「判決は無罪でも、入っていたというのはまずいなあ。多少は何かあったんでしょう」

「本人は潔白すぎるくらい潔白な男ですが、義俠心に駆られて、引くに引けない所まで踏み込んでしまったようです。頭は冴えているし、腹はすわっているし、ちょっと得がたい男です」

「ホホウ」

「西南戦争のあとで、コレラがはやったとき、私の部下で働いて、経験も充分あります。この仕事には打ってつけです。私が太鼓判を押します」

「それでは、本人をよこしてください」

こうして児玉源太郎の頭の中には、新平についての予備知識ができていたのである。

後藤新平は児玉少将に会いにいったとき、中央衛生会の委員として、軍隊検疫の具体案を説明するだけで、用はすむと思っていた。

ところが児玉のほうでは、石黒衛生長官から新平について、前もっていろいろ聞いているところへ、会ってみると、いかにも俊敏な手腕家らしく見えたので、すっかりほれこんで、実行の方も、彼に一任しようとした。

「どうだろう、君、ひとつ軍医部へ入って、この仕事を責任をもって、やってくれまいか」

しかし、新平は
「いやです。私は牢屋を出るとき、一生役人にならないと決心しました」

「お国のために、まげて引受けてくれ」

「軍人は嫌いです」

「そんなに嫌いだったら、この仕事を終えて、すぐやめればいい。どうせ半年かそこいらだ。その間だけやってくれないだろうか。これがやれる人は、君しかないのだ」

「………」

「軍人になるのがどうしてもいやだったら、文官のままで軍人を使えるような官制を、別に作ってもいい」

新平はむりやり口説き落されて、とうとう引受けさせられた。

三月三十日、臨時陸軍検疫部の官制が発布され、それにともなう人事も発令された。

部長は将官として、児玉陸軍次官みずからが当り、後藤新平は事務官長に任命された。実際には新平が万事を指揮するのだが、軍人仲間に対する睨みをきかす意味で、児玉が部長の地位にすわったのである。

臨時検疫部が最初にしなければならぬ仕事は、検疫所を設立することであった。雲霞のごとき大軍を、つぎつぎと検疫するには、その施設はよほど大規模なものでなければならない。

検疫所は次の三カ所に設けられることになった。

似島（宇品付近）

彦島（下関付近）

桜島（大阪付近）

そして、一日に検疫し得る人員は、似島で五千ないし六千人、彦島と桜島ではそれぞれ二千五百ないし三千人が予定されている。

すなわち、三カ所合わせて一日に一万人以上を消化し得る設備が必要であるが、それには各島にそれぞれ消毒部、停留舎、避病院、事務所、兵舎、倉庫、炊事場、便所等を建てねばならない。必要な棟数は全部で五百棟である。

しかも彼等は、これを三カ月のうちに建てねばならない。まもなく帰還がはじまるから、ぐずぐずしていると、百万の将兵が三つの島に氾濫するであろう。

建築課長は工学士の陸軍技師である。三カ月に五百棟と聞いて、どだい無茶な注文だと首を横に振った。新平は
「無茶でない注文なら、素人にでもできる。無茶な注文をこなすのが、君たち玄人ではないのか」

へんな理屈をいって、むりやり押しつけてしまった。

日本軍の帰還は、講和の都合で、早められることになり、検疫所を二カ月で完成せよという命令が出た。

三つの島に五百棟、三カ月で建てることさえ無茶だといっていた建築課長は、目をむいた。

しかし、国家の要求には答えなければならない。一同決死の覚悟で事に当り、工事場は戦場のような騒ぎになった。

似島で埋め立てや地盤固めをしている間に、広島市内で小学校の運動場を借り切って、用材の切り組みに当り、埋め立てが一歩進めば、出来た分を送って組み立てにかかるという状態で、甚だしいときは、一棟の梁や柱が半分しか組み上らないのに、端から瓦をふいてゆくほどであった。

こうして、二カ月たらずで建築は出来た。

しかし、検疫所はこれで完成したのではない。あちこちに巨大な蒸汽消毒罐をすえつけねばならない。全部で十三個、前もって川崎造船所、大阪鉄工所、石川島造船所などへ注文してあったが、これらも予定より一カ月早く組み立てることが必要になったので、関係者は不眠不休の活動をせねばならなかった。

一週間も徹夜の作業が続くと、職工はハンマーを持ったまま眠りこんでしまって、いくら揺り起しても、目をさまそうとしない。それでもたたき起して、作業を続けさせねばならなかった。

こうして、期限すれすれに設備は完成した。

いよいよ凱旋の将兵を迎えるのだが、ここに一つ問題があった。それは、強敵清国を打ち破って、意気天を衝く将兵が、素直に検疫を受けるかどうかという心配である。大陸の野に転戦数カ月、一日も早く妻子の顔を見たい彼等が、上陸を目の前にして、数日の滞留を辛抱できるかどうか……

ことに、将軍連が問題である。軍司令官とか師団長とかいう連中は、維新の生き残りが多くて、勤王の大義には明るいかわりに、衛生思想は乏しいから、へたに消毒をしようなどと言い出すと、光輝ある帝国軍隊を、きたないものか何ぞのように、消毒とは何事ぞと言い出しかねない。

検疫開始が迫るにつれて、新平は心配になってきた。彼は児玉少将にむかって

「軍人は今や、天下にこわいものなしです。この鼻息で、医者のいうことをきかなかったら、検疫もなにも、できたものではありません」

「わしにすこし考えがある。任せときなさい」

児玉は征清大総督小松宮が下関へ着いたとき、さっそく船まで出迎えて
「殿下にはこれより東京へお帰りになりますれば、戦況御報告のため、天皇陛下に拝謁あそばされることと存じまするが、もしや殿下より、このままの身体で陛下の御前に出るのは恐れ多いから、消毒をしたいと仰せ出さるるやも知れぬと存じまして、あらかじめその用意をいたし置きました。いかが取り計らいましょうか」

と言上した。

小松宮は
「いいところへ気がついてくれた。自分も、どのような病毒にまみれているか知れぬ身で、陛下の御前へ出るわけにはゆかぬから、さっそく検疫してもらうことにしよう」

といって、進んで検疫所へ出かけた。

総督宮殿下が検疫をお受けになったとあっては、将軍連も文句の言いようがない。たいていは素直に軍医の指示に従い、部下の将兵もそれに倣った。

それでも、中には新平に食ってかかる師団長もないではなかった。そんなとき彼は
「この検疫所は、なにも後藤個人がやっているのではありません。ここは恐れ多くも、天皇陛下の検疫所です。後藤は陛下の御命令によってやっているにすぎませんから、私にとやかく言われるのは筋違いでしょう」

といって譲らなかった。

ともかく、軍人はみな、一死もって国難に当ったという自負があるから、意気揚々として、肩で風を切って歩き、文官を馬鹿にして、なかなか言うことを聞こうとしない。

そこで新平は、どこへ行くにも庶務課長の大尉をつれてあるくことにした。

軍人は階級に対して敏感であるが、平服を着た人間は、どんな高官でも、見分けがつかぬから、とかく軽く見る傾きがある。そこで新平は制服の大尉をつれてあるき、本人には少々気の毒だが、わざと横柄に、つまらない用事を言いつけたり、頭ごなしに叱り飛ばしたりしてみせる。相手は自分の階級とくらべてみて、大尉があれほど叱られるくらいだから、この人はよほど偉い人にちがいないと思って、彼の言うことを聞くのであった。

新平は部下の中佐少佐にでも、遠慮会釈なくどなりつけ

「陸軍軍人は奥州のサツマ芋だ。筋の多いやつほどまずい」

と暴言を吐いた。それでも彼等はおとなしくしているので、ある人がどうしたのかと聞くと

「あれは気ちがいだ。まともに相手になると、何をされるかわからないからね」

と苦笑した。水沢の町でみんなをてこずらせた腕白少年の面目は、健在だったのである。

こうして荒れ狂っていながら、新平の胸の底には、常に悲痛な思いが秘められていた。それは、自分は相馬事件で、一旦社会から葬られようとした男だということである。

たまたま石黒忠悳は彼に再起の機会を与えてくれた。しかし、ここで失敗したら、おそらく自分は終生浮び上ることができないだろう……こう思い定めると、彼は全身の力を振りしぼって、仕事に立ち向ったのである。

数カ月ののち、無事任務を終えて東京へ帰ったとき、新平の頬は落ち、目ばかり光っていた。

陸軍省に児玉次官を訪ねると、児玉は

「君にあげる物がある」

持ち出した箱の中には、彼のやり方を非難する投書や電報がいっぱい詰まっていた。

それらを全部握りつぶして、彼に思う存分やらせた児玉に、新平は感謝の頭を深く垂れた。

後藤新平がふたたび内務省衛生局長に任ぜられたのは、明治二十八年九月七日であった。陸軍検疫部事務官長と兼任である。

そのうち、検疫部の官制が廃止になったので、彼は衛生局長一本になった。

新平ははじめ、内務省に復職するのをいやがった。

彼はもっと大きな地位を望んでいたのかも知れない。

あるいは、入獄中冷たい仕打ちをした元の同僚や部下と、顔を合わせることを好まなかったのかも知れない。

ともかく、一度縄付きで追われた椅子へ、無罪でしたといって帰るのは、晴れがましいようでもあるが、妙な気のするものであろうことも、想像に難くない。

しかし、内務大臣にたのまれた長与専斎が、彼をくどき落しに来た。彼は二年ぶりで元の古巣へ帰ることを承知した。

それから二年六カ月、彼はこの地位に留まることになる。

はじめの一日くらい、彼はお尻のこそばゆい思いをしたかも知れない。しかし、後藤新平はそんなことをいつまでも気にかける男ではない。彼はまもなく、二年間の空白なんか、まるでなかったような顔をして、省内を我が物顔に歩き廻り、以前と全く同様に、上長に食ってかかり、部下を叱り飛ばし、同僚と議論して、気焔を上げた。

入獄の経験も、今となっては後藤新平という名前を売り出す好個の材料となった。眉間の刀傷が幅をきかすのは、ならず者の世界だけではない。

牢屋へ入ったと言ったところで、なにもスリやコソ泥を働いたわけではない。天下の相馬家を相手にとって、乗るかそるかの大勝負をやってのけたのである。しかも、その動機に一点の私心もなく、あるものはただ俠気のみであったというにおいては、何の恥じるところがあろうぞ。

今や彼は快男児の名前をほしいままにし、さらに将来の飛躍が期待されるようになった。

彼が衛生局長に復職して、一カ月ばかり経ったころの、ある日曜日のことである。秘書官の林茂香が隣室で書き物をしていると、新平が書斎から、浮き浮きした声で呼びかけた。

「林……近寄って来たぞ」

「何でございますか」

「近寄って来たということさ」

何のことか、林にはわからないから、書斎のドアをあけて

「何が近寄ったのでございますか」

新平は林に官報を見せながら、

「白根が逓信大臣になりよった。あいつが大臣になるくらいだから、おれが大臣になる時期も、大分近寄ったということよ。ハハハハハ」

新平は上機嫌で笑った。

白根専一は次官時代から切れ者として知られ、早晩台閣に列する人物と見られていた。その白根がなるくらいだから、自分も間もなくなるだろうと放言するあたり、自信の程もうかがえよう

というものである。現代のインテリに好かれるタイプではないが、明治という時代はそれで通ったのである。

なお、新平を内務省へ復職させようと、一番熱心に奔走したのも、白根専一であった。

後藤新平が立身出世を愛したことは事実だが、出世だけが彼の目的でなかったことも、ことわっておく必要があろう。

第一に、彼には抱負経綸があった。この日本が近代国家として成長するには、何が必要かということを考える力と、それを実行する力とを持っていた。

彼が早く大臣になることを熱望したのは、かならずしも大礼服を着ていばりたいという、子供のような虚栄心からだけではなく――それも彼には人一倍はげしかったが――やはり、自分の夢を実現するには、権力を手に入れる必要があると思ったからであった。

彼にはどんな夢があったか。

たとえば、彼には日本から貧乏をなくするという夢があった。日本が清国との戦いに勝ち、国運ますます隆盛なのはけっこうだが、貧富の差が甚だしくなり、労働階級が困窮すると、やがては社会不安を誘発するであろう。

それを未然に防止するには、労働疾病保険、無料診療所、孤児院、貧民幼稚園、その他の社会施設を完備しなければならないというのが、彼の夢であった。

今日では、これらはすべて常識になっているし、あるものはすでに実行に移されているが、明治三十年においては、それらは文字通りの夢であった。

この夢を夢に終らせないためには、彼はやはり権力の座にある人の支持に頼らねばならない。

彼はある日、陸軍次官児玉源太郎を訪ねると
「伊藤さんに紹介してくれませんか」

伊藤というのは博文のことである。そのとき博文は首相であった。児玉と同じ長州出身で、児玉はその子分に当る。

「紹介してもいいが、どういう用件だね」

「わたしがふだんから考えている社会政策について、説明してみたいのです」

児玉はときどき新平から、彼の理想社会の夢を聞かされて、知っているから
「君のあれは、なかなか卓見だよ。伊藤さんにも話す価値があるだろう。今度都合を聞いてみよう」

「しかし伊藤さんは、相手によっては青二才とあなどって、見くだした態度を取られることがあるそうですね。一寸の虫にも五分の魂といいますけれど、あまり無礼な態度に出られると、私だって腹にすえかねて、何か言うかも知れません。そんなことのないように、まじめに相手になってほしいと伝えて下さい」

「自分の喧嘩早いのを棚に上げて、天下の宰相に注文をつけるんだから、呆れた男だ。ハッハッハ……しかし、伊藤さんにそういう癖があることは事実だから、よく話しておこう」

何日かのち、伊藤博文から今日官舎へ来いと通知があったので、新平は支度をしていると、児玉源太郎から、出かける前に、自分のところへ立ち寄ってほしいと伝言である。行ってみると
「君を一人でやると、何で衝突するかわからんから、あぶなくて仕様がない。やはりおれがついてゆくことにする」

新平は見張りつきで出掛けた。

児玉の心配にもかかわらず、伊藤博文は後藤新平に無礼な態度を取らなかった。彼がかつて馬関の船遊びに、風上から小便をひっかけられたことのある安場福岡県知事の婿だと知って、親しみを感じたのかも知れない。

新平の持論である労働疾病保険法——今日の健康保険法の意見に、伊藤は熱心に耳を傾け、自分のほうからも、国家社会主義の講釈をして、蘊蓄の一端を示した。新平は新平で、伊藤がこういう方面までちゃんと勉強しているのに、感心した。

新平は自分が博文に嫌われていないのみならず、相当高く買われているという自信を得たので、それ以来しばしば彼を訪問して、意見を具申するようになった。

こうして彼は伊藤、児玉を軸とする長州閥の系列に組み入れられ、出世の手蔓をつかんだわけである。

同時に、彼は上の者に取り入ることのうまい男という評判もかちえたのであるが、これは朝敵の子に生まれ、頼るべき何らの背景も、金力も持たぬ男が、才能を伸ばし志を遂げようとするには、やむを得ぬ手段であったかも知れぬ。

上の者に取り入るのがうまかったといっても、彼はやたらにペコペコして、御機嫌を取り結ぶわけではなかった。彼はただ、仕事の上の抱負や経綸を胸にいっぱい蓄えていて、熱心に説いてあるいただけである。いわば彼は、国家がいま何を必要とするかをよく知っており、それを満たすに足る知識と手腕の持ち主は、ほかならぬ自分であるということを、相手に知らせることに、人一倍熱心だったのである。

後藤新平は上に取り入ることがうまかっただけでなく、下僚の面倒もよくみた。

陸軍臨時検疫所が廃止になったとき、これまで彼の側近で働いていた四五人は、それぞれ新しい勤め口をみつけて転勤したが、ただ一人、月給十二円の雇員が売れ残った。新平はこの男のために、朝早くから二人曳きの人力車であちこち駆けまわり、最後に児玉源太郎に引受けてもらったときは、やれやれと安堵のため息をもらした。

しかし、本人にはぶっきら棒に

「貴様は陸軍省で雇ってくれることになったから、行け」

というだけであった。

部下の面倒を見るといっても、彼はただ彼等を甘やかすだけでなかった。相当はげしくこき使い、気にいらぬことがあると、目を怒らせ、かみつかんばかりの勢でどなりつけた。

「馬鹿め」

「クソ馬鹿め」

「いったい、米の飯はどこへ食っているのだ」

などが彼の愛用の文句であった。

秘書官の林茂香はいつも新平の酷使と怒号の対象であった。彼は退庁後でも、しばしば私邸に呼ばれて、おそくまで建白書や計画書の起草を手伝わさせられた。

あるとき、急な書き物を下宿へ持って帰り、徹夜で仕上げて、朝八時ころ持ってゆき

「ゆうべはとうとう徹夜しました」

やや手柄顔にいうと

「徹夜したなら、もっと早く出来そうなものだ」

といわれた。

後藤新平は上司と下僚に受けがよかったけれど、同輩にはあまり人気がなかった。これは新平だけでなく、立身出世する男に共通のものである。

立身出世する男は、上司にとってはしばしばいい相談相手であり、下僚からみれば頼もしい親分であるが、同僚にとっては、おそるべき競争者である。好かれようはずがない。

もっとも、そういう男は、外部からは注目されるものである。新平の衛生局長時代、大蔵省の予算決算課長として、ほぼ彼と同列の地位にあった阪谷芳郎は、後年次のように言っていたという。

「後藤さんという人の大体の事業の上の成績を私が見るのに、衛生局長の時代でも、余程当時の同輩を抜いて、新規の事を頻りに研究せられた人で、新しい知識を得て、そうして非常に新しい仕事を開拓することに熱心であった。

しかしその時代は、向うも書記官が局長で、私もやはり書記官で、課長時代であったものですから、いちじるしく私の頭に印象が残っていない。

ただこれは将来有望な人であると感じておっただけである。

その時分の役人の気風というものは、たがいに人物を慕う風があったのでしょう。私なども大蔵省におって、予算課によく出入りせられた人の中で、記憶に残っているのが後藤さんで、陸軍省では中村（雄次郎）さん、外務省では珍田（捨巳）、小村（寿太郎）というところ。それから海軍省では斎藤（実）、山本権兵衛さんというようなところ。これらがすくなくも、その時分のまだ奏任官連中で、私の記憶に残る人々であったのです」

後藤新平は普通の官吏とちがって、役所へはきまった時間に出勤せず、出勤しても、午前に来たり、午後来たり、今いたかと思うと、もう見えなくなっているという風で、しょっちゅう外を出あるいていた。そういう時、彼は大臣や有力な政治家、実業家などを訪ねて、その遠大な抱負や経綸を説いているのであった。

役人にとって、予算獲得はぜひとも身につけておくべき技術であるが、新平はこの方にも天分を持っていた。彼は何か計画を立てると、大臣にも次官にも相談せず、大蔵省の阪谷予算決算課長のところへいって、こんど、こんなことをしようと思うが、と相談する。阪谷が
「大体いいと思うけれど、大臣の意見は？」

「うちの大臣はボンクラだ。君さえ承知なら、こちらはどうにでもなる」

「まあ、いいだろう」

そこで新平は帰って、大臣や次官を説くのであった。

こうして彼は、これまで一カ月分だった衛生局の年末賞与を二カ月分にした。友人の長谷川泰は、彼に金庫泥棒というアダ名をつけた。

後藤新平は二度目に内務省衛生局長になってから、約二年半その椅子にいたけれど、これといって大きな仕事を残していない。

といっても、それは彼の無為無能を物語るものではない。彼は日本の労働階級の福祉のために、労災保険、国立診療所、無料宿泊所、孤児院、託児所等の社会施設を整備すべきことを、機会あるごとに説いてあるいたが、なかなか実現を見るにいたらなかったのである。

彼はまず日本が清国から償金として受け取った二億両に目をつけ、その一割に当る三千万円を一旦皇室に献納したのち、改めて御下付を仰ぎ、これを基として「明治恤救基金」なるものをこしらえて、社会事業を起すことを考えた。

彼はくわしい計画案を作製して、議会に提出しようとしたが、内外に多端な政治問題をかかえて、崩壊寸前の内閣にとってはそれどころでなく、握りつぶされてしまった。

明治二十九年八月、伊藤内閣が倒れて、松隈内閣（松方・大隈連立内閣）ができた。新平は有力な味方伊藤首相を失って、落胆したが、素志は変ったわけではない。「明治恤救基金」の構想を変えて「恤救法案」「救貧法案」の二つとし、議員の有力者を説いて、第十議会に超党派問題として提出してもらった。

しかしこの二法案は審議未了で葬り去られた。

そこで新平は、三たび試みることにした。

こんどは、明治三十一年度の予算編成の準備に入ろうとする時期に当り、次の六件について予算を組まれたいという建議である。

一、帝国施療病院の設立
二、労働者疾病保険の国庫補助
三、衛生事務講習所
四、衛生事業施設調査費
五、救貧制度調査局の設立
六、地方衛生官の増員

さらに彼は恤救事務局の設置を建議したが、まもなく内閣が倒れて、ふたたび伊藤内閣が成立した。明治三十一年一月十二日のことである。

後藤新平はこんどこそと意気ごんだが、内閣ができて二カ月後に、彼は台湾総督府民政局長を命ぜられて、内務省を去ることになった。

結局彼はその雄大な社会政策の構想を、一つも実行に移すことができなかったが、それらは大正から昭和へかけて、いろんな形で実現したのである。

後藤新平は時代に先んじて、ひとり世界の大勢に目覚め、遠く未来を望見しているという自負があったから、誰を見ても間抜けに見えた。彼は誰にでもアダ名をつけ、蔭ではくそみそにコキおろして喜んでいた。

彼がまともにさんをつけて呼んだのは伊藤、児玉、長与くらいで、あとはみな呼び棄てかアダ名である。たとえば山縣有朋は出歯、大隈重信は一本足、品川弥二郎は泣き虫、芳川顕正は大黒、樺山資紀は古船の船頭といったふうで、およそ辛辣をきわめたものであった。

もっとも、山縣と桂太郎はのちに彼にとって有用な人物になったので、さんに昇格せしめられるの光栄に浴した。

蛮　爵

児玉源太郎少将は明治二十九年、日清戦争の勲功で、男爵を授けられ、中将に進級した。明治三十一年三月はじめころのある日、児玉中将から後藤新平に、話があるから来てもらいたいといって来た。行ってみると
「僕はこんど、台湾総督を拝命することになったんだが、君ひとつ、僕のところで民政局長をやってくれる気はないか」
児玉が台湾総督になるらしいといううわさは、新平も少し前から耳にしていた。台湾は日本のものになって以来、樺山資紀、桂太郎、乃木希典と三代の総督を迎えて、こんどの児玉で四代目である。
新平は
「閣下は総督を受諾されるについて、何か特別の条件をおつけになりましたか」
条件という言葉は、そのころの知識人の間の流行語で、彼等は何かといえば条件を口にして、新しがっていた。
「僕は別に条件なんてものを持ち出さない。よしんば、そんなものがあったって、向うへ行って実行しようとしたら、どうひっくり返るか、わかったものじゃないじゃないか。よくわかりもしないうちから、やたらと条件々々とさわぐ気にはなれないな」

この言葉が新平の気に入った。

陸軍検疫所で、思う存分手腕を揮わせてもらった恩顧もある。自分を頼むにたる男と見込んで、わざわざ声をかけてくれたと思えば、その厚意が身にしみて嬉しい。士はおのれを知る者のために死すという。

「かしこまりました。犬馬の労をとらせていただきます」

こうして児玉に直属したことが、後藤新平を長閥へ結びつけ、彼のその後の出世を約束することになった。

新平にとって、台湾はまったくはじめてのところではなかった。彼は民政局長就任の前々年、明治二十九年四月、すでに台湾総督府衛生顧問を命ぜられている。これは彼が台湾統治上の難問題たる阿片禁止政策について、医者として独自の意見を持っていたためであった。

独自の意見というのは、一言でいえば阿片漸禁策である。

阿片の害毒はおそるべきものがあるから、できればこれを一度に厳禁するに越したことはない。しかし、阿片は長年にわたって、台湾住民の生活慣習の中に沁みこんでおり、政治、経済の根幹にも関係している。これを強権をもって禁止すると、かえって人心の不安と秩序の混乱を招くおそれさえある。そこで政府は、これに重税を課して、人民の吸飲量に制限を加えるとともに、その収入は、台湾の衛生事業施設の拡張、整備の資金にあてるべきだというのであった。

台湾衛生顧問に依嘱された翌々月、後藤新平は台湾視察の旅に出発した。一行は伊藤首相、西郷海相、それに新しく台湾総督に赴任する桂太郎等であった。二年後に台湾民政局長となる素地は、この時作られたもののようである。

台湾へ行くについて、後藤新平には一つの楽しみがあった。それは、暫くぶりで恩人阿川光裕に会えることとである。

阿川はその前々年まで熊本県阿蘇郡の郡長をしていたが、台湾に阿片漸禁制度が実施されるとともに、その担当官に選任されたのである。阿片漸禁制度は後藤新平の提案によって出来たものであり、その少し前に新平が台湾総督府の衛生顧問になっているところからみて、彼が阿川を推薦したものと想像しても、誤りではないだろう。

後藤新平が阿川を台湾へ推薦したときは、おそらく彼自身台湾へ行くつもりはなかったであろう。ところが、ふしぎな縁で、児玉が総督になるとともに、彼に民政局長のお鉢がまわって来た。阿川光裕は一事務官であり、後藤新平は高等官一等の局長である。むかし水沢で彼の家に寄食し、須賀川で毎月学資を給せられた貧少年は、今、彼の直属上官として、彼に何かを命令したり、禁止したり、時には罰したりできる地位についたわけである。親よりも背高く成長した子供のように、妙にくすぐったい気持ちで、彼は再会の日を待ちこがれた。

万歳の声に送られて、三月二十日、東京を出た後藤新平は、二十八日、基隆港に着いた。基隆から台北までは、汽車である。正午ちかく、台北停車場に着いた新平は、多数の出迎え人の中に、目ざとく阿川の姿を見出した。

すでに五十をいくつか越えて、白髪の目立つ阿川は、感激に堪えぬ面持ちで、一心に新平の方を見守っている。

両者の目が合った瞬間、新平は一行から離れて、つかつかと阿川の前に進み出ると

「先生、お久しぶりでございます」

深く頭を垂れて、一礼した。

「新平――いや、局長閣下、こんどはおめでとう。無事お着きで、何よりです」

阿川はあわてて、新平より深く頭を下げた。二人の目には涙が光っている。

出迎えの人々は、新任の民政局長に、こんなに丁寧にお辞儀をさせるこの老人は一体何者かと、好奇の視線をそそいだ。

自分が群をはなれたため、総督一行も自然と足を留めたことに気のついた新平は
「それでは、先生。あとでゆっくりお目にかかります」

「わたしも、あとから御挨拶に……」

阿川はどこまでも新平を上司として遇した。

もっとも、二人きりのときとか、気心の知れた人の前では、そういう芝居ができるものではない。ときどき長官室（民政局長はまもなく民政長官と改められた）へぬっと入って来て
「あのなあ、新平……」

丁稚小僧にでも言うように、高飛車な口をきく老人が、台湾総督府の名物になった。

後藤新平が阿川光裕を台湾総督府の事務官に推薦したことは、軍隊でいえば、本隊の進撃に先だって、尖兵部隊を派遣しておいたようなものであった。

この尖兵部隊は、一年半も前から目的地へ乗り込んで、地形を調べ、敵情をさぐり、今後の作戦に必要な知識をいっぱいに貯えこんだところへ、本隊が到着したというわけである。

新平にとっては、地獄で仏であった。彼がいくら明敏でも、勉強家でも、仮にも日本本土の十分の一の広さの島を、いきなり目の前へ投げ出されて、勝手に料理しろといわれても、急には手

も足も出るものではない。阿片問題についてはいささか勉強もしているが、阿片は台湾の全部ではない。

　こういうとき、阿川光裕は彼にとって、絶好の相談相手であった。彼は昼は阿川を長官室へ呼び、夜は自宅へ呼んで、台湾統治の問題点について、説明してもらった。むかし水沢で孫子を講義してくれた先生は、三十年後に台湾について教えてくれる先生であった。

「本島を統治するに当って、最も心すべき点は何でしょうか」

　ソファーにゆったりと腰をかけ、葉巻をくゆらせているけれど、新平の気持ちは、キチンと正座して、膝に手を置いていた、前髪立ちの少年のころと同じである。

「左様さ……一番大事なことは、軍人の横暴を押えることだろうテ」

　阿川も、目の前にいる初老の男が、尊敬すべき長官閣下であることを忘れて、十三歳の少年に対するような調子になる。

「それはどういう事でしょうか」

「そもそも、我が国が清国に対して勝利をかち得たのは、忠勇武烈なる軍人のせいであるから、われわれとしては、軍人にいくら感謝しても、過ぎるということはない。しかし、彼等がそれで図に乗って、好き勝手な振舞いをするという段になると、これはまた問題が別になる」

「ハア」

「台湾は清国の辺土に当り、中央政府の威令が行われなかったため、治安は乱れるだけ乱れ、各地に土匪が横行していることは、お前も知っての通りだ。だから、講和条約で、日本が台湾をよこせといったとき、先方は、なぜこんなつまらん所をほしがるのかと、ふしぎそうな顔をした。

いよいよ日本へくれることにきまったとき、李鴻章全権は、わが方の伊藤全権にむかって、よほどうまくおやりにならんと、阿片と土匪には手を焼きますぞと、忠告したということだ……」

「それは、私もうかがっています」

新平は、伊藤博文の口から、じかにそれを聞いたことがある。

「そこで、台湾がいよいよこちらのものになって、日本が乗り込んでみると、なるほど、李鴻章のいった通りだ。わが国の戦国時代のようなもので、各地に大小の土匪が割拠し、互いに攻めたり、攻められたり、良民を殺したり、財貨を奪ったりする。日本人の出した法律や命令なんか、クソくらえというわけさ……」

阿川光裕は続けて
「日本が台湾を領有して以来、これで二年半、総督は三人かわって、今の児玉さんで四人目だが、これまでの総督は、いったい何をして来たかというと、土匪討伐……ただこれだけさ。ほかの事は、何ひとつやっとらん。統治とはすなわち討伐のことだ」

「なるほど」

新平は相槌を打った。

「軍人というものは、戦争が飯より好きだからね。日清戦争が思いのほか早く片づいて、すこし物たりない思いをしていたところへ、台湾へ行ってみろというので、来てみると、ここにはまだ言うことを聞かないやつがいる。それ、やっつけろというので、攻めてゆく。向うが出てくる。追っ払う。逃げる。追っかける。逆襲する……こんなことの連続で、二年半たってしまった。何しろ、歴代の総督はみな軍人だからな」

「こんなに治安の乱れたところは、軍人でなければ、やってゆけないでしょう」

「それに、この島は、戦争の結果分捕ったものだから、軍人たちは、自分のものだというハラがある。煮て食おうが、焼いて食おうが、勝手だという気持ちさ」

「まさか、それほどでもないでしょう」

「それは、まあ、いくらか言い過ぎたかもしれないが、何しろこの二年半というもの、台湾総督の仕事といえば、明けても暮れても土匪征伐ばかりだ。民生の安定もなければ、殖産興業もない。台湾は陸軍の実弾演習場と化した」

「ハハア」

「ことに乃木さんなんか、討伐が好きだったね。というより、討伐のほか、何もしていないね。あとは、暇さえあれば官邸に閉じ籠って、大楠公や山鹿素行の書物を読んでいるだけだった。あの人は武人としては立派な人だったが、総督の器ではない」

阿川の話は幾分誇張があるようだけれど、問題の要点をよくつかんでいる。普通の属僚だと、長官に話すというだけで、固くなってしまうから、当りさわりのないことばかりしゃべる。

「乃木さんはよくなかったですかね」

「あの人の任務というものが、はじめから土匪の鎮圧にあったのだから、ああなるのも無理はなかったかも知れないが……ともかくあの人は台湾全島を三つの地域にわけた。第一は匪賊の力の強い山間地、第二は比較的おだやかな市街地、平地、そして第三はその中間の地域だ。そして、山間地の治安は軍隊、憲兵隊がこれに当り、市街地、平地は警察が引受け、中間地帯は憲兵と警察が協力して当るという方針を定めた。これが、今でもおこなわれている三段警備の法というのだ」

「ハハア」

「ところが、これは実際にやってみると、ちっとも成績が上らない。あちこちで、警察と軍隊とが衝突をはじめた。手柄の奪い合いでなければ、縄張り争いだ。この反目は今日に及んでいるが、あの三段警備というやつは、早く廃止しなければいかんね」

阿川光裕に言わせると、台湾統治の根本策は、結局、軍人の横暴をいかに制御してゆくかにあるというのであった。

「軍人は、土匪なんてものは、攻めさえすれば降参するかと思っているようだが、なかなかどうして、そんなものではない。彼等はなにしろ、土地に密着しているから、追いつめられると、良民の中へまぎれこんでしまうのだ」

一口に土匪といっても、いろいろあって、本当の泥棒や浮浪人の集団もあれば、比較的善良な住民の集団もある。

後者は一種の自警組織であって、本物の泥棒や無頼漢から自分たちを守るために、自然と組織されたものである。

そのへんの区別をつけないで、なんでもかんでも、討伐で物事を解決しようと思っても、いたずらに住民の支持を失うばかりである。

「結局、具体的にはどうすればいいのでしょうか」

新平の問いに答えて、阿川は
「まず、三段警備というバカげた作戦をやめること。そして土匪の中でも、善良な分子に対しては、懐柔策に出て、これを味方に引き入れることだ」

「そんな土匪がおりますか」

「おる。こちらが誠意をもって交渉すれば、きっと答えられると思う。ただし、それには順序が必要だ。手ぶらでノコノコ出かけていっても、向うは警戒して、なかなか交渉に応じまい。やはり適当な人物を間に立てて、説得させる必要があるだろう。それには持って来いの男がいるんだが……」

「どういう男ですか」

「辜顕栄といって、台湾人の商人だけれど、なかなか腕利きで、相当の財産もある、度胸のすわった男で、物わかりもよくて、日本軍がはじめて台湾へ上陸したときは、まっ先に出迎えて、輸送や食糧の補給の世話をしてくれたそうだ。ところが、すこし気の荒いところもある男だから、何かの行き違いで、台中知事と口論をして、牢屋へほうりこまれてしまった。こういうところが、日本人のいけないところさ。権力をにぎっていると、すぐ振り廻したがるからね」

「まったくです」

「台湾人仲間も憤慨して、彼のために署名運動をやったり、嘆願書を出したりしたから、まもなく釈放されたけれど、辜はそれ以来、怒って、日本人の集まるところへは出ようとしない」

「いまだに怒ってるんですか」

「怒ってるらしい。しかし、彼のような男を怒らせたままにしておくのは、よろしくない。彼は土匪の間でも、絶大な勢力を持っているから、こういう男の気持ちを解きほぐして、うまく使うのが、本当の政治というものだと思うよ。どうだね、ひとつ辜顕栄に会って、彼の知恵を借りる

「気はないかね」

後藤新平は辜顕栄に会うことを、すぐ承知したけれど、辜のほうでは、やれ病気だとか、やれ忙しいだとかいって、なかなか新平に会いたがらなかった。

彼は入獄以来、日本人の役人に反感を抱いて、なるべく避けようとしているらしい。異民族同士の友情というものは、一旦傷つくと、なかなか回復できないものである。まして獄舎にまで入れられた恨みは、そう簡単に消えるものではない。彼は日本人の顔を見るのもいやになっている。

しかし、それだけに、阿川は彼を新平に会わせてみたい。会えばきっと、おたがいに気が合うだろう。このまま辜をすねさせて、永久に日本人の敵にしたくない。

阿川は強引に辜を新平の官邸へつれていった。

はじめのうち、辜は不機嫌に黙り込んでいるので、話はあまりはずまなかった。通訳つきだから、なおさら始末がわるい。

しかし、妙なことから、二人の間はほぐれた。新平が
「監獄へ入れられたそうだね」

「はい」

「幾日くらい入っていたかね」

「五十日くらいです」

「それでは、わが輩の方がよけいに入っている」

辜は目を丸くして
「閣下もお入りになりましたか」

「貴公の倍くらい入った。これでも、ちったあ人に知られた悪党よ……どうだね、通訳君、この歯切れのいい名調子が、うまく訳せるかね」

実は新平は東北なまりも相当強い方だから、余り名調子ともいえないのだが、通訳は
「なんとか、やってみましょう」

どんな訳し方をしたか知らないが、これで新平は一度に辜の友人になってしまった。

気心が知れてしまえば、辜顕栄はいい男であった。性質が少々荒っぽくて、ガサガサしていて、短気で、怒りっぽくて、そのくせ義侠心に富んでいて、人が困っていると、ほうっておけないところは、新平によく似ていた。

やがて新平は
「どうだろうね……こう治安が乱れていては、仕様がない。なんとか静める方法がないものだろうか」

「ないことはないと思いますが、それには条件があります」

「どういうことかね」

「私に、軍装五百着、小銃五百挺、弾丸十万発を貸与されることです」

「馬鹿いっちゃいけない。牢屋から出たばかりの悪党に、やたら飛び道具が持たせられるものか」

「閣下は私を信用なさいませんか」

「ウーム、すこし事情を説明してくれたまえ」

「あなた方には見分けがつきますまいが、一口に土匪といっても、良民の自警組織と、ほんとの

悪漢の集りと、二種類あります。この前者を手なずけて、武器を持たせ、後者に対抗させようというのが、私の考えです」

「なるほど」

「本当のところ、日本の軍人さんたちが、いくら討伐に力をいれても、台湾は平定できません。それよりも、善良な人民たちに武器を与えて、軍人さんに協力させたらいいでしょう」

「よろしい。それでいこう」

新平は即座に承知した。

しかし、陸軍側が承知しない。

「われわれの兵器は、おそれ多くも天皇陛下からお預りしたものである。みだりに異民族に貸与するなど、もってのほかだ」

新平は
「これはおかしい。台湾はすでに日本のものとなったのだから、ここに住む者はすべて、日本人ではないのか。それとも諸君は、台湾人はすべて、従来通り、外国人と思って征伐してあるいているのか。それではいつまで経っても皇民と化することができないだろう」

「理屈はさておいて、これまで彼等はわれわれに敵対している。今すぐこれに武器を与えるのは、まるで、これで撃って下さいというようなものだ」

軍人もなかなか譲らないので、後藤新平は危く辜顕栄に対して面目を失いそうになった。しかし、児玉総督が新平の主張を支持したので、軍装と武器は台湾人に交付されることになった。

喜んだのは辜顕栄である。さっそく台北ならびに周辺の有力者、名望家を集めて、自治組織を作り、土匪招降運動をはじめた。

後藤新平は新しく児玉総督の名で次の布告を発した。

総督新タニ任ニ就イテ、土民ノ帰服ヲ喜ビ、汝等一家ノ団欒ヲ欲スル、極メテ切ナリ。モシ汝等ニシテ帰順ノ意アラバ、任意官邸ニ来ルヲ許シ、疑フアラバ、民政長官自ラ往キ行イテ、コレヲ説カン。

土匪たちの間に動揺が起った。実は彼等も、永年の反抗に倦きていたのである。はじめのうち、彼等は新しい客の性質がよく呑み込めなかったから、すこしやかましく騒ぎ立てれば、閉口して逃げ出すだろうくらいに思っていた。

事実、日本国内にも、こんな面倒くさくて金ばかりかかる島は、投げ出してしまえという、台湾放棄論もあったし、フランスが一億円で買いに来たこともあった。

しかし、日本としては、はじめての戦勝で得た新領土だから、意地でも手放したくない。それで、反抗されてもそむかれても、討伐の手をゆるめないものだから、土匪たちも、これはいかんと思いだした。

そこへ招降運動である。

帰順した者には武器を与えるという。日本軍の武器の優秀なことは彼等も知っている。帰順しなければ、本当の泥棒、無頼漢として極印を打たれ、かつての仲間から攻撃を受ける。これはたまらんということになった。

土匪の帰順には一つの問題があった。

それは、帰順後の彼等の生活をどうするかということである。

彼等が土匪になった理由はさまざまだが、彼等が現にそれによって生活していることは事実である。たとえ帰順したとしても、何の仕事も与えられなかったなら、彼等はたちまち食えなくなって、ふたたび盗賊をはたらくより仕様がなくなってしまうであろう。

そこで総督府では、まず彼等に何らかの生業に就かせることを約束した。

台北ならびに周辺に住む台湾人で、親戚や友人に土匪のある者が呼び集められ、もし帰順の意志がある者がいたら、届け出るように伝えよと説示された。

十数日にして、あちこちから反響があった。

中で一番の大物は、北部台北地方の頭目、陳秋菊である。後藤新平はさっそく弁務署長谷景尾を派遣して、陳に会見させ、ほぼ交渉をまとめさせた。

この交渉の最中に、宜蘭地方の土匪に動揺の模様があり、一日も早く帰順したいと望んでいるという報告があった。総督府ではさっそく谷通訳を派遣し、礁渓山中に林火旺と会談させた。

この林火旺は東部宜蘭地方の土匪の総頭目で、年は三十六歳になるが、なかなか度胸のすわった男である。彼は一刻も早く帰順したいと願って、部下の土匪の名簿及び嘆願書を提出した。どうやら彼は、陳秋菊の帰順交渉が進行していると聞き伝えて、どうせ帰順するなら自分の方を先にしてもらって、第一号の名誉をかち得たいという気持ちのようである。

交渉は順調に進行し、盛大なる帰順式が礁渓山中に挙げられることになったが、ここに一つ、林火旺から切なる願いがあった。それは後藤民政長官にみずから出席して、その式を盛んにしていただきたいというのである。

新平の側近の者は躊躇した。いくら帰順するといっても、相手は昨日までは鉄砲を撃ち合い、互いに殺し合った仲である。

よし、頭目が帰順する意志を持っていても、手下の中には何人か不承知の者がいて、不逞をたくらまないとも限らない。なるべくならば、危い橋は渡らないほうがいい。

しかし、新平は林火旺の申し出を、一言のもとに受け入れた。

「せっかく、帰順第一号の名誉をにないたいというのに、おれが行ってやらなかったら、冷たい仕打ちと思うだろう。おれが出席するかしないかは今後にも影響するところが大きい。――なあに、滅多なことはないだろう。危いと思ったら、スタコラ逃げ出すだけさ」

内心はともかく、表面だけは平気な顔をして、のこのこ出かけた。明治三十一年七月二十八日のことである。

帰順式は、礁渓の公園で挙行された。

式場の正面は総督の席であるが、児玉総督は出席しないから、ここは椅子とテーブルが置いてあるだけで、空席になっている。

総督席から二三歩はなれたところに民政長官席があり、後藤新平が坐っている。

その左右に、守備隊、憲兵隊の隊長や幹部将校、総督府の事務官などが整列した。

警官や兵士の護衛は従えていない。

これと向い合って、林火旺ほか二人の頭目が立ち、そのうしろには、約三百人の土匪が列を正して立っている。

定刻、後藤民政長官の訓示をもって、式はひらかれた。つづいて憲兵隊長その他、列席の文武官の訓辞があり、最後に林火旺の謝辞があって、台湾領有後最初の帰順式はとどこおりなく終了した。

帰順式をすませてから、土匪たちの一群は礁渓の市街へ繰り出したが、これまでと違って、一般市民は彼等の姿を見ても逃げることがなく、彼等も市民と肩を叩き合い、手を握り合って、親しく談笑した。

帰順後の土匪の生活についても、後藤新平は頭を悩ましたあげく、彼等に礁渓から坪林尾へ通ずる道路工事を請負わせることにした。頭目の命令に服従することに馴れている彼等は、勤勉に働いて、一般の土工よりも成績をあげた。

林火旺の帰順と並行して、陳秋菊の帰順の交渉も進められた。林火旺よりも、この方の話が先にはじまったのだが、ぐずぐずしているうちに、林の方が第一号たるの名誉を獲得したのである。陳秋菊がぐずぐずしているのは、部下の議論が分れて、まとまらないからであった。そこで台北知事は警部長を派遣して、威嚇戦術を取らせた。

顔一面、漆のような髯で被われた警部長は、陳秋菊らを睨みつけて
「こちらはべつに、頼んで帰順してもらうのではないのである。どうしてもいやだというなら、討伐して、一人残らず素っ首を頂戴するぞ」

と宣言したので、彼等は慄え上って、帰順することになった。

陳秋菊らの帰順の条件には、林火旺と同じく、道路工事に就かせることのほかに、生業資金として、彼等に二万円与えるというのがあった。

帰順が決定したのは夕刻である。現地からは直ちに後藤新平のところへ電報で、明日帰順式を行うから、現金を二万円持って、臨席してほしいと頼んできた。

出た。
林火旺、陳秋菊に続いて、盧阿爺という土匪が帰順し、続いて簡大獅という頭目が帰順を申し
新平はブツブツ言いながらも、なんとかその夜のうちに工面して、翌日の式に駈けつけた。
「足もとから鳥が立つみたいだ」

簡大獅は台湾北部きっての大親分である。彼は五百余人の手下をつれて投降するというので、総督府では、これこそ最大の獲物とばかり、盛大な帰順式を準備して待った。

時は明治三十一年九月十日。

場所は台北郊外士林にある芝山巖廟の前の広場である。

式に参列する日本人官吏は、例によって後藤新平以下、ごく少数で、武器の類は一切携帯していないし、護衛の兵士も警官も従えていない。

定刻になると、近くの山の中からラッパと太鼓の音が聞こえ、木立の間に軍旗のようなものがチラチラ見え隠れして、大部隊が行進して来た。

やがて、一同広場に整列したところを見ると、まことに威風堂々、意気軒昂たるもので、どうみても、降参して来た賊兵とも思えない。号令ひとつかけても、声の張りが違う。

そのうち、民政長官後藤新平の訓示がはじまった。新平も帰順式はこれで四回目である。訓示の内容はいつも同じだから、文句は宙でおぼえている。もっとも、少々でたらめをしゃべっても、言いそこなっても、わかるのは日本人だけだから、気が楽である。通訳の方さえ、ちゃんとやってくれればよろしい。

しゃべりながら、それとなく頭目の簡大獅の様子に気をつけてみるに、どうもこの男は、おそ

ろしく行儀のわるい奴である。

彼はだらしなく子分の肩にもたれかかって、アクビをしたり、あたりをキョロキョロ見廻したり、しかめっ面をしたり、手ばなをかんだりして、片時もじっとしていない。そして、時々新平の方を見て、あざ笑うように、肩をすくめる。

新平の訓示がすんで、通訳が支那語に言い換えて聞かせても、彼の態度は変らない。どうも、内容を多少手加減して訳しているのではないかと思われるフシがある。

やがて頭目が進み出て、何かしゃべった。通訳は
「もう悪いことはいたしませんと言っています」

というけれど、本当は何といっているか、怪しいものである。

終りに新平は金一封を与えて
「この金で道路工事をしてほしい」

といったが、頭目はろくに聞きもしないで、金をひったくるように受け取ると、ラッパを吹き、太鼓を鳴らして、山の中へ引き上げてしまった。

列席の台湾日日新聞記者木村泰治が
「どうもおかしい。土匪のほうじゃ、台湾総督が帰順したのだと思ってるんじゃないかね」

と首をかしげたが、まもなく東京の報知新聞に
「台湾総督土匪に降る」

という記事が、大きく載った。

この記事を打電した男は、同紙の台北通信員佐々木安五郎であった。

台湾が日本の領土になると同時に、内地で食いつめた男たちが、ここで一旗あげようと、どっと押し寄せた。いずれも一癖も二癖もある連中で、まかり間違ったら人殺しくらいし兼ねない豪傑ばかりである。

中には西南の役のとき児玉総督（当時少佐）といっしょに熊本城に籠城した少佐などというのがいて、

「おい児玉」

と呼び棄てにして、酒代をせびりに来る。

そんな連中の面倒を見るのも、児玉や後藤の仕事のうちで、たいていは総督府嘱託という肩書をくれてやって、独身寮へほうり込み、食って行ける程度の手当を出しているのであった。

佐々木安五郎は報知新聞の通信員で、照山というちゃんとした号まで持っているくらいだから、一人でやってゆけるはずであるが、何かと総督府をあてにするのは、他の浪人と同じであった。

児玉も後藤も、これまで佐々木の世話はある程度していたはずであるが、この時は何かで怒らせたとみえて、佐々木はいやがらせに「台湾総督土匪に降る」という記事を書いたのである。

もちろん誰も、総督が土匪に降ったなど、本当にしはしないけれど、総督府が土匪に対して、下手に出すぎるとか、金をくれてまで帰順させるということはないとかいう批評が、一部にあったことは事実なので、児玉・後藤の招降策に反感を持つ連中は、手を打って喜んだ。

もっとも、佐々木安五郎の記事も、まんざらでたらめでもなかった。というのは、簡大獅は三カ月もしないうちに、また騒ぎを起したので、こんどは本当に討伐を受け、死刑になった。

どうやら簡大獅は、総督が自分たちに降るとまでは思っていなくても、対等の立場で和睦したので、金を出しただけ、先方に弱味があったのだろう位に思っていたようである。

なお、名誉ある帰順第一号、林火旺も、のちにほかの事で死刑になった。

佐々木安五郎は総督府と仲が悪くなってからは、台北から数里山奥の北投の山の中に、草ぶきの小屋を建てて住み、小型の新聞や雑誌を自力で発行して、児玉・後藤攻撃に専念した。

彼は漫画まで自分で描いて、あばれ廻った。後藤新平が御者で、源太郎馬車を走らせている画は評判になった。

やがて佐々木は占領行政に有害な人物と見なされて、退島処分を受け、対岸の福建省へ追放された。

彼はさらに蒙古に入り、王族トルパトの愛児の日本留学を引受けて日本へ帰ったが、代議士になり、蒙古王と仇名をつけられた。胸まで垂れる長い髯が彼の看板であった。

後藤新平は、何でも思い切ったことをやった。

彼は、台湾というこの未開の原野に、新しい文化を作りあげるには、まず人材を集める必要があると思った。

どこかに優秀な人物がいると聞くと、彼はあらゆる手段を講じて招致しようとした。彼はまるで、漁師が大きな網で魚をすくうように、人材をすくってあるいた。

その網にかかった一人が新渡戸稲造である。

新渡戸は盛岡の産で、旧南部藩士の家柄であったが、札幌農学校卒業後アメリカおよびドイツへ渡って農学を修めた。

帰国後しばらく、母校札幌農学校に教鞭をとっていたが、健康を害したので妻の故国（彼の妻は米国人であった）アメリカへ転地静養し、回復ののち、ふたたび札幌農学校へ帰ろうとしているところへ、後藤新平から電報で、ぜひ台湾へ来てほしいという懇請を受けた。

後藤新平に新渡戸稲造を推薦したのは、同郷の先輩菊地武夫博士であったとも言い、大蔵次官田尻稲次郎子爵であったともいう。田尻稲次郎は号を北雷といったが、それは彼が日常身のまわりのことに無頓着で、いつも着物を「きたなり」だったからである。彼はのちに東京市長になった。

新渡戸ははじめ、台湾へなんか行く気はなかった。もとの古巣の札幌へ帰り、ここで腰をすえて、後進の指導に当るつもりであった。それで彼は、後藤新平の懇願をすげなく断わった。すると新平は、たびたび長文の電報を打ち、また丁寧な手紙を書いて、ぜひ台湾へ来てほしいと頼んできた。まるで、振った女を口説くような熱っぽさであった。

そのうち新渡戸は、後藤新平ならつきあってもいいという気がしてきた。というのは、彼がまだ故国にいるうちに、新平のうわさを聞いたことがあったのである。

新渡戸の友人に頭本元貞という男がいて、伊藤博文の秘書官をしていた。新渡戸があるとき頭本に

「僕のように北海道の片隅にひっこんでいる人間は、天下の名士に会うこともなく、このまま朽ちてしまうのだろうが、君なんか、伊藤公のそばにいて、絶えず人物に接しているわけだろう。中で群を抜いているのは、どういう人かね」

「まず、星亨と後藤新平だろう。後藤新平は君の郷里の人ではなかったかね」

新渡戸はこの時のことを思い出して、ひとつ後藤新平に使われてみようかという気になった。

新渡戸稲造は後藤新平に承諾の電報を打って、一旦日本へ帰った。

停車場へは、新平の代理の者が出て
「長官がみずからお出迎えするはずでしたが、生憎インフルエンザで、四十度近い熱がありますため、失礼申し上げると申しております。お疲れのところ、恐縮ですが、どうぞ、この足でおいで下さい。一刻も早くお目にかかりたいとのことです」

新渡戸は、一介の書生に対して、これほどまでに礼を厚うして迎える後藤新平とは、どういう人物かと、好奇心を喚起された。

病室へ通ると、新平は
「君は役人としてやってゆきたいか、それとも役人はいやか」

「それはどういう意味でしょうか」

「もし、君を役人として迎えるとすると、君の経歴からして、高等官五等以上の技師にはできないし、俸給だって、四級俸以上にはできない。ところが、嘱託ということなら、いくらでも出せるのだが……」

「私は女郎ではありませんから、金で身売りするつもりはありません。俸給のことはおまかせします」

やがて発令になってみると、彼の官等は五等で、給与は一級俸である。新渡戸は何とも思わず受け取っていたら、四五年過ぎてから、後藤は何かのおりに
「実は、君に一級俸出そうとしたら、内務省が、五等の技師に一級俸という先例はないといって、なかなか承知せず、大喧嘩をしたことがあるのだ」

と告白した。

こうして後藤新平は、自分のまわりに多くの人物を集めることができた。祝辰巳、中村是公、長尾半平、長谷川謹介、高木友枝、岡松参太郎、宮尾舜治などが、そのおもな者である。人材蒐集は彼の一生を通じて最大の趣味であった。

もっとも、彼は人を集めるばかりでなく、整理も思い切ってした。

そのころの台湾へは、内地で食いつめた者がどんどん流れ込んだので、領有後数年ならずして、無能官吏と怠惰官吏が氾濫するようになった。新平はこれらを整理したので、台湾から内地へ向う汽船は毎便数十人、数百人の免職官吏をのせていた。


明治三十三年五月、義和団事件が起った。

この暴動は、中国民衆の自尊心から出た排外運動であった。

日清戦争ののち、ヨーロッパ各国は、中国へ手をのばし、各種の利権を獲得したので、屈辱に堪えかねた民衆が蜂起して、北京の外国公使館を襲撃したのである。

反乱は中国各地に波及するおそれがあった。ロシヤはさっそく牛荘を占領し、英国は上海に軍隊を上陸させた。

台湾の対岸は福建省である。もしこの地も不穏な空気に包まれるようになったら、日本は居留民や外交官の安全をはかるため、何らかの手を打つ必要があった。

本当を言えば、義和団の乱が起る前から、日本は福建省に注目していた。

日本はいずれ中国大陸に進出すべしというのは、上下一致した意見であったが、それには、台湾を足がかりとして、福建省へ出る道が、一番の近道である。代々の台湾総督にとっては、いかにして対岸に日本の勢力を植えつけるかが宿題であった。

義和団の事件が起ったのは、まるで日本の進出にいい口実を与えたようなものであった。日本政府は厦門へ軍艦数隻を派遣し、必要の時機には何時でも上陸して、砲台を占領するよう、準備をととのえさせ、また、台湾総督へは、陸兵を派遣するよう密命を発した。

八月二十三日、後藤新平は厦門へ向けて出発した。占領後の処置を講ずるためである。新平の出発した日の夜半、厦門にある本願寺の別院が暴徒に襲われ、全焼した。ただちに日本の軍艦から陸戦隊三十五名が上陸して、領事館の警備につき、なお、厦門の町へ斥候を出した。

本願寺の別院は、人家のたてこんだ市中にあったけれど、焼けたのはこの一棟だけで、他に延焼しなかった。

火災後まもなく、厦門領事館付きの警部が、現場へ駆けつけてみると、すでに清国人の兵士たちが焼け跡を警備していたが、彼等の言うところでは、彼等が到着したとき、もはや犯人らしい者の姿は見えなかったということであった。

なお、付近の住民から何か聞き出そうとしても、彼等はひどく怯えている風で、固く戸をしめて、家の外へ出ようとせず、日本人に接することを避けている。

陸戦隊だけでは人数がたりないので、直ちに台湾から土屋少将のひきいる一個旅団が派遣されることになり、基隆港内にあった商船はことごとく軍用船として徴発された。

すべての準備はととのった。台湾からの陸兵が到着するのを待って、厦門占領の行動は開始されるはずである。

その日は八月三十日と定められた。

その二日前の二十八日、陸軍大臣からの電報は、作戦を中止して軍隊を台湾へ引き揚げることを命令してきた。

日本政府が急に厦門から兵を引き揚げることにきめたのは、英国の抗議によるものであった。厦門の本願寺別院が焼失する直前、たまたま厦門駐在の英国総領事が、本願寺のそばを通りかかった。

ふと見ると、本願寺では何か取り込みがあるらしく、僧服姿の男や、人夫のような者が大勢で、仏像、仏具や、家具、什器類を運び出している。

あらかた運び出したところで、法被姿の別の一隊が現われて、ガヤガヤ騒ぎながら構内へ入ったと見るまもなく、火の手が上り、一瞬のうちに本願寺は燃えてしまったのである。

法被姿はおそらく日本人であろう。ほかにこういう服装をする民族はいない。

してみると、本願寺はどうやら、日本人が自分の手で焼いたもののようである。おそらく厦門に軍隊を上陸させる口実をつくるためであろう。

ここまで考えた総領事は、さっそく見たままを上司へ電報で報告した。

まもなく日本の軍艦から陸戦隊が上陸し、砲台を占領した。万事予測通りに進んでいる。

そこで、英国公使から日本政府へ、質問の形式で抗議が提出されたが、何しろ放火の準備の現場を見られているので、日本としても言いのがれの方法がない。やむを得ず撤退命令となったものであった。

突然の撤退命令に、厦門では後藤新平が、台北では児玉源太郎がカンカンになって怒った。もともと今度の計画は、こういう事の大好きな新平の発案になるもので、児玉が後押しをし、上奏御裁可も仰いであるものであった。彼等には政府がなぜ急に腰くだけになったかわからない。手品の種が全部英国領事に見破られているとは知らないから、ただ政府が急に臆病風に吹かれだしたものとしか考えられない。

現地側としては、そう簡単に引っ込めるものではなかった。

土屋少将のひきいる一個旅団は、日の丸の旗の波と万歳の嵐のうちに、威風堂々と基隆港を出発したばかりである。その感激が醒めもしないうちに、途中から引き返せとは！

ぐずぐずしていると、各国が軍艦を派遣してくる。すでに厦門の町の諸所には、英国領事が布告を出して、英国陸戦隊が上陸したと告げている。ここで引っ込むと、日本は列強によって厦門から締め出されてしまうであろう。実は今度の計画は完全に失敗しているのだが、新平はそうと知らぬから猛り狂った。

実はこのとき、中国の若き革命家孫文が、厦門に程近い恵州に挙兵して、進撃中だったのである。孫文は厦門上陸の日本軍と合流して、武器弾薬の供給を受けることに、新平と密約が成っていたが、派兵中止で、それは不可能になった。

新平は桂陸軍大臣にあてて抗議の電報を打った。しかし、命令にそむくことはできない。新平は恨みを呑んで台湾へ帰った。

児玉源太郎はもはや総督の地位に留まることができないと痛感し、病気と称して

一、転地療養

のうち一つを願い出たが、明治天皇のおぼしめしによって撤回した。
孫文の恵州挙兵は潰えた。

二、辞職

児玉源太郎総督は小柄で、色が黒くて、風采のあがらぬ男であった。その上、彼は気取ったり、体裁をつくろったりすることが嫌いであった。

彼は夜分、粗末なふだん着に、ワラ草履をつっかけて、官邸の裏門からそっと町へ出ると、あちこちの焼鳥やおでんの屋台店に首をつっこんで、飲み食いすることが好きであった。

あるとき、おでん屋の勘定がたりなくて、馬をひいて帰った。官邸の門の前まで来たところ、衛兵が捧げ銃の礼をしたので、この貧相なおやじが総督閣下とはじめて知った馬は、こわくなって、逃げ帰ろうとしたが、児玉は袖をとらえて放さず、過分の代金を与えた。

ただ児玉は、総督として異人種の人民に対するときは、威厳を示す必要があると称して、公式の外出や巡視のときは、わざわざ北京から取り寄せた轎輿に乗った。

この轎輿は、北京では大臣や各国の公使が常用するとかで、青い羅紗で張られ、屋根に宝珠の飾りのある、壮麗豪華なものであった。普通の轎輿はせいぜい四人くらいでかつぐようにできているが、児玉はわざわざ注文して、担ぐ棒を長く作らせ、十人くらいに担がせた。

なお、彼は轎輿の内部の座席も、普通より一二段高く作らせて、その上にゆったりと坐し、前後に騎兵一個小隊の護衛をつれて練り歩いた。轎輿の内部の段を多くしたのは、彼の背の低いのをごまかすためでもあった。

後藤新平は、大規模なもの、豪壮なものを好んだ。それはなかば彼の趣味であったが、なかば彼の信念に基いていた。

すなわち、そのころ台湾へ就職した内地人は、いわゆる出稼人根性で、小金でももうけたら内地へ帰ろうとばかり考えており、腰を据えて仕事に専念する根気に乏しかった。

新平は、この気風を改めるには、まず環境を改善する必要があると思った。いくら新領土開発の使命感にあふれていても、現在住むところが掘っ立て小屋で、上水道、下水道の設備もととのわず、伝染病が流行し、娯楽・休養の施設も乏しいという状態では、人が住み着かないであろう。

そこで彼は、島内各地の都市計画に着手するとともに、総督官邸、庁舎、官舎等の建設、整備に全力をあげた。

なかんずく、新平が力をそそいだのは、総督官邸であった。彼が着任したばかりのころの官邸は、地方の三等郵便局にも劣るほど貧弱なものであったが、彼はこれを廃して、宮殿のように立派なものをこしらえたので、「台湾の阿房宮」と呼ぶ者もあった。

わけても総督室は善美を尽したものだったので、児玉は

「あんなピカピカした部屋は、落ち着けん」

といって、民政長官室を占領して執務した。

自分の部屋から追い出された後藤新平は、秘書官のための小室に入りこんで事務をとったので、秘書官はどこにいていいか、わからなくなった。

明治三十七年六月、有名な評論家竹越与三郎（三叉）が、台湾視察の旅にのぼった。

出発前に彼の頭にあった台湾についての予備知識は、あまり芳しいものではなかった。

まず、台湾では、土匪が出没して、生命財産がたえず危険にさらされているという。また、台湾ではマラリヤ、ペストなどの疫病が蔓延して、内地から移住した人間の居住に適しないという。

さらに、行政は乱れ、産業は衰退して、中国人に実権を握られているため、日本人は勢力を張る余地がないという。

しかし彼は、台北の町へ足を一歩踏み入れて、おどろいた。

そこには、彼があらかじめ想像に描いていたような、丸石と角石をごちゃまぜにした二間ないし三間幅の狭い道路に、汚水は溢れ、上水と下水の区別がなく、豚の子は糞を垂れながら走り廻っているという風の、いわゆる支那町らしい風景は全く見られない。

彼の見たものは、純然たるヨーロッパ風の、清潔な町で、街路は東京の道路より完全に築造されている。すなわち、幹線道路は幅が八間から十間あり、支線でも五間はあり、両側には二間の歩道が設けられ、歩道と車道の間には、セメントと石で固められた、深さ一尺ないし二尺の開渠下水道が掘られて、雨水、汚水は完全に排除されるようになっている。

つまり、どこよりも未開で、どこよりも文化に遠い僻地と思われていた台湾は、思いがけず、どこよりも近代的に整備された、明るく豊かな衛生都市であった。

竹越与三郎を驚かせたことが、もう一つあった。それは治安が保たれていることである。

日本が台湾を領有したばかりの頃、台湾で鉄道のしかれた所といえば、基隆から新竹にいたる六十二マイルにすぎなかった。

ところが、いま竹越与三郎が来てみると、南北を縦貫する二百三十マイルの鉄道工事が、南と北から着々と進められており、余すところは中間約六十マイルだけになっている。

しかしこの六十マイルの区間にも、当座の必要を満たすため、トロッコが敷かれていて、旅客はここで乗り換えると、一台につき二人の人夫に押させて、他の端まで行けるようになっている。

竹越与三郎が南下しようとして、台中を発し、このトロッコの乗り場へ来たのは、六月十五日ころであった。降りる客、乗る客がごった返す中に、トロッコを押す人夫が、昔の東海道の宿場の雲助のように右往左往するさまは、土匪の群ではないかと疑われて、おそろしげである。

ふと見ると、十六七歳の少女が、たった一人、平然とトロッコに乗っている。相当の家の令嬢で、打狗まで行くのだという。

彼女が一人旅にまったく危険を感じていないところに、竹越は台湾の治安状況の一端を見たと思った。

後藤新平が台湾にいた期間は、約八年にわたった。数え年四十二歳から五十歳までである。彼は肉体的にも精神的にも、成熟期に当り、あり余る精力をそそいで、台湾の経営に専念した。

このころ彼は身長五尺四寸、体重は十九貫あった。

この八年の間に、彼の身辺にも、さまざまの変動があった。

台湾着任の翌年、新平の恩人にして岳父に当る安場保和が死去した。

安場保和は福岡県知事在職中、松方内閣の逓信次官に就任をすすめられたこともあるが、知事の職の方を重しとして受けず、愛知県知事に再任されても赴任せず、辞職の後、貴族院議員に勅選され、明治二十九年には男爵を授けられた。その蔭には、新平の運動が功を奏していた。

翌年、安場保和は北海道長官に任ぜられたが、まもなく政変があって辞任し、浪々のうちに歿した。

続いて阿川光裕が休職となって、台湾を去った。阿川は官吏として必ずしも有能ではなかったとみえて、あまり地位が上らなかった。

後藤新平も、同郷や血縁の情実関係で人を抜擢したり、重用したりすることを好まぬ方で、郷里では後輩に冷たい人間という批評もあったが、阿川に対してだけは別であった。新平は水沢の貧少年時代の恩顧にむくいるため、彼を台南県知事に推そうとしたが、阿川は笑って

「御厚意はありがたいが、この老骨には、晴れがましい地位は気が重いだけだ。郷里へ帰って、タバコ屋でもはじめた方が、誰に気がねもいらなくてサバサバするよ」

とことわると、台湾を去った。こうして新平はつづいて二人の恩人を失った。

明治三十五年六月から半年間、新平は新渡戸稲造を伴って、欧米へ視察旅行に出かけた。特に目的のない漫遊であったが、彼は行く先々で熱心かつ勤勉に視察してあるいた。彼は一部で、新しがりやとかハイカラとかいわれるほど、目先の変ったことが好きで、ヨーロッパでも、米国でも、新しい制度や施設をよく学んであるいた。

明治三十六年十一月、新平は貴族院議員に勅選された。

明治三十七年一月、養女静子が佐野彪太と結婚した。戸籍上は養女ということになっているけれど、新平が愛知県病院長をしていたころ、愛人との間にもうけた子である。結婚後も新平は、ながく妻に隠していたが、ドイツ留学に出かける前に、打ち明けて、名古屋から引き取ったことは、前に記した通りである。

その娘がもう、結婚するほど大きくなった。ほかに、相馬事件で家宅捜索を受けた時、生まれ

たばかりだった長男一蔵が十二歳になり、なお十歳になる長女愛子があった。

明治三十三年九月、山縣内閣が倒れて、伊藤内閣ができると、児玉源太郎は陸軍大臣に就任することを求められた。しかし、そのために台湾総督の地位に変化が生ずることは好ましくないというので、児玉と後藤新平は協議の上、児玉はもとのまま総督を兼摂するという条件を出して、承認を得た。

児玉が陸軍大臣になって、東京にいることが多くなっても、実際のところ、台湾の内政に支障を生ずる心配はなかった。

というのは、行政の個別的な問題については、従来も後藤新平が民政長官として腕を揮っていたのであり、児玉はただ大綱について可否を決し、予算その他の問題について、中央政府との交渉などのような役を引き受けるだけでよかったのである。

伊藤内閣は七カ月半で倒れ、三十四年六月、桂太郎内閣ができた。児玉は引き続き陸相として内閣に留まったが、翌三十五年三月、辞任して、台湾総督専任となった。

そのうち、ロシヤとの間が険悪になってきた。どうしても一戦交えざるを得ない雲行きである。児玉源太郎はふたたび中央政府へ呼び出され、内務大臣と文部大臣を兼任することになった。台湾総督は旧のままである。

児玉がいくら精力家でも、内相と文相を兼ね、さらに台湾の面倒まで見切れるものではない。彼は総督を後藤に譲ろうという下心のようであった。

しかし、台湾総督は武官たるべしという官制がある。文官の新平を総督にするには、官制を変えねばならない。

日露の開戦を目前にひかえて、陸軍の至宝といわれた参謀次長田村怡与造が急死した。日本にとって、何物にも変えがたい損失である。これを補う人物は児玉源太郎しかない。大臣からでは、ずいぶん格下げであるが、児玉は承知で、参謀次長の地位についた。

この機会に、児玉は総督を新平に譲ろうとして、官制変更まで考えたが、新平は総督はどこまでも武官であるべきだと主張して受けなかった。

やがて開戦となった。

児玉は大将に昇任し、総督兼任のまま、満州軍総参謀長として出征し、新平は民政長官のまま事実上の総督の仕事をした。

やがて日本は勝利を博し、ポーツマスにおいて講和会議がひらかれた。

講和条約が成立しようとする直前、後藤新平は桂首相の意を受けて、急に奉天へ旅行し、満州軍総司令部に児玉大将を訪ねて何事か密談した。その内容は明らかでないが、戦後に児玉の就くべき地位についての相談であったことは事実らしい。

まもなく児玉は台湾総督を免ぜられ、参謀総長に任ぜられた。総督の後任は陸軍大将佐久間左馬太である。新平は民政長官に留任である。

明治三十九年一月、水沢の鼻たれ小僧のころからの友人斎藤実が海軍大臣に就任した。

四月、新平は男爵を授けられた。世間の人はたわむれに、彼のことを蛮爵と呼んだ。それは、彼が永い間蛮人のいるという台湾にいたからであったが、また、彼が日常短気で癇癪持ちで、よく人にむかってどなりつけたり、喧嘩をしたりしたからでもあった。

なおハイカラ趣味の新平は、このころから鼻眼鏡をかけるようになった。それは彼の端麗な顔によく似合ったが、やはり鼻眼鏡をかけている米国の大統領ルーズベルトに似ているというので、「和製ルーズベルト」というアダ名もできた。

男爵になってから二カ月後の六月二十八日、後藤新平は在京の友人杉山茂丸から、長文の電報を受け取った。

杉山は九州福岡の人で、其日庵と号し、若いころは頭山満らと共に国事に奔走して、条約改正問題のとき大隈重信に爆弾を投げた来島恒喜とも、関係のあった人物であるが、政界に特殊の発言力を持っていた。いわゆる浪人のひとりである。

杉山の電報は、

「ここに一大問題湧出せり。深く考慮して、僕まで返事しておいてくれ」

という書き出しで、こんど新しく設立される満州鉄道会社の総裁の候補に、新平が挙げられていると報じ、受諾することを勧めてきた。なお、杉山の電報によると、新平を総裁にすることは、まず山縣有朋が言い出し、次に伊藤博文が賛成し、西園寺首相も同意したもので、いわば元老重臣一致の推薦によるものということである。

もともと、満州鉄道会社の構想は、後藤新平から出たものであった。日露戦争後の満州は、実際において日本の支配下にあるといっていいけれど、主権は依然として清国にあり、日本はその一部分を租借しているだけである。いわば他人の家を一部屋借りているだけである。ここに日本の勢力を扶植するには、仰々しい官庁などを置くより、もっと実際的な方法による方がいい。

そこで新平の頭にうかんだのは、英国が印度を支配するに当ってとった方法であった。彼等は東印度会社という単なる商事会社を設立し、名を貿易にかりて、事実は全印度の死命を制したのであった。

新平はこの故智を学んで、満州に鉄道会社を作り、表向きはその経営のためということにして、百般の施設を作ったらいいという案を立てて、児玉大将に進言したのであった。そして、その案が実現するとともに、その総裁の地位も彼のところへ廻って来たのである。

しかし、新平はこの話にすぐには乗らなかった。引き受ける以上、すこしでも仕事がやりやすい条件をこしらえた上にしたい。杉山と何回か電報をやり取りしたのち、彼は内務大臣原敬から招電を受け、東京へ出た。

七月二十二日、東京へ着いた新平は、まず原内相に会い、ついで西園寺首相を訪問した。

新平が西園寺に会って、最初に聞いたのは、この鉄道会社は誰の監督に属し、統理の中心点はどこにあるかという点であった。西園寺は
「監督権は関東都督にあるが、中央政府の責任者は外務大臣ということになっている」

と答えた。新平にはこの答えは物足りなかった。総裁の権限が曖昧だし、政策の中心がはっきりしない。新平は総裁就任を辞退した。

その足で児玉大将を訪ねると、児玉は
「そもそも満州鉄道会社の案は、君が言い出したことではないか」

と食ってかかり、三時間半にわたって懇々と受諾をすすめた。

翌朝、児玉家から電話で大将の急死を告げて来た。新平は涙のうちに満鉄総裁受諾を決意した。

取材余話

台湾の章を終る。

例によって鶴見祐輔氏の「後藤新平伝」がよき手引きになった。

私は後藤新平在職時代の台湾を、おぼえている人に、できるだけ多く会ってみたいと思ったが、ほとんど故人になられたようである。

東京裁判の特別弁護人をされた弁護士菅原裕氏が、元台湾日日記者木村泰治氏著「地天老人一代記」という本を送って下さった。その中に、土匪が台湾総督に降ったのか、総督が土匪に降ったのかわからない珍妙な帰順式の話が出ていた。もっといろんな事を知りたいと思って、菅原氏に聞いてみたが、木村氏は二三年前になくなられたということであった。

佐々木虎方という人が元台日記者西村文則氏著「風韻味覚」を送ってくださった。児玉総督がおでん屋の馬をひいて帰った話や、佐々木蒙古王が源太郎馬車の漫画を描いて攻撃した話は、これによった。

奥付に大塚坂下町九一居住とあったので、訪ねていってみたら、ゴマ塩の総髪をうしろで束ね、顎髯を長くのばした童顔の老翁が、漢籍に埋もれて端坐しておられた。水戸学のほうでは有名な方らしく、門人もたくさんあり、これまで存じ上げなかったのはこちらが無学のせいらしい。

九十になられるそうだが、お声に元気があって、いかにも若々しい。ただお耳が遠いので、私が大きな声でしゃべっても、品のいい奥様が耳のそばでもう一度繰り返して下さらねば、聞えないらしい。

「後藤新平のことをうかがいに来ました」

「さあ……後藤新平ね。みんな忘れてしまった」

ほんとに忘れてしまったというより、そんな事に興味を失ってしまっておられるらしい。

「あなたの御郷里は？」

と聞かれるので
「能登の七尾です」

「それはそれは……七尾はもと畠山氏の城があって、上杉謙信に攻め落された。『霜ハ軍営ニ満チテ秋気清シ』という詩は、その時の作で……」

「よく御存じです。他国の方で、そんなに知っている人は、そうありません」

「いや……ハッハッハ……」

しばらくほかの事を話しているうちに
「あなたの御郷里はどちらで？」

「能登の七尾です」

「七尾はもと畠山氏の……」

奥様がそばから
「いやですわ。さっきお聞きになったばかりなのに……」

「そうだったか……ところで、後藤新平は元気でやっていますかな」

「あの方は、もう大分前になくなられました」

「ホホウ、なくなった？　それは気の毒……」

しばらくほかの事を話しているうちに

「ところで、あなたの御郷里は？」

どうやら私はからかわれたらしい。それともお酒の加減だろうか。大分陶然としておられたことは事実である。

箸同盟

明治四十年五月七日、初代満鉄総裁として大連に上陸した後藤新平が、まず第一にしたことは、清国皇帝を訪問することであった。

日露戦争の結果、日本が満州を占領したとはいっても、それは正式に認められたものでなく、満州は依然として清国の領土であって、日本はただそこに土地を借りて、鉄道を経営することを認められただけである。借家人は、引っ越して来たら、まず家主の家へ挨拶にゆくのが礼儀というものであろう。

はじめ後藤新平は、自分で出掛けるつもりではなかった。伊藤博文なり、桂太郎なり、元老級の人物を派遣し、自分は副使として随行するつもりだったのである。

すると、ある人が反対した。

「およしになった方がいいですな。閣下よりエライ人といっしょにいらっしゃると、閣下がエラくなく見えて、御損です。清国人は事大主義ですから、正使の元老ばかり大事にして、閣下は粗末にされますよ。これから先、いろんな問題で先方と交渉するに当って、閣下は大日本帝国を代表する一番エライ人として行動なさらなければならないのに、閣下より上に、更にエライ人がいるという印象を先方に与えることはよくないです。頼まれもしないのに、自分からお供の役を買って出ることはありません」

新平は成る程と思って、みずから正使として、北京へ乗り込むことにした。

五月二十三日夕五時、後藤新平は大連を出発した。

静かに暮れてゆく無限の広野を、車窓に望みながら、新平の胸には感慨があふれて来る。

この大地には、多くの将兵の血がしみこんでいる。ここにクサビを打ち込んで、日本民族の大陸進出の拠点とするのが、自分に与えられた使命であるが、自分は果して、それをやりとげることができようか。

自分がこれから大日本帝国を代表して会いにゆく人は、地上最大の帝国といわれる大清国の皇帝である。思えば、東北の貧乏侍の小倅も、エラクなったものではないか……口辺に、思わず得意の微笑が浮ぶのを禁ずることができない。

二十四日朝、営口で清国政府から差し向けられた貴賓車に乗り換え、夕刻山海関着。インペリアル・ホテルに一泊。

二十五日朝、山海関発、天津を経て北京へ着いたのは、六時四十分であった。ただちに清国駐箚公使林権助に導かれて、日本公使館に入る。

二十六日は、北京における高官、有力者の邸宅の挨拶廻りである。新平はまず那中堂を訪問し、ついで慶親王、東三省総督徐世昌、同じく巡撫唐紹儀以下十人の諸邸を歴訪して、クタクタになってホテルへ帰った。

二十七日は、林公使の晩餐会に招かれた。ここで新平は昨日訪問した十人ばかりの要人たちと、ふたたび顔を合わせた。

二十八日は、午後随員一行とともに天壇を見物し、夜、林公使の招待で、公使館員一同と晩餐を共にした。

五月二十九日。

いよいよ後藤新平が大清皇帝に謁見の日である。

新平は朝早く起きて、大礼服に威儀を正すと、特命全権公使林権助と馬車に同乗して、頤和園万寿山に向った。

馬車には、特に差し向けられた騎馬の近衛兵が四騎前駆して、朝まだきの舗道に軽い蹄の音を立てる。

東宮門外の外務部公所に着き、しばらく休憩して那桐、瞿鴻禨、聯芳、鄒嘉来その他の大官たちと挨拶を交し、九時、仁寿殿に進んだ。

途中、二個所で門をくぐったが、門にはそれぞれ、きらびやかな礼装の護衛兵が立ち、なお両側には文武百官がズラリと列立している。

庭に入ると、ここにも百官ならびに近衛兵が綺羅星のごとくに並んでいる。

突当りに階段があって、そこを登れば、玉座の前である。

正面に坐しておられるのは皇太后、すなわち皇帝の伯母に当る西太后で、皇帝はそれより一段下った右方の席を占めておられる。

皇帝は病身で、はじめから西太后のロボットたるべく擁立されたが、数年前、政権を伯母から奪い返そうとして失敗して以来は、ほとんど幽閉同様の身の上とのうわさであった。

見たところ三十代の半ばころで、平民ならば働き盛りというところだが、やや青白い顔を無表情にこわばらせたきり、一語も発しないので、その心がどのような悲しみにとざされているのか、その底にどのような憤りがひそんでいるのか、知るよしもない。

新平とわずか五六尺へだてて、相対するのは西太后である。もう五十をいくつか過ぎているはずだが、見るからに若々しく、まだ色気もたっぷりあって、いかにも四百余州を指一本で動かしている、しっかり者らしい婆さんである。

皇帝と皇太后の左右には、皇族、大臣、その他の文武官が居流れている。

はじめに林公使が進み出て、
大日本帝国特命全権公使林権助、謹ンデ奏ス。ココニ南満州鉄道会社総裁後藤新平来京セルニツキ、本日特ニ謁見ヲ賜フ。本使等光栄ノ至リニタヘズ。恭シク皇太后、皇帝陛下ノ福祚綿長ト聖体ノ康泰ヲ祝シ奉ル。

林公使の奏上が終ると、新平は中央の階段を上り、皇太后と皇帝に敬礼した。

皇太后は愛想のいい微笑をうかべながら、新平に言葉を賜わった。

「あなたは、日本では名誉高き人と聞き及んでおりますが、今日お会いすることができて、心からうれしく思います」

「恐懼の至りにございます」

「北京へ来られるのは、このたびが初めてですか」

「先年一度参りましたことがございますれば、二度目でございます」

実は、先年来たというのは、厦門の本願寺放火事件の直前、現場の下検分に出張したついでに寄ったのだから、先方にとっては、あまり愉快な話ではない。

新平の大礼服の下を冷汗が流れた。

西太后は愛想がよかった。

彼女は後藤新平がどんな男であるかを、知らないわけではなかった。

彼は台湾の民政長官を八年もやって、大いに治績をあげた男だということである。台湾はもと清国の領土であるから、そこを誰が、どんな風に治めるかに、彼女は無関心でいられるはずがなかった。

厦門の本願寺放火事件の張本人が後藤新平であったことも、彼女は承知している。

あのとき彼女は腸が煮えくり返るような思いをした。白人の侵略なら、話がわかる。同じ東洋人の日本が、白人帝国主義の真似をして、自分で火をつけて、陸戦隊上陸のなんのとは、何事ぞ！

それにこの男は、孫文とかいうアメリカ帰りの革命家と密約をむすんで、武器弾薬を供給しようとしたという話である。われわれ一族をシバリ首にするために……

その問題の人物が、今度は満鉄総裁だという。よその国からぶんどった土地を料理する腕を見込まれたものであろう。

日本に言わせれば、日露戦争は清国のために、北辺をうかがう敵を追っ払ってやったのだというだろう。こちらは自分で追っ払う力はなかったのだから、それはありがたいみたいだが、追っ払った男がそのままそこに坐り込んで、鉄道を敷かせろでは、一人のナラズ者を追っぱらったもう一人のナラズ者に、酒代をせびられると同様で、差し引きちっともいい事はありゃしない。

そのナラズ者の手先が、いまピカピカの大礼服なんか着込んで、うわべは神妙な顔をして、彼女の前に立っている。こんな長い袖を着て、玉座なんかに坐っているのでなかったら、シャッ面をひきむしってやりたいところだ。

しかし、謁見式は儀礼的なものである。大清帝国皇太后陛下ともなれば、ただにこやかな笑顔を取りつくろって、遠来の客をねぎらうのみである。彼女は先ほどからの質問につづけて
「健康に変りはありませぬか」

「ありがたく存じます。幸にして、変りはございませぬ」

「あなたが永く北京に滞在されんことを望みます。このたびは幾日くらい滞在の予定ですか」

「今回は二三日のちにお膝元をお暇つかまつりまして、一たび本国へ帰る所存にございます。しかし、わたくしの任地は大連にございますれば、御地よりの距離はさまで遠くございませぬ。なおまた、今後とも陛下の大官諸卿とは、しばしば往復して、いろいろと教えを受け、両国の幸福を増進いたしたきものと考えております。そもそも南満州鉄道は単に両国の幸福を増進するのみならず、実に世界各国の幸福を増進するの機関でございます。わたくしはあくまでも微力を尽し、いささかなりともその目的に寄与せんと願う者でございます」

通訳が向うの言葉で繰り返すと、西太后はしたたるような笑顔と共に深くうなずくのであった。しかし、通訳の言葉が、「南満州鉄道は両国の幸福を増進する」うんぬんのところへ来ると、彼女の眼の隅に、あざけりと憤怒の色がかすかに浮んで、たちまち消えた。

謁見を終えると、後藤新平は皇太后から御筆の「福寿」と書いた書を、皇太后からは真筆の梅の絵を頂戴して、宿所へ帰った。

この皇帝の御筆は、のちに満鉄総裁官邸のだだっ広い応接室にかけられ、新平が逓信大臣となって東京へ転任の後も、後任の総裁中村是公に引き継がれた模様で、明治四十二年秋、中村是公

の友人夏目漱石が満州への旅に出かけたときも彼の目に留まっている。漱石の「満韓ところぐ〵」にはこうある。

「長い幕の上に、大きな額が懸つてゐた。その左の端に、小さく南満鉄道会社総裁後藤新平と書いてある。書体からいふと、上海辺で見る看板の様な字で、筆画がすこぶる整つてゐる。後藤さんも満州へ来てゐただけに、字がうまくなつたものだと感心したが、その実感心したのは、後藤さんの揮毫ではなくつて、清国皇帝の御筆であつた。右の肩に賜といふ字があるのを見落した上に、後藤さんの名前が小さ過ぎるのでつい失礼をしたのである。後藤さんも清国皇帝に逢つて、から小さく呼び棄てに書かれちやたまらない。えらい人からは滅多に賜はつたりなんかされない方がいいと思つた。」

皇帝の謁見がすんでも、後藤新平はなお四五日北京にいて、清国朝野の名士や、英、露、米、独の公使や、日本公使館員、駐屯軍武官などに面会して、国際問題や日清国交について意見を交換した。

六月二日、後藤新平は北京を去り、天津にむかった。

三日、新平は袁世凱の招待で、午餐の会にのぞんだ。袁世凱は直隷総督と北洋大臣を兼ねる政界の巨頭で、現代中国に絶大な勢力を持っている。新平はこの人物に会うことに大いに興味を持って、わざわざ中国服を着て出かけた。

新平は日本の大陸進出の先鋒を承っている男であり、袁世凱は李鴻章の後継者として、祖国を各国の侵略からいかに救うかに心を砕いている男である。二人の話題が日清両国と東洋の将来という問題に集中したのは、怪しむにたりない。

「明治維新以来、貴国のすばらしい発展は、世界の驚異の的になっています。われわれも大いに学ばねばなりません」

袁世凱は口をきわめて賞讃する。清国へ渡って以来、新平の耳にタコができるほど聞かされたお世辞である。新平も負けずに
「貴国はながい間、わが国にとってよき導きの師でした。これから先も、おたがいに手を取りあって、東洋平和のために貢献しましょう」

「大いに賛成です」

「そこで、私にひとつ提案があります。それは両国はこれから箸同盟なるものを締結して、共に手をたずさえて行ったらどうかということです」

「箸同盟とは？」

袁世凱はふしぎそうに聞き返した。

「いや、御説明しないと、おわかりにならぬかも知れません。世界の諸人種の中で、日常の食事に箸を用いるのは、われわれアジア人だけだろうと思います」

「いかにも」

「アジア人の中でも、特に強大を誇るのは、われわれ両国民です。そこで、われわれが手を握りあって、箸を持つ諸国民の強固なる連盟を作り、白色人種の侵略からアジアを守ろうではないかというのが、私の箸同盟提案の趣旨です」

「なるほど……いや、これは面白い。これはまことに有意義な提案です。私は大賛成です。万難を排してやりましょう」

袁世凱は手を打って同感の意を表し、箸同盟の実現に努力することを誓った。

しかし、個人としては、どのように意見が一致し、胸襟をひらいて語りあったとしても、それぞれ一国の利害を代表する政治家として、この二人の為すことは、まったく相反していた。

新平の箸同盟提案の日から、わずか二カ月前の四月二十日、清国政府は東三省（満州）の政治改革に着手し、総督に徐世昌を、巡撫使に唐紹儀を任命した。これはもちろん、日本が南満州鉄道会社を設立して、積極的に満州の経営に乗り出そうとする気構えを見せたことに対抗して、どこまでも満州における清国の支配権を保持し、利権を回復しようという意図から出たものであった。

徐世昌と唐紹儀は、任地へおもむく前に、天津に袁世凱を訪ねて、満州における施設方針について協議したが、そのおもな点は次のようであった。
一、満州には、できるだけ警察制度を完備して、匪賊の蠢動を押え、治安の乱れにつけこんで干渉しようと、隙をねらっている某国（日本）に、口実を与えないこと。
一、満州における電信、電話、郵便の発達をはかることを急務とする。日本に先手を打たれたが最後、清国は目と耳を奪われたも同然である。
一、東清鉄道（満鉄）は日本に奪われてしまったが、これと併行して流れる遼河を浚渫すれば、運輸の手段を確保することができよう。
一、日露両国と対等の立場を守り、内部の安寧秩序を保つには、まずそれにふさわしい兵力を持たねばならぬ。満州においては、すくなくとも六個鎮を新設し、なおこれまでの各兵をことごとく新たに編成し、訓練し直す必要がある。

一、奉天は満州の政治的要地であるから、外国人に経営される交通機関（たとえば満鉄）によらずして、北京及び北洋と連絡を保ち得べきこと。

以上を通じて、あきらかに看取できるのは、清国があらゆる点において、日本の圧迫をハネ返し、満州における国権を守り抜こうと決意しているということであった。

後藤新平によって提唱された箸同盟の構想に、袁世凱は無条件に賛意を表したが、それは社交にたけた中国人の、酒席における儀礼的な挨拶にすぎなかった。

もちろん、理想としては、箸同盟のようなものができるのは願わしいことかもしれない。しかし、実際のところ、日本と清国との現在の関係は、そんなナマやさしいことを考える余裕がないほど険悪になっているのである。

清国がいま一番望んでいるのは、日本がこれ以上満州へ入りこんできて、わが物顔に振舞うことなく、早々に立ち退いてくれることである。

日本に言わせれば、おれが頑張っていて、ロシヤが暴れ込んでこないよう、見張りをしてやるのだというだろう。見張りをしてくれるのは親切のようだが、見張り人がデンと腰をすえて動かないのでは、こちらの迷惑は同じことである。日本に満州で勝手なまねをしてほしくないばかりに、清国では最近、満州の政治改革案を樹立したのであった。

一方、後藤新平も、満州へ来てみて、いろんなことが手に取るようにわかった。

日本国内で、人々が一番気にしているのは第二の日露戦争である。日本は第一回の日露戦争で、どうやらこうやら勝ったことになっているが、実をいえば、息切れがしてヘトヘトになっており、ロシヤは負けたとはいいながら、余力を残して悠々としている。彼が充分の戦備をととのえて、何年か後に、もう一度立ち上ってきたら、そのときこそ、日本にとって最大の危機となるであろう……第二の日露戦争にそなえよという声が、朝野に高い。

ところが、満州へ来てみると、事情は大いに違っている。日本の相手はロシヤでなくて清国なのである。清国はロシヤが満州から手を引き、日本がまだ根をおろさないうちに、なんとかしてこの土地に対する自分の所有権をハッキリさせておきたいと、あせっているのである。

したがって、後藤新平の見るところでは、早晩起り得る可能性のあるのは、第二の日露戦争でなく、第二の日清戦争である。彼は満州へ着任早々、上下にみなぎる国権回復、日本排斥の空気におどろいた。日本人は満州では決して歓迎されていないのである。

従って、われわれは等しく箸を持つ人種だから、手を握り合おうではないか、などという簡単な論理では、清国人が納得するはずはない。君たちがそれほどわれわれに友情を抱いてくれるのなら、まず満州から立ちのいてくれと、彼等はいうであろう。それを言うかわりに、ただ複雑な微笑を浮べて、沈黙を守っているのは、彼等が無力だからに過ぎないのである。

新平にも、そのことはわかっていた。彼は日本が満州から追い出されないために、もう一度中国と、戦わねばならぬ日があるかも知れぬと、思わざるを得なかった。彼は早くも日支事変を予見していたのである。

後藤新平が安芸の宮島の白雲洞旅館へ入ったのは、明治四十年の九月二十七日のことであった。

翌二十八日、午前中に厳島神社の参拝をすませて、午後、部屋でくつろいでいると、四時ころ岩惣旅館から使いがあって

「ただいま、伊藤の御前様がお着きになりました。これからお風呂をお召しになって、しばらく

お休みになりますが、御夕食を御一緒になさりながら、お話をお聞きになりたいから、六時頃お出掛け下さるようにとのことでございます」

という伝言である。

伊藤というのは韓国統監伊藤博文のことであった。後藤新平はすこし前に伊藤に手紙を出して、面会を申し込んだところ、九月末に東京から京城へ帰任の途中、厳島へ立ち寄るから、そこで会ってもよろしいという返事であった。

ちょうど、新平は、東京へ出向く用事があったので、博文とすれ違いに厳島に泊り、一晩ゆっくり語り合えるように日程を組んで、前日から待っていたものであった。

新平の目的は、世界の大勢と東洋の将来、特に対支根本策について、伊藤公に説くことにあった。

満鉄総裁に着任以来数カ月、彼は現地の状況をつぶさに見、北京を訪問して皇帝、西太后、袁世凱その他に会って、意見を交換するうちに、次第に東洋百年の計をいかにすべきかの考えがまとまってきた。彼はぜひともこれを伊藤博文に告げて、対外政策の根本を確立する必要があると思ったのである。

六時すこし前に、新平は岩惣旅館へ出かけた。博文は湯上りの身体に宿のドテラを着て、くつろいでいる。

「わしに会うことを、ひどく熱心に望んでいたようだが、どういう用件かね」

「はい。満州へ勤務を命ぜられまして以来、半年を越えましたが、諸般の情勢を見まするに、帝国の将来にとりまして、憂慮に堪えざる事態も生じておりますし、ここにおいて対支、対露の根本策を樹立する必要を痛感いたしますので、一代の重望を担い、責任最も大なる閣下に申し上げて、これが解決の方途を講じていただきたいと存ずる次第です」

「フム。東洋問題根本策の重要なことは、わしもよく知っている。その点について、君の意見は充分に聞くつもりでいるが、その前にひとつ、君に言いたいことがある……」

どうやら、伊藤博文は御機嫌があまりよくないらしい。

「何でしょうか」

「これまで、君とわしとの関係において、わしの方では君の存在を無視したことはないつもりだが、君はしばしば、わしを無視しておりはせんかね」

伊藤博文は新平の思いもよらぬことを言い出した。

伊藤博文の不機嫌は、後藤新平には思いがけないことであった。

彼は居ずまいを正すと、誠意を面に浮べて
「私は閣下を、日本における最もすぐれた政治家として、常に尊敬申しあげて来たつもりです。閣下を無視するなど、どうして私に出来ますでしょう」

「そうではあるまい。君はわしを軽く見ているに相違ない」

まるで子供が駄々をこねるような調子である。

「どうして、そのようなことを仰せられますか。私のしたことで、何かお気に召さぬことでもございましたか」

「気にいらぬというわけでもないが……」

博文は口ごもりながら

「君は満鉄総裁になるとき、なぜ、わしに相談に来なかったか」

「ハ？」

「君は児玉から満鉄総裁になれといわれたとき、いろいろとむずかしい条件を持ち出して、なかなか受諾しなかったそうだが、そのとき君は、山縣や西園寺や、原なんかにも会って、いろんな相談をしておきながら、なぜわしの所へ意見を聞きに来なかったか」

新平には、やっと博文の不機嫌の理由がわかった。

「これはまことに迂闊でした。あの時は、児玉さんが、なんとかして私に総裁就任を受諾させようとされまして、山縣さんをお訪ねしろとか、西園寺さんのところへ行けとか、お言いつけになりましたので、その通りに動いた次第です。しかし、今にして思いますと、閣下の御意見をまったくお伺いしませんでしたのは、私の考えがたりませんでした」

「わしは君より一足先に、韓国統監になったばかりだ。韓国と満州は地続きで、名目上は他国の領土ということになっているものの、事実は帝国の植民地も同様で、これを経営するには、おたがいに余程密接な連繋を取ってゆかねばならん……」

「いかにも、仰せの通りです」

「わしは、君が満州を引受けるにしろ、ことわるにしろ、当然わしに相談があるものと思っていた。植民地経営については、君は台湾で長年にわたって経験を積んでいる。わしは、君が来たら、君の考えを充分聞いた上で、朝鮮鉄道の経営を君に任せようと思っていたんだ……」

「それは本当ですか……それほどまでに思って下さいましたか」

「朝鮮と満州は地図の上では別々の色に塗られているが、実際には間に鴨緑江が一本あるきりで、のっぺらぼうに続いているのだ。ここに鉄道をべつべつに作って、てんでん勝手に動かしていても、どうにもならん。二つをつなげて一つにして君にやってもらおうと思って、来るのを待っていたのだが、来ないものはしようがない」

伊藤博文は言うだけ言うと、やっと胸がおさまったようである。

後藤新平が、満鉄就任に当って、博文に何らの相談もしなかったのは、重大な手落ちに違いないが、彼はそれを忘れており、相手はそれを気にしている。気にするのは、相手にそれだけ弱味があるからである。

もちろん、伊藤博文といえば、元老の第一人者であり、当時日本でならぶ者のない権力者である。もし彼が後藤新平を抹殺しようと思ったら、今すぐにもできるだろう。

にもかかわらず、新平が彼を無視したといって怒るのは、彼が新平を高く買っているからであり、彼を必要としているからである。

——つまり、いま日本で一番偉いこの老人は、おれに目をかけて、大いにヒイキしてくれようというのに、こちらはこれまで知らぬ顔をしていたといって、怒っているのだ。

伊藤博文ほどの男を怒らせたということは、その事自体、彼がそれに値する男だということを物語っているようなものである。

しかし、新平は、そういう気持ちはオクビにも出さず、

「閣下がそれ程までに私のことを御心にかけて下されたとも存じませんで、これまで失礼申し上げました。謹んでおわび申し上げます。しかし、私自身と致しましては、かねがね日本の将来について、真に御相談申し上げることのできるのは閣下のみと思っておりました。さればこそ、こ

の度も、わざわざ御都合を伺いまして、卑見の一端を申し上げようと存じて、参った次第です」

博文はようやく機嫌が直ったとみえて
「大体、どんなことが言いたいのかね」

「簡単に申し上げますと、閣下に韓国統監の地位を去っていただきたいのです」

「なんだと？　わしに辞職しろと言うのか……ろくでもない事を考える男だ。わしは統監になってから、まだ一年半しか経たん。仕事は緒についたばかりだ。これからまだいろいろとしなけりゃならん事が多いから、おいそれと辞職するわけにはいかん」

「閣下には、朝鮮の統治より、もっと大事なことをしていただきたいのです」

「何をしろというのだ」

「閣下はただ一個の政治家伊藤博文公として、まず清国を訪問されて、西太后、慶親王、袁世凱などにお会いになり、東洋百年の平和を樹立するの策につき、会談していただきたいのです。それには、韓国統監とか、その他特別の役職をお持ちにならない方がよろしいかと存じます」

「なるほど……」

「なおまた、清国だけではたりないとお考えでしたら、ヨーロッパ各国を歴訪していただきたいのです」

この進言は、伊藤博文の心を動かしたらしい。

「君のいうことは、たしかに現在の日本にとって最も必要なことのように思える。しかし、各国の政治家と話し合うといっても、漫然と出かけて、空漠たる談話を取り交すのみでは仕様がない。当然そこに、わが国として独自の対外策が確立していなければならぬし、会談はその線に沿って進められなければならぬと思うが、それについての君の考えを聞きたいものだ」

後藤新平としては、それを聞かれるのを待っていたようなものである。

「左様です……清国にむかっては、まず大アジア主義を説かれたらいかがでしょう」

「このごろちょいちょい大アジア主義という言葉を耳にするが、人によって、その意味するところが、すこしずつ違うようだ。君のは概略、どういうのかね」

「近ごろ米国と清国との間に同盟が結ばれるという風説があります。おそらく清国は日本が満州に根をおろすことを喜ばず、米国の力をかりて、これを駆逐しようと思っているのでしょう。しかし、この同盟は、人種的にも法律的にも、完全に両国平等の立場の上に結ばれるものでない限り、東洋に永遠の平和をもたらすものとはならないでしょう。清国は一時の利害や感情にとらわれて、アジアを白人の手にゆだねることなく、アジア人同士手を握りあって、自分たちのアジアを建設すべきである——こう説いていただきたいわけです」

「君のいうことは、欧米諸国の誤解を招くおそれがあるな……」

伊藤博文が異論をさしはさんだ。

「どうしてですか」

「近ごろドイツ皇帝などが黄禍論といって、日本をはじめとするアジア民族の自覚にしきりに警戒の声を放っているが、君のいわゆる大アジア主義なども、へたをすると彼等を刺戟して、無用の摩擦のもととならぬともかぎらないね」

「それでは閣下は、アジアは今日のように、白人の支配にゆだねられたままでいいとお考えですか」

「決して、そう思っているわけではない。アジアの解放こそ、われわれの夢であり、願いでもある。しかし、君、物事には時機というものがあるよ。今日われわれが不用意にアジア人の団結などを説いても、いたずらに欧米各国の反感を招いて、かえって圧迫をきびしくさせるだけだ。今は隠忍自重すべき時ではないかね」

「そうおっしゃるとそのような気もしますが、こういう時にこそ、外交というものが必要になってくるのではないでしょうか。自分の要求は過大だから、先方は受け容れてくれないだろうと、はじめからあきらめているようでは、そもそも外交というものは成り立たないでしょう」

「なるほど、君のいう通りかも知れない」

伊藤博文は一応後藤新平のいうことに賛成して
「しかし、わしがいくら説いても、清国が言うことを聞こうとしない場合もあり得るだろう」

「実はそれなのです。清国はいま日本と提携することよりも、排斥することばかり考えています」

「むこうの身になってみれば、無理もない点もあるね」

「私は実は、この五月、清国宮廷を訪問した帰り道、袁世凱に会いまして、日清両国は提携して、アジア諸民族の自立のために大いに為すところがあらねばならぬと説きました。彼はその場では賛成してくれましたが、その後のやり口を見まするに、必ずしも日本に対して友好的であるとばかりは言えません……」

「誰だって、これから仲よくしようといわれて、反対する者はいないさ。しかし、先方の本心は、日本にこれ以上強くなってもらいたくないというところだろうね」

「といって、日本としても、せっかく取った満州を放棄して、もとの木阿弥に帰るわけにゆきません。そこで日清の利害の対立ということになるのですが、もし清国がどうしてもわが方と協力しようという気にならないときは、第二段の方策をとります」

「それは、どうするのかね」

「ロシヤ、ドイツ、イギリス、フランス等のヨーロッパ諸国に説いて、これら諸国の協力のもとに、東洋の平和を確保することです。つまり、旧大陸の諸勢力を打って一丸として、新大陸の攻勢にそなえようというのです」

「またしても君は妙なことを言いだすではないか。旧大陸の勢力をもって、新大陸に対抗するとは、どういうことかね」

「これは、私が最近国際問題について熟慮の末到達した結論でして、これによってはじめて世界の平和が保てるだろうと信ずるものです。私は仮にこれを新旧大陸対峙論と名づけておりますが……」

「フム、名前だけはもっともらしいね」

博文は半信半疑のようである。

「数年前にさかのぼりますが、私がまだ台湾におりましたころ、あるドイツ人の論文を読みましたら、ドイツとフランスが対立の状態にあるのはよろしくない、かならずアメリカに乗ぜられるだろうと書いてありましたので、なるほどと思いました。その論によりますと、今日もっとも恐るべきは新大陸のアメリカであって、ヨーロッパの諸国は古い怨みを忘れ、手を握りあってこれに当らなければ、かならずアメリカに屈服させられるだろうというのです。私は大いに感服しましたので、これを部下に翻訳させまして、児玉総督にお見せしたところ、閣下も大いに同感されました」

「時に、児玉といえば、君に一度聞きたいと思っていたことがあるのだ」

伊藤博文が突然、話題を変えた。

「何でしょうか」

「義和団の乱のときのことだが、厦門の本願寺が焼かれたというので、君と児玉が台湾から出兵しようとしたことがあっただろう……」

「はあ」

「あのとき君たちは、孫文の革命軍を援助する目的で、軍隊を送ろうとしたのだという者があるが、それは本当か？」

「御想像にまかせます」

「本当だと思っていいわけだね」

「あのとき、出兵に一番強硬に反対されたのは閣下だったと聞きました。何でも、青木外相や山縣首相に厳重に談じ込まれたということでしたが……あれは私たちの計画を誰かからお聞きになって、阻止しようとされたのではありませんでしたか」

「あの少し前に、孫文が犬養毅や、宮崎滔天や、梅屋庄吉などという浪人連中の援助で、兵を挙げる計画のようだと耳打ちしてくれる者があったのだ。もちろん、君や児玉が孫文に肩を入れていることも知っているし、孫文がときどき台湾へ出かけて、君たちと会っていたことも、知っていた……」

「なるほど」

「それで、つまらん事をしでかさねばいいがと思っていると、厦門の本願寺が焼かれたから出兵するのだという。ちょうど恵州では、たった六百人で立ち上った革命軍が、一万人にふくれ上って、厦門の方へ進撃中だという。この二つを結びつけて考えれば、児玉と君が何をやろうとしているか、大体想像がつこうというものだ」

「それを、どうして邪魔しようとなさったのです」

「はっきりいえば、犬養や宮崎なんて痩せ浪人どもが、猪口才なことを考えているのが気にくわなかったのだ。孫文にしたところで、たかが書生ッポではないか。そういう連中が、大清帝国を倒すの、倒さぬのと、思い上ったことを考えよって……」

「お言葉ですが、維新のころ、閣下は書生ッポでいらっしゃいませんでしたか。やはり、幕府を倒そうなどとは、思い上ったことだとお考えでしたか」

「ウーム、これは一本参った。アッハッハ」

参ったにしては元気な笑い声をあげて
「しかし、実際のところ、今言っただけの理由ならば、わしもべつに強いて反対はしなかったかも知れん。ところが、ここに反対せざるを得ない事態が生じたというのは、本願寺を燃やした犯人がほかならぬ日本人だったという一部始終を、英国領事が目撃して、厳重に抗議してきたのだ」

「そんなことがあったのですか」

新平にはあの時政府が弱腰になった理由が、やっと呑み込めた。

彼は続けて
「私はまた、閣下がなぜそんなに英国に気兼ねばかりされて、われわれの出鼻をくじくようなことをなさるのかと、大いに恨んだものです。孫文なんかも恨んでいますよ」
伊藤博文は苦笑して
「革命軍の書生どもに恨まれても、やむを得ない。こちらはともかく、国際間の複雑な利害関係の上に立って、あちこちに気を配りながら、日本の進路を定めてゆかねばならないのだ。孫文などの書生輩が天下を取ったらともかく、今のところ彼等は清国にとって、国法を破る謀反人だ。彼等に味方するために、帝国の軍隊を動かすわけにはゆかない」
「しかし、書生どもは本当に政権を取るかも知れません」
「その時はまたその時だ。しかし、腐っても鯛ということわざもある。北京の政権がいつ倒れるか、あるいは倒れないか、誰にもわからない。われわれはどちらへ賭けるわけにもゆかない。どちらへ転んでもいいように、用意だけはしておく必要があるだろう」
「その点は同感です。ですから私は、閣下に清国へおいでになって、むこうの指導的人物にお会いになり、大いに意見を戦わしていただきたいと申し上げているのです。のみならず、ヨーロッパ諸国を歴訪して、新旧大陸対峙論を説いていただきたいと申し上げるのです」
博文は膝を打って
「そうそう、話がわきへそれてしまって、君の新旧大陸対峙論をまだ聞かなかった。続けてくれたまえ」
「私が児玉総督に、あるドイツ人の論文の翻訳を御覧に入れたところまで申し上げたと思います。

児玉さんはその論旨に大いに同感されて、この議論の通り欧米両大陸が対立した場合、日本はどういう立場を守ったらいいだろうか、また東洋の地位はどういうことになるだろうかと、私に質問されました。そこで私は、数日数夜にわたって、熟考をかさねた上、次のような結論を得たわけです」

「ふむ……」

博文は興味をそそられたように見えた。

「そのドイツ人の考えは、大変おもしろいけれど、大西洋を中にしたアメリカとヨーロッパの対立のことしか考えていないという点で、私には規模が小さすぎるように思われました。そこで、これを太平洋の両岸に位する新旧勢力の関係にまで押し拡げて考えてみますと、つまりこういうことになります——日本と支那、その他のアジア諸国は、おたがいに提携して、アメリカの進出にそなえねばならぬということです。すなわち、アジアもまた、ヨーロッパと同じく、打って一丸となってアメリカに当らねばならない。しかるに、アジアとヨーロッパは地続きであって、一本のシベリヤ鉄道によって繫がれている。将来交通の発展するとともに、欧亜両大陸はますます接近し、東西融合して新興アメリカ大陸に対抗せねばならぬ——これが私の考えです……」

後藤新平は一息つくと、

「閣下、私が児玉総督の命によって熟考の末到達しました結論は、以上申し上げましたような、新旧大陸の対立抗争という説でございます。ところが、私がこの説を総督に申し上げる前、総督はにわかに参謀次長に転任せられ、ついで日露の戦端がひらかれると共に、満州へ出征せられましたので、私は遂に総督に卑見を申し上げる機会を失いました。

ところが、戦後たまたま私は南満鉄道の経営を命ぜられまして、はからずも多年の抱負を実地に試みる機会に遭遇することになりました。申しあげるまでもございませんが、南満鉄道は単なる営利事業ではなく、ヨーロッパとアジアを結び、東西文明を融合せしむべき使命を帯びる国家的一大機関です。

従って、私はこれを経営するに当りまして、欧亜百年の将来まで見通してやっているつもりですが、世間一般の人間にはそのへんがなかなか理解できないとみえまして、やれ大連の埠頭施設や都市計画が大きすぎるとか、病院や学校や調査機関などの不要不急の事業に金をかけ過ぎるとかいって非難します」

「世間の非難をいちいち気にしていたら、大きな仕事はできないな」

「私もそう思いまして、できるだけ自分の思う通りにやることにしています……ところで、閣下、以上申し上げました私の新旧大陸対峙の説に、御賛同下さいまして、ひとつ清国はじめヨーロッパ各国へ遊説の旅にお出掛け下さいませんか。きっと帝国の将来にとって、いろいろと得るところが多いと思いますが……」

「よく考えてみよう」

はっきりした返事はしないが、博文の気持ちは充分に動いているらしい。新平はこのへんが潮時だと思って

「大分おそくなりますから、これで失礼いたします」

博文にいとまを告げて、彼は宿へ引き取ったが、床に入っても、目が冴えて、なかなか眠れない。

――ともかく、はじめ不機嫌だった伊藤公が、話しているうちにだんだん打ち解けて来たのは、会った甲斐があったというものだ。厦門の本願寺放火事件の行き違いも、満鉄総裁就任の時の手落ちも、話し合わずにいれば、いつまでもシコリとなって残っただろうが、口に出してしまえば、それまでのことだ。公は大アジア主義には多少異論があるらしいが、ヨーロッパ訪問には大いに乗り気のようだ。何しろ伊藤公も芝居気がない方じゃないからな……

いろんなことが次から次へと頭に浮んで、目が冴えるばかりである。

ふと気がつくと、庭先に人の足音がして、次第に近づいて来る気配である。

足音は雨戸の外で止まると、女の声で

「多分このお部屋だと思いますけれど」

といった。すると男の声が

「まちがいないだろうね。こんな夜ふけに、ほかの人の部屋だと、大変失礼になる……」

「きっとこのお部屋です」

「そうか……」

いったかと思うと、ホトホトと雨戸をたたいて

「後藤閣下、後藤閣下」

と呼んだ。

新平は寝巻の前を掻き合わせながら、縁側へ出て、雨戸を細めにあけてみると、男は伊藤博文の護衛として随行している日高警部であった。女は警部を案内して来た宿の女中である。

「せっかくお休みのところ、恐れ入りますが……」

「まだ寝入っていなかったから、かまわないけれど、どうかしたのかね」

「実は閣下がお帰りになりましてから、公爵は酒を持って来いといわれまして、今までずっと召し上っておられます」

「ずいぶんお好きなようだね」

「だんだんお酔いになって、いいお気持ちになられたとみえまして、これから後藤に話したいことがあるから、すぐに宿へ押し掛けてゆくとおっしゃいます。道が暗うございますし、御老体では危険ですとお止めしても、なかなかお聞き入れになりませんので、私が一足先に閣下をお連れすればいいだろうと思いまして、実は公爵におことわりなしですが、お迎えに参じました。こんな夜ふけで、恐縮ですが、お越しいただけたらと思いまして……」

「それは御苦労。伊藤さんに来させるのは、第一礼儀にかなわないし、いったん寝てしまった宿の連中を、叩き起したりするのも大変だ。すぐ行こう」

手早く身仕舞いをして、警部の案内で岩惣旅館へいってみると、伊藤博文は四五人の芸者に取り囲まれて、上機嫌である。

彼は新平の顔を見ると、すこし呂律のあやしくなった舌で
「おや、後藤が来たのか……誰が来いと言った？」

「はあ、閣下の方からいらっしゃるというお話でしたけれど、御老体に夜道はあぶないからと思いまして……」

「よけいな心配だ。こちらから行くといったら、ちゃんと待っていればいいのだ」

「はあ」

「ハハア、さてはなんだな、おぬし、芸者でも抱いていたな。現場へ踏み込まれちゃたまらんと思って、先手を打ったつもりだろう」

「閣下こそ、こういうダラシのないところを見られたくなかったのでしょう」

負けずにやり返しながら、席についた。

伊藤博文はしばらく後藤新平と盃をやりとりしながら、冗談を言い合っていたが、やがて芸者たちに引き取らせて、二人だけ部屋に残ると、急にまじめな顔になって
「先程の君の意見は、いろいろと重要な問題点を含んでいると思うが、君はこの趣旨を、これまで誰かに話したことがあるか」

「いえ、誰にも話したことはありません。先刻も申し上げました通り、私は児玉総督の命によって熟考の結果、あのような結論に達したわけでございまして、まず総督に御報告する義務があったのですが、思いがけず急になくなられましたために、私の胸中に秘められたままになっています。みだりに人に話すべき性質のものでもありませんし、話しても理解できる人物がたやすく得られそうもありません。今日はじめて閣下に申し上げる次第でございます」

特に博文だけに話したという言葉は、彼の耳に快く響いたが、なおも博文は
「くどいようだが、君の懇意にしている友人にも、話したことはないね」

「ございません」

「桂には？」

「話しません」

「山縣にも？」

「お話ししたことはございません」

「すると、君の対支根本策について知っている者は、わしだけだと考えていいね」

「閣下だけでございます」

伊藤博文はこれでやっと安心した風であったが、

「ところで、君はその意見を、わしがよろしいというまで、誰にも話さないと約束できるかね」

「お約束できます、閣下」

「ありがとう。それでわしは安心した。もちろん、わしは君の独創になる意見を盗んで、わが物のような顔をしようと思って、こんなにくどく念を押しているのではない。この問題は帝国の将来を左右する大問題であるから、これを実行に移すという段になると、陛下に上奏して、聖断を仰がねばならないだろうが、そうなると、自然陛下から山縣や桂に御下問があることであろう。その際、彼等が、これはかつて後藤から聞いた説と同じではないかと思っては面白くないし、また彼等から君が意見を求められたとき、実は伊藤にかつて進言したことがあると白状すると、思わぬ誤解の基ともなろう。絶対に他言しないと誓うかね」

「誓います、閣下」

「ウム、それはありがたい。君の案は、もって東洋永遠の平和を確立するに最適の案だ。ひとつ熟慮して、実行に移すように努力しよう。そのうち、わが輩もヨーロッパ諸国を訪ねてみるか」

「ぜひお出かけください」

翌々年、伊藤博文が渡欧の途次、ハルビンで遭難したのは、この時の会談がきっかけになったものであった。

化物屋敷の人々

加藤与之吉が南満鉄道に入社したのは、明治四十年の五月であった。

彼は大学の土木工学科を卒業してから、新潟県の土木課に勤務していたが、満鉄が人を求めていると聞いて、ふらふらと行く気になったものであった。

しかし、彼の家庭では大騒ぎが起った。満州といえば、鬼界ヶ島よりも遠くて、荒れ果てたところというのが、そのころの人々の通念であったから、まず彼の年老いた母親が猛烈に反対した。

「老い先短い年寄りをほうっといて、そんな遠いところへ行ってしまうなんて、何事です。いま別れたら、いつまた会えるかわからないものを……」

といって掻き口説くので、

「いえ、お母さん、そんなに遠いところではありませんよ。大きな船に乗って、寝ているうちに着いてしまいます。そのうち向うに落ちついたら、一度見物にお呼びします」

「人をばかにしないでおくれ。そんな、鬼が住むか蛇が住むかわかりもしないところへ、誰が見物に行きたいものですか」

なだめても、すかしても承知しないので、とうとう

「お国のためです。せっかく日露戦争に勝って、ぶんどった満州を、今のうちに固めておかないと、また取り返されてしまうのです。兵隊に取られたのだと思って下さい」

むりやりに説き伏せて、単身赴任した。

加藤はその後数年して、老母を見物に呼んだところ、彼女はすっかり大連が気にいって
「いいところだねえ。日本にだって、こんない所はありゃしないよ。さすが満州だねえ」

とさんざん褒めて帰った。

しかし、それは何年も後の話である。加藤与之吉が赴任したばかりのころの大連は、街路はいたみ、焼け残りの家屋や空地があちこちに目につくという風で、戦争の惨禍の跡をまざまざと残していた。

満鉄の社屋には、日露戦争当時病院として使用された建て物があてられた。ここには前線から送られてくる負傷者がだんだんふえて、手当てが行き届かないため、見殺しにされる兵士の泣き叫ぶ声が、遠くまで聞えたので、化物屋敷と呼ばれていたが、戦後はさらに、修理の手が及ばず、荒れ放題になっていたので、ますます化物屋敷の名前にふさわしいものとなった。

後藤新平以下新任の満鉄幹部たちはこの化物屋敷に陣取り、何もかも合議制で運営した。

総裁の後藤新平はやっと五十になったばかりの働き盛りで、副総裁の中村是公ほか二三名の理事が四十代、あとの理事は全部三十代という、若さにあふれる陣容である。彼等はみんな一室に雑居して、階級の上下によって言葉使いを変えることがなく、おたがいに「お前」「おれ」「君」「僕」で呼びあい、あらゆる問題について自由に討議した。

のち野村総裁時代になって、総裁、副総裁ならびに各理事がそれぞれ別の部屋におさまることになったとき、古い社員たちは満鉄草創の精神は滅びたといって嘆いた。

新任の土木技師加藤与之吉が最初に与えられた仕事は、奉天、長春等満鉄付属地の市街計画を

作ることであった。

そのころ満州で市街計画のできているのは、旅順と大連くらいのもので、その他はほとんど荒涼たる原野のままであった。こういう荒れ地を切り開いて、自分の夢をそのまま実現することができるのも、技術家の特権であると思うと、彼の心は躍った。

彼はあらゆる知識と経験を傾け、精魂をすりへらして市街計画を作ると、上司へ提出した。

ある日地方部長の久保田政周が彼を呼ぶと
「上京中の総裁から、こんなことを言って来たよ」

といって、一通の電報を見せた。あけてみると
「加藤技師の市街計画は、いたずらに欧米の陳腐なる設計を模倣せるものにすぎず、満州の実地に適合せざるをもって、すみやかに変更せしむべし」

とある。加藤技師は頭の上へ雷が落ちたような気がして、青くなった。

加藤技師にとって、後藤総裁ほどこわい人はなかった。

彼は着任して間もないころのある日、理事の国沢新兵衛が大勢の見ている前で、後藤総裁から猛烈に叱られているところを目撃した。理事といえば、満鉄では相当の地位である。それがまるで子供のようにドナりつけられているのである。

後藤総裁がまるで大砲のように、ガンガンほえ立てるのに対して、国沢理事がただ悄然としてうなだれているのも、奇妙な風景であった。彼は弁解しても反抗しても無駄だと、あきらめきって、一刻も早くこの忌わしい時間が過ぎ去ることだけを願っているようにみえた。

それ以来、後藤総裁は加藤与之吉技師にとって、地震よりも雷よりも、火事よりもこわい人と

なった。

加藤技師だけでなく、満鉄じゅうの人間が、総裁にどなりつけられはしないか、叱られはしないかと、戦々兢々としているようであった。

そのこわい総裁から、加藤の設計はよろしくないから、変更させよと言って来たのである。彼は生きた心地もしなくなった。

久保田部長も彼のために心配して
「ともかく、こんな電報がきた以上、君もボンヤリしていてはよくない。さっそく上京して、総裁にお目にかかって、君の意図を充分に説明したらいいだろう」

と勧めた。

あのこわい総裁に直接会って、説明しなければならぬのかと思うと、足がすくみ、肝っ玉が縮み上るようで、いっそのこと自殺してしまいたいくらいだが、それくらいのことで自殺したら、世間の物笑いになろう。

それに、彼には技術家としての意地もあった。これでも専門の学問をして、その道で生きてきた以上、設計図の一本の線も、理由なしに引いているわけではない。総裁だろうが何だろうが、素人にいい加減な口出しをされて、ひっこんでいるわけにゆかない。

彼は上京を決意した。

加藤与之吉の市街計画案が後藤総裁の不満を買ったという事実は、満鉄の東京支社でも問題になって、清野理事や久保田庶務課長は、何とか加藤に傷がつかないように、丸くおさめる方法はないかと苦心していた。

加藤が麻布狸穴の支社へ顔を出すと、久保田はさっそく彼を呼んで
「君がじかに総裁に説明する前に、清野さんあたりから、御機嫌のよさそうな時を見はからって、よく納得のゆくように説明してもらったらどうです」

加藤は久保田の厚意に感謝したけれど、考えてみると、自分の案を一番よく知っているのは自分であるし、技術者は自分の仕事に責任を持つのが当然である。いくら相手がカミナリでも、誠心誠意をこめて説明したら、それに耳を傾ける雅量は持っていよう。それでも理解が得られなくて、こんなまずい設計をする技師は免職にするといわれれば仕方がない。意見の合わない上司の下で働くことはできないから、いさぎよく去るだけのことである。

そう覚悟をきめると、加藤は久保田の勧告をことわって、総裁にじかに会うことにした。

加藤が後藤総裁に面会を申し込んだのは午後三時ころであった。すぐ会ってくれるかと思ったら、控室でしばらく待つようにとの命令である。

ところが、しばらくというのに、四時になっても、五時になっても、案内がない。もしや取り次ぎの者が忘れているのではないかと、聞いてみると、朝から引き続いて来客が絶えないから、まだ順番が来ないのだという。もうしばらく待たねばならない。

そのうち日が暮れて、社員たちがつぎつぎと帰りはじめた。ガランとした支社の中で待っていると、総裁は社宅へお帰りになるから、あなたも社宅の控室へ移っていただきたいといわれた。社宅といっても、支社の構内にあるから、遠くはないが、あまり待たせられるので、加藤は心細くなって来た。

殺風景な控室で一人ポツネンと待たされる間、加藤の頭にはいろいろの考えが浮んでは消えた。

世に技術屋くらいつまらぬ者はない。法科出の事務屋が、現場の苦労も知らず、書類に盲判をつくばかりで、どんどん出世してゆくのに、自分たちはいつも顎で使われて、ヘイコラしていなければならない。心血をそそいだ設計でも、何やかやと難癖をつけられ、おまけにこんな所へ呼び出されて、何時間も待たされた上で、お目玉を頂戴しなければならぬとは、何たる情ないことであろう。

後藤総裁は前身が医者で、下から叩き上げた苦労人だということだから、ただの事務屋とちがって、多少は技術屋の苦労もわかりそうなものと思っていたが、この調子ではアテになるものではない。人間はやはり、出世すると昔を忘れるものだろうか……

時計を見ると、七時である。もう四時間も待たされていると思うと、加藤与之吉はだんだん腹が立ってきた。

七時をすこし廻ったころ、取り次ぎの書生が控室へあらわれて、加藤与之吉に

「たいへんお待たせしましたが、まだ少々時間がかかります。おなかがお空きでしょうから、どうぞどこかで召し上って来て下さい」

といった。

人を馬鹿にするにも程がある。

時間がかかるなら、はじめからそう言えばいいのに、今まで待たせた上、御馳走でもしようというならともかく、どこかで食って来いとは何事ぞ。

加藤は席を蹴って帰りたいところを、ここが我慢のしどころと、じっと押えて

「飯は食いたくありません。このままお待ちしますから、なるべく早くお目にかかれるよう、お

願いしてください」

というと、こうなれば持久戦だ、何時まででも待つぞ、と腹をきめた。

八時すぎ、取り次ぎがやってきて
「どうぞこちらへ」

といった。五時間目に、やっと面会がかなったのである。

応接間へ通ると、後藤総裁はくたびれ切った様子で、長椅子に身体を横たえている。顔色が青く、目に生気がない。いつもは身体が縮み上るほどこわい総裁だが、今日はあまりこわくない。

「やあ、待たせて失敬した。実はこの間からすこし身体の調子が悪くて、床についていたのだ。それで、来客にも会わないでいたのだが、今日はすこし気分がいいので、客に会おうと思ったら、これまで待っていた人がどっと押しかけて来たのさ。こんなに待たせようとは思わなかった」

懇切に詫びられると、加藤の立腹も日に当った雪のように消えてしまった。

「ところで、加藤君、君の市街計画だが、僕はどうも感服せんね。君の案では、第一に道幅が狭い。第二に、支那人の荷馬車の通行を制限したのが面白くない。そもそも、道路の幅員というものは、その時代々々の交通機関の大きさによってきめられるものだ。大むかしは車がなかったから、道の幅は人の歩けるだけあれば足りた。京都の町は、公家が牛車に乗って歩くだけの広さがあれば充分だった……しかし、電車や馬車が発達し、これから自動車も大いに普及しようという今日、君の案ではたちまち狭くなってしまうだろう。よろしく時代に即応して考えるべきだ」

後藤新平は一息つくと
「つぎに荷馬車の件だが、荷馬車は支那における唯一の交通機関であって、支那の市街はこれによって発達したものだ。しかるにこの重要な交通機関の通行を、一部に局限してしまうのは、住民の生活の手段を奪うにひとしい暴挙だ。北京の町を見たまえ。荷馬車の通行を自由にしているから、あのように発達したのではないか。一体君たち大学出身者は、大学で教わったことを、どこへ行ってもそのまま実行しようとするが、そもそも大学というところは、西洋から教わったことをそのまま受け売りして、能事畢れりとするところだから、君たちのやることは、とかく実地にそぐわないことが多い。満州の市街計画は、すべからく満州的にされねばならないのだ」

加藤与之吉は後藤新平の言う事をだまって聞いていたが、

「私の案に対する御批判はそれだけでしょうか？　ほかにも何かございますか」

「ほかには別にない。全体としては、なかなかよく出来ていると思うね」

取ってつけたようなお世辞である。さんざんコキおろされた後だから、すこしも嬉しくない。加藤は

「それでは、私の意見を申し上げます。最初に道幅のことでございますが、私は私なりに相当苦心したつもりです」

「なに、苦心した？　苦心して、どうしてあんな馬鹿なことを考えついたのだ？」

高飛車な言い方に、加藤はムッとした。

こうなれば総裁とトコトンまで議論をして、グウの音も出ないようにやっつけるまでである。それで腹を立てて、お前はクビだというようだったら、そんな総裁には、こっちから暇をくれてやる。

なあに、満鉄だけにお天道様が照るわけではない。技術屋は定規とコンパスが一本あれば、天

下横行すべしだ。

　こう思い定めた途端に、鬼よりこわかった後藤総裁が、こわくもなんともなくなった。しかし言葉使いだけは丁寧に
「私が最初に参考にしましたのは、東京の市区改正案です。これによりますと、一等道路の幅員は二十間、二等十五間、三等十二間となっておりますが、満州が将来いくら発展しても、東京同様になることはあるまいと思いまして、私は東京の二等を満州の一等として十五間取り、以下一級ずつ落して幅員を定めました。これくらいに計画を立てましても、道路の総面積は宅地の約五分の一に当ります。道路はいくら広い方がいいと言いましても、おのずから限度があります。私は、これ以上道路に面積を取るのはバカげていると思います」

　後藤新平はいきなり
「東京の市区改正委員長は吉原三郎じゃなかったか？」

「左様です」

「あんな馬鹿な奴のすることを真似る馬鹿があるか」

「委員長の吉原という人が馬鹿かどうか、私は存じませんが、あの委員会のメンバーは、私たちの尊敬する先輩古市博士をはじめ、この方面の権威といわれる人々を網羅しております。ここで決定した案を参考にすることは、私にはそれほど馬鹿げているとは思われませんが……」

「世間には利口馬鹿というものもある。専門家とか権威とかいう連中にかぎって、素人でもしないような馬鹿なことをするものだ……しかし、そんなことはどうでもいい。道路についての君の考えは大体それだけか」

「ハイ」

「よろしい。それじゃ、こんどは荷馬車の件だ」

後藤総裁はせっかちに次を促した。加藤は
「文明的市街におきましては、これに用いる交通機関もまた文明的でなければなりません。いかに文明的に設計されましたる市街でも、その交通機関が非文明的なものでありましては、その美観をそこなうこと、甚だしいものがあります」

「設計屋諸君は、美観ということを、すこし気にしすぎるのではないかね」

新平はニガニガしげに言った。

「それは程度の問題だと思います。設計屋の中には、美観のために実用を無視する者もありますが、それは私どもといえども、賛成しません。しかし、同じことならば、都市はやはり美術的であった方がいいと思いますが……」

「それはまあ、そうだ」

「ところが、支那の荷馬車は都市の美観を損ずるばかりでなく、道路を破壊することも多いのです。荷馬車のうちでも、特に大車というやつは、小さいのでも四五頭、大きいのになると十頭以上の馬にひかせるくらいで、三千斤以上の積荷をのせておりますし、車輪が薬研の形をして、先へゆくほど細くなっておりますから、地面へ深く喰いこんで、道路を損傷することは御想像のほかです……」

「フーム、そういうものかね」

後藤新平もすこし考え込んでいる風である。それに力を得て、加藤与之吉は

「支那の荷馬車はかくも非文明的なものです。ですから、私の立場からすれば、これを全く禁止したいところですが、これが今日の満州において唯一の交通機関であり、これを奪われては住民の生きる道がなくなることも、承知しておりますから、私はできるだけゆるやかな措置を取るようにしたつもりです」

「君はやたらと禁止区域をもうけたように見えるが……」

「私の側からみれば、除外例が多すぎるくらいです。たとえば、荷物の積みおろしの便を考えて、駅の貨物ホームに連絡する道路はつとめて通行を許し、それ以外の通路でも、必要の場合は臨時に通行を許すことにしました。こんなことでは私は、せっかくいい道路を作っても、たちまち破損するのではないかと心配です。満州へ来たら万事満州式にすべきだとおっしゃるのは、満州人はみな野糞をたれるから、われわれも大いに野糞をたれようではないかというようなものです」

加藤は言いたいだけ言って、あとは勝手にしろと腹をきめていると、後藤新平は

「君は一度洋行してきたらいいだろう。ベルリンのウンテル・デン・リンデンやパリのシャンゼリゼーの町角に立って、あすこいらの道路がどれほど広くて立派かを実地に見たら、そんな馬鹿なことを言わなくなるだろう。ぐずぐずしないで、すぐ出発したらいいだろう」

思いがけない言葉であった。

加藤与之吉は下手をすれば免職を言い渡されることを覚悟の上で、後藤総裁に楯突いたのに、免職にはならないで、洋行しろという命令である。そのころ、洋行できるということは大変な幸運で、みんな運動してまで行きたがったものだが、思いがけずそのお鉢が彼に廻って来た。

加藤の想像では、どうやら後藤新平は彼の言い分を認めたようである。殊に支那馬車通行禁止

の問題では、なるほど彼の言う通りだと思ったらしい。しかし、はじめあまり高飛車に彼の案をこきおろしたので、今更おれが間違っていたともいえず、あやまる代りに洋行のことを言い出したものだろうと、彼はひとりニヤニヤした。

二三日後、後藤新平は病後の保養に熱海へ出かけた。清野理事と久保田庶務課長が、その後を追って、事務の打ち合せに、熱海へゆくことになったので、加藤も同行を命ぜられた。

着いた翌る日の朝、後藤に面会を申し込むと、秘書役が迎えに来た。その後について長い廊下を歩いていると、ちょうど便所から出た新平とばったり顔を合わせた。

すると新平はいきなり、百の雷が一度に落ちたような大声で

「何をぐずぐずしているのか」

と叫んだ。

そばには女中が廊下の掃除をしていたが、この声にびっくりして、箒を投げ出すと、あわててどこかへ隠れてしまった。

秘書も、自分が叱られたのかと思って、ウロウロあたりを見まわした。それはさながら丈草の

我が事と鰌の逃げる根芹かな

という俳句にそっくりであった。

しかし、叱られたのは女中でもなく、秘書でもなく、加藤与之吉であった。後藤新平は彼に洋行を命ずるとき、すぐ発てと言っておいたから、今ごろは大連へ帰って、あれこれと準備でもしていることと思っていたのに、のんびりと、熱海なんかへ遊びに来るとは何事かと怒ったのであった。

加藤与之吉は部屋へ入ると、

「せっかくの総裁の仰せに従いませんで、申し訳ございませんが、一年も二年も持ち場をあけますからには、今やりかけの仕事をキチンと片づけておかねばなりません」

「そんなことを言っていると、いつ出発できるか、わかったものではないぞ。仕事なんてものは、君がやりかけにしておけば、誰かがやってくれるさ」

「でも、自分で手をつけた仕事は、一応目鼻がハッキリするまで見ておきたいのが、技術屋の常です。市街計画はどうやら成ったとはいいますものの、工事の設計はまだ出来ていませんから、これを早く仕上げて、入札に付し、これで一段落というところで出発したいと思います。やりかけの仕事を人に渡して、はじめの考えとは丸きり違ったものにされても困りますから」

後藤新平はどうやら納得したように見えた。

加藤与之吉技師が後藤新平に洋行を命ぜられてから、三カ月経った。

この間に、後藤新平は熱海で病後の休養を取って、健康を回復すると、ロシヤ訪問の旅に出かけた。

ロシヤ訪問はかねてから彼の懸案であった。厳島の一夜における伊藤博文との会談によっても知られるように、中国の統一と東洋永遠の平和は彼の常に願ってやまない所であったが、それにはまずロシヤとの友好関係を確立しておくことが必要であった。

殊にロシヤは日露の敗戦を深く根に持って、いつかは報復しようと、準備を進めているらしい。その対日感情をこれ以上悪化させないためにも、諒解工作は必要である。彼はひとつ自分が乗り出してみようと思った。

彼の訪露にはもう一つ目的があった。それは、南満鉄道と東清鉄道の連絡運輸を交渉することであった。東清鉄道はシベリヤ鉄道に連絡している。従って、満鉄と東清鉄道が連絡すれば、ここにアジアとヨーロッパは一つの線で結ばれることになる。新旧大陸対峙を持論とする彼にとって、これは是非とも実現したい夢であった。

彼はこの二つの目的をもって、ロシヤにおもむき、皇帝その他要路の大官に会って、大いに親善の実を挙げ、また両鉄道連絡についての諒解も得て帰国した。

後藤総裁が帰って来るというので、満鉄では国沢理事がハルビンまで出迎えて、緊急を要する事務の打ち合せをおこなうことになり、加藤与之吉が随行した。

後藤新平は加藤を見ると、目をむいて

「まだこんなところにウロウロしていたのか。なんと尻の重い男だ。呆れて物が言えない。洋行なんてものは、朝起きて便所へでも行くように、気軽に出かけるものだ。親類一同と水盃でもして行こうという精神だから、いつまでも発てないのだ」

「ハア……でも……」

「何がでもだ。今すぐ発ったらいいだろう。これから大連へ帰って、準備をととのえようなどといっていると、第一汽車賃がムダだ。なに、旅費がない?……ここにいる大橋君が……」

ちょうど、博文館の社主大橋新太郎が、これも洋行する途中だといって、挨拶に来て同席しているのを指さして

「大橋君が沢山持っているらしいから、当分立て替えてもらったらいいだろう。ちょうどいい道づれだ。今すぐ、この場から発ったらいい」

と、尻に火がついたように急きたてた。

加藤は、ここでこのまま発つと、面白いやつだと総裁のお気に召すかも知れないと思いながら、そうなるとかえって、わざとらしいことをする気がせず、生返事をして動かなかった。

そのうちに加藤の仕事も一段落ついたので、いよいよ出発を申し出たら、こんどは後藤新平がつむじを曲げていて
「人の行けという時に行かないで、今ごろになって勝手に行くという奴があるか」

と許可しようとしない。副総裁の中村是公が仲に入り、大骨を折って、やっと機嫌を直した。


後藤新平が児玉源太郎から、満鉄総裁就任をすすめられたとき、なかなか引き受けなかったのは、台湾統治の経験によって、占領地の行政の困難を見抜いていたからであった。

軍隊によって占領された地域では、どうしても軍人が幅をきかすことになる。どんな建築物も、施設も、すべて軍人が血を流して獲得したものばかりである。従って、戦闘が終了しても、軍人がいつまでもそれを自分のものだと思って、手放したがらないのは人情の自然である。満鉄社員がノコノコ出かけていって、今度からこちらがやることになりましたなどと、引渡しを要求しても、なかなかおいそれと応じられないであろう。

まして満州鉄道は、名目上は一会社である。元来これは、イギリスの東印度会社に学んで、植民地経営を円滑に行うための政府機関なのであるが、一般人にはそこまで理解できるはずがない。むかしから士農工商といって、商人を最下位において物を考える習慣のある日本人が、単なる会社にすぎない満鉄を軽視する態度に出るであろうことは、火を見るより明らかである。

外地には、もう一つ厄介なものがある。それは領事館である。これは軍人ほどいばりはしないが、それでも役人であって、外務省の出先機関である。

――うかうかしていると、満鉄は軍人と外務官僚の板ばさみになって、動きがとれなくなってしまうぞ。

これが、後藤新平の心配であった。

そこで彼は、就任に当って次の三カ条を条件として提出した。

一、官吏にして満鉄に招聘される者に対しては、従来と同一待遇を与えてほしい。

二、都督府（軍政機関）と満鉄との連絡を密にするために、満鉄総裁を都督府の顧問に任用してほしい。

三、満鉄総裁を親任官待遇としてほしい。

以上のうち、後藤新平がもっとも熱望していたのは、第三の総裁を親任官にしてほしいという点であった。

しかし、実をいえば、この要求は、自分が親任官になりたいということである。親任官は今日の認証官に当り、大臣級である。手っ取り早く言えば、自分が大臣になりたいということである。これは自分の口からは切り出しにくい。

ことに後藤新平は、栄位栄爵が嫌いではない。大臣とか華族とかいう地位に坐って、金ピカ服を着ることが大好きな男である。それだけに、どさくさまぎれに自分の出世欲を満足させようとしていると誤解されるおそれは、充分にある。こういう要求は、持ち出さない方が賢いというものであろう。

しかし、そういう誤解を覚悟の上で、彼はこの要求を西園寺首相まで提出した。やはり言うだけのことは言っておかねばならない。冷飯草履に浴衣がけでは、人が相手にしてくれない。コケおどしでも何でもいいから、押し出しだけは立派にしておく必要があるというのが、彼の考えであった。

後藤新平が満鉄総裁に就任するとき提出した三つの条件のうち、実現したのは、第二条の、満鉄総裁を都督府の顧問とすることという件だけであった。

彼が最も熱望した第三条、総裁を親任官とするという件は、遂に実現を見るにいたらなかった。その理由は簡単であった。彼に対する個人的反感が、各方面に欝積していたのである。

後藤新平が有能な人物であることを疑う者は一人もなかった。彼は天才的な企画力と、果断な実行力を兼ね備えた、稀に見る偉材である。彼はそのために、これまで異数の出世をして来た。

彼は薩藩の出でもなければ、長州の生まれでもなく、維新のときは朝敵とされた東北の出身である。にもかかわらず、彼は長州人の伊藤博文や桂太郎、児玉源太郎などに接して、その庇護を受けた。

彼は人に誇るべき家柄の生まれでもなく、家に財産があるわけでもなく、さしたる学歴があるわけでもない。にもかかわらず、彼は石黒忠悳や長与専斎の知遇を受けて来た。

彼はたしかにズバ抜けた人物であった。

しかし、ズバ抜けた人物であるということは、完全無欠な人物であるということを意味しない。彼にはさまざまの欠点があった。ある面においては人にすぐれていたけれど、他の面では人に及ばぬ点もあった。

彼はどういう地位にあっても、多くの功績を残したけれど、残したのは功績ばかりというわけではなかった。時にはやり過ぎもあったし、失敗もあった。

彼の出世は目ざましかったけれど、それにはそれだけの犠牲もあった。一人が出世するということは、他の者が取り残されるということである。取り残された者の怨恨はいつまでも消えない。

後藤新平が満鉄総裁は親任官たるべきことという条件を出したのは、彼個人の出世を目的としたものではなかった。しかし、結果において彼の出世にもなることは事実である。彼にいい感情を持たぬ連中が、彼をこれ以上出世させないために、この要求に反対したのは自然であった。

そこで新平は忿懣をもって手記している。

「新平微力みづから揣らず、あへて国家の大事に当るべき総裁を軽率に引受けたるが為に、すでに総裁なるものの真価を落したるならん。この総裁は韓国統監とその実軽重の差なき人を要し、その事体の広狭難易に至りては、これに勝るもその下にあらず。しかるに今日新平就職となりしが為に、いはゆる人に対して厚き待遇の不可を聞くに到るなり。もし朝野をして、かくの如くこの事業を軽視せしめたることありとせば、これ誰の罪ぞ」

かくて新平は、自分では貫禄が不足だというなら、新たに桂太郎、井上馨、松方正義などのいわゆる大物を総裁に仰ぎ、自分は副総裁としてこれを補佐するという案をたてた。しかし、これも実現を見るにいたらなかった。

後藤新平が満鉄総裁として在任した期間は、わずか一年九カ月にすぎなかった。しかしこの間に、彼は満鉄経営の大方針を決定し、幾多の事業の基礎をきずき上げた。いわば彼は最初の一年九カ月の間に、その後四十年にわたる満鉄の基本的な骨組を作り上げてしまったのである。

満鉄経営の根本策を、後藤新平は「文装的武備」という一語で言い現わしていた。これは簡単に言えば、平時において文化的施設を整備して、他の侵略に備え、一旦緩急あるときは軍事行動を助けることができるように、準備しておくことを意味していた。

満州の地は、日本、清国、露国の勢力の渦巻くところで、日本は日露の戦勝により、一旦はここに主導権を握ったものの、少しでも手を緩めれば、ただちに奪回される危険にさらされている。これを防衛するには、もとより軍事力の強固なことが必要であるが、それだけでは足りない。やはり全満州の民衆が日本の統治を喜び、これに帰服しようとする意志を持つことが先である。また、日本の満州経営が、ロシヤのそれよりもすぐれていて、満州は日本に任せておいても大丈夫だ――あるいは、ここまで根をおろしてしまった日本を、今さら押しのけることはできないと、諸外国をして思わせる必要がある。そのためには、どこまでも文化的施設を整備せねばならない。

そういう考え方からすると、戦後の旅順のあつかい方に問題があった。旅順は激戦の跡で、軍事的には永く忘れることのできない土地であるが、戦後はこれを大いに活用して、商工業ないし学術文化の中心となすべきであり、そうしてこそ満州の発展に資することができるであろう。しかるに、陸海軍はこれを要塞地帯として、鎮守府を置いて、一般民間人の自由な利用を禁じている。ここに学校を置いて、植民地に必要な人材を養成したならば、満州の発展に大いに寄与する所があるであろう……こういう趣旨で作られたのが、旅順工科学堂であった。

そのほか、後藤新平が満州に残した文化的施設で注目に値するものは、南満医学堂、中央試験所、東亜経済調査局等があった。

これらはすべて、医者の出身で科学的研究に特別の理解を持つ後藤新平にふさわしい仕事であったが、なかんずく東亜経済調査局は、そのような機関に乏しい日本では独特のもので、永く日本の学界に彼の名を留めることとなった。

後藤新平は台湾においても、民情や旧慣の調査に力を注いだが、満州では東亜経済調査局を作り、のち東京市長となるに及んでは市政調査会を作った。彼はどこへ行っても、調査マニヤといわれるほど、調査機関を作ることが好きな男であった。

台閣に列す

明治四十一年七月四日、後藤新平は林董外相と共に参内して、明治天皇に拝謁を仰せ付けられ、満鉄の過去及び将来、ならびに五月のロシヤ訪問の概略について上奏した。彼にとっては感激の日であった。

同じ日に、西園寺首相が辞表を捧呈した。

この二カ月前の総選挙に、与党の政友会が絶対多数を獲得したばかりで、西園寺内閣の基礎はますます固くなったようにみえたから、世間は突然の辞職の理由を疑った。

表面の理由としては、財政経済政策の行き詰まりが挙げられた。

しかし、更に大きな理由は、西園寺の自由主義的な施策に対して、国粋主義者の非難が集中したことであった。西園寺は若いときからフランス流の革命思想にかぶれていたが、首相となっても、やることがすべてハイカラじみていて、社会主義者に対する取り締まりも緩慢であったから、元老の山縣有朋などは心配して、天皇に奏上した。

天皇から原敬内相に、何とか特別に厳重なる取り締まりができぬものかとの御下問があったので、内相は拝謁して事情をくわしく説明した。社会主義者に対する処遇は、ただ取り締まりを厳重にするだけでなく、教育や社会状態の改善等も伴わねば実効をあげることはできないというのが彼の言い分で、天皇も一応納得されたが、西園寺はもはや内閣を続けてやってゆく意志を失ってしまった。

西園寺内閣が満鉄に対して冷淡で、これを育てようという積極的意志がないといって、後藤新平がたびたび抗議したことも、内閣の基礎をぐらつかせる一つの原因になっていた。

後藤新平と西園寺とでは、あらゆる点で相違していた。

西園寺は黄金の匙を口にして生まれた名門の子であり、新平は徒手空拳をもって自己の進路を開くほかない貧家の児である。

西園寺は冷静な客観的態度に終始する批評家で、新平は飛躍と創造を信条とする情熱家である。西園寺から見れば、新平はオッチョコチョイの猪突漢であり、新平からみれば、西園寺は無気力な虚弱児にすぎない。両者は互に相手を軽蔑する理由を持っていた。

新平が宮中に参内して、自分の所管事項について奏上し、光栄と感激に身をふるわせながら退下したのと入れ違いに、西園寺が辞表を提出したのは皮肉であった。しかもその内閣崩壊の原因の一つは新平が作っているのである。

後継内閣の大命は桂太郎に下り、後藤新平は入閣をすすめられた。新平は逓信大臣として入閣することを受諾した。親任式を翌日に控えた十三日夕刻、新平は突然発病し、赤痢の疑いで赤十字病院へ入院した。

彼は翌月八日退院したが、なお、しばらく、療養のため塩原温泉へ転地したため、政務が見られなかった。

後藤新平が第二次桂内閣の逓信大臣になったと聞いて、憤慨したのは、満鉄の若い社員たちであった。

彼等はいずれも、日本の大陸政策の人柱となって、満州の荒野に骨を埋めるつもりで来ているのである。彼等は後藤新平の熱と意気に打たれ、この人の為なら、生涯を満鉄に捧げても悔いないと思っている。

しかるに、創業以来まだ二年にもならず、あらゆる事業が緒についたばかりで、海のものとも山のものともわからない時に、これを見捨てて飛び出してしまうということがあるものか。

満鉄の若手の社員たちは、新平に直接会って、満州を去る理由を聞きたいと騒いだ。そこで彼は理事の清野長太郎を大連へ急派して、告別の辞を読み上げさせた。

台湾の民政長官時代の部下でキリスト教徒の長尾半平も、わざわざ手紙を書いて、新平のために惜しんだ。

「謹啓　閣下ますます御勇健、恭頌候。この度の御就職は（人々はしきりに御栄転など申しをり候へども）実に閣下平生の御炯眼にも似ず、つまらぬ事をなされたるものかな。事実上大臣以上の栄職をすてて、ありがたくもない僅かに逓相くらゐの一椅子を占められ候とは、御道楽にも程がある事と存ぜられ候。いまだ喬木より幽谷に遷りたる者あるを聞かざるは、まんざら小生の不敏の致すところにもこれあるまじく候。高砂島に居るゴマメは十四日の親任式以来、ひとりで歯ぎしりいたしをり候へども、井底の痴蛙いまだ風雲の大勢をつまびらかにせざる辺もこれあるべく、ひたすら閣下の御健康を祈るのほかこれあるまじくとあきらめ居り候」

後藤新平の入閣に反対したのは長尾半平だけでなかった。未知の人で

「入閣を悲しむ」

という電報を寄せた者もあったし、大連市民で、これまでは後藤新平が総裁の地位にあること

を喜ばず、ひそかに追出し工作を試みていたのに、にわかに彼の無節操、無責任を叫んで、引き留めようとする者もあった。

しかし、後藤新平が満鉄総裁を捨てて、逓信大臣を取るには、それだけの理由があった。新平は満鉄在任中の一年数ヵ月間、総裁を親任官とすること、ならびに満鉄社員の待遇を官吏と同等とすることを、たびたび政府に要求したけれど、遂にいれられなかった。

彼は満鉄が英国の東印度会社と同様、日本の将来のために重要な機関であることを、口を酸くして説いたけれど、時の内閣はついに理解しようとせず、単なる営利会社としか考えなかった。

そこで彼は、桂首相から入閣の交渉があったとき、このことを繰り返し説いて、満鉄を逓信省の所管に移すという言質を取った。こうすれば彼は、総裁の地位を去っても、新たに主管大臣として、満鉄を監督することができるわけである。

彼は満鉄を捨てたようにみえながら、より高いところから操作することができる地位についたのである。

明治四十二年七月二十六日、後藤新平は奥羽および北海道方面への巡回旅行に出発した。公用の出張であるが、途中郷里の水沢に立ち寄って、亡き父十右衛門の二十七回忌法要をいとなむことも、日程のうちに入っているので、母利恵をはじめ、妻和子、姉初勢、長女愛子も同伴して、一行五人の賑かさである。

新平はこれまでも、水沢へまったく帰らないわけではなかったが、いつも個人の資格で、何かの用件を帯びて、あわただしく往復するという風であったから、世間の注意をひくこともなかった。

しかし、今度は、大臣になって最初の訪問であるから、文字通り故郷に錦を飾るわけである。新聞は

「後藤逓相、初のお国入り」

と大きな見出しで、にぎやかに報道した。新平は得意満面というところである。

ただひとつ、新平の得意にちょっとだけ影がさしていた。それは彼が水沢の生んだ最初の大臣ではないということである。

というのは、彼より一足先に、同じ水沢の出身で、県庁の給仕としてもいっしょに働いた斎藤実が、西園寺内閣の海軍大臣になっているのである。その祝賀会が帝国ホテルで盛大にひらかれた時、彼も出席して、大いに前途を祝ってやったが、正直なところ、内心くやしくないこともなかった。

やっかいな事に、斎藤実よりも新平の方が一つ年上である。それに性質も、新平の方がはげしくて、県庁にいたころはいつも彼が先に立ち、斎藤はおとなしく後からついて来るという風だった。その斎藤の方が、彼より二年も先に大臣になったのである。

水沢の人たちにしてみれば、引き続き二人も大臣を出したのだから、ますます鼻が高いわけだが、新平はどうせなるなら、最初になりたかった。二番目は何といっても、新鮮味において欠けるところがある。

おまけにその斎藤実は、こんどの内閣でも、留任して、海軍大臣を勤めているのだから、新平はいよいよもって、斎藤の下風に立つことになる。

しかし、そんなことは些細な欠点にすぎない。ともかく彼は大臣になったのである。往年の貧

書生は、今や文字通り、位人臣を極めたのである。

母利恵はもはや八十五歳の高齢になる。新平の出世と、こんどの帰郷をもっとも喜んでいるのは、彼女であろう。

妻和子は四十四歳。上品で落ち着いた奥様ぶりである。彼女は四つの時、父保和につれられて水沢へゆき、七つの年までいたのだが、町についてはほとんど何の記憶もない。もっとも、そのころ県庁の役人たちやその家族の者は、いつも城址の官舎にとじこもっていて、ほとんど町へ出なかった。維新の直後のことで、官軍に敵愾心を抱く旧士族も多く、うかうか町へ出ると、どんな危い目にあうかわからなかったからである。

姉初勢は五十四になる。彼女は二十五で椎名家へ嫁入りするまで水沢で育った。

愛子は十五歳。彼女は東京で生まれ、東京で育ったから、水沢ははじめてである。

五人はそれぞれの思いを抱いて、車窓の外の景色に見入った。

宇都宮を過ぎるころから、汽車は次第に山地へ入った。

西側にひらけた田や畑は、森や林や藪に変り、いかにも道の奥へ深く分け入るというおもむきである。

黒磯、白河と過ぎると、須賀川まであと四駅か五駅である。このあたりは、医学生時代の二年間に、新平にとってなじみの深いところである。窓外に向けられた彼の眼鏡は、懐旧の情に曇りがちであった。

須賀川の手前は矢吹である。

矢吹には思い出があった。三十年前、彼が愛知県病院に招かれて須賀川を去るとき、別れを惜しんだ先輩友人が、この矢吹まで二十一台の人力車をつらねて見送ってくれた。彼は得意になって、わざわざ水沢の父まで、そのことを手紙で知らせたものだが、今から考えると、なんとささやかなことに得意になったものであろう。

矢吹にはもう一つ、最近の思い出がある。

一昨年、明治四十年の暮れのことである。まだ満鉄総裁だった後藤新平は、かしこきあたりの思召で、宮内省の矢吹御猟場へ、雉子猟にお招きを受けた。生まれてはじめての光栄に感激しつつ、高位顕官の人々に打ちまじって、たのしい一日を過したのち、日暮れ方帰途について、矢吹の駅に入ると、待合室の片隅に腰かけていた一人の老爺が、つかつかと歩み寄って

「新平さん」

と声をかけた。護衛の警官が

「コラコラ、そばへ寄っちゃいかん」

あわてて押しのけようとするのを、よく見ると、須賀川で世話になった寄宿の賄方の桜井弥六である。

新平は警官にむかって

「君、この人は僕のよく知っている人だ。粗相のないようにしてくれたまえ」

「ハッ……左様でありましたか。知らぬこととて、失礼申しあげました」

警官がうやうやしく挙手の礼をして退くのを尻目にかけて、弥六は

「新平さん、立派になりなさったのう」

そういう弥六は、腰もすっかり曲って小さくしなびた老人になってしまっている。むかしは血

気さかんな、俠客肌の男で、新平が小遣銭に困っていると、貸してくれたり、賄費の支払いを待ってくれたりしたものだが。

「桜井さん、どうしてここへ」

「実はね、新平さんが天子様におよばれなさって、こちらへ来さっしゃると、新聞で見たものだから、一目だけでも会いたいと思って、御猟場まで出かけていったのだ。ところが、入り口で番をしている人が、こんな汚いジジイを入れるわけにいかんといって、どうしても取り次いでくれねえだから、どうせ帰り道にはこの駅を通るだろうと思って、一足先に来て、待っていたのさ」

「それは気の毒だった」

二人は手をとりあって、再会を喜んだ。

汽車が須賀川の駅に入ると、紋付やフロックコート姿の町長、町会議員をはじめ、町の有力者連が、わずかな停車時間に、新平に挨拶をしようと、ホームに立ち並んでいるのが見えた。桜井弥六老人も、その中にまじっている。

新平は窓から身を乗り出すと、一人々々に親しげに挨拶をした。須賀川は新平にとって、郷里というわけではないが、多感な青春を過したところで、郷里よりも思い出に満ちた土地である。

三十年もたつと、すっかり代が変るものとみえて、ホームに並んだ顔ぶれも、ちょっと見たところ、見知らぬ顔ばかりのようだが、一人々々聞けば、チンバ下駄にボロ袴のころの彼に、何らかの形でゆかりの深い人たちであろう。

発車のベルが鳴った。

新平は桜井弥六を一人だけ特に招き寄せると、堅く手を握りしめた。

一同の万歳の声を後にして、汽車が駅の構内を出はずれると、一望の青田の向うに、木の茂った高台が見えて来た。

新平は妻の和子や娘の愛子にむかうと

「あの上に、白ペンキの洋館が見えるだろう。あれが須賀川医学校だ」

和子が

「まあ、あんな立派な建て物ですの？　あたくしはまた、もっと小さなものかと思いましたわ」

「わしのいた頃は、ほんの小さな建て物ひとつきりだった。その後建て増しをして、あんなに大きくなったのさ……あの崖の下を流れているのが、釈迦堂川といって……」

「雨で水がふえると、お父さまが籠をしょって、流れている下駄を拾いにいらしたというんでしょ。いつかうかがいましたわ」

愛子がさかしげな眼を輝かせた。

汽車は北へ走る。

仙台へ着いたのは、夜の七時半であった。駅頭は歓迎の人の波で埋められた。

後藤新平の出身地の水沢は、明治以後の行政区分では、岩手県に属しているが、旧幕時代の水沢は仙台藩の支藩に当り、領主の留守家は伊達家の一族であった。従って、後藤新平は岩手県人でありながら、仙台侯の家来ということになり、盛岡よりもむしろ仙台に対して郷里という観念が強かったし、仙台人も彼を郷土の出身者として誇る気分があったのである。

プラットフォームには、伊達家の当主邦宗伯爵以下、朝野の名士、有志たちが多数出迎えていた。

伊達伯爵の出迎えを受けたことは、わけても母利恵を感激させた。

わずか一万六千石、伊達の分家の家来の家に生まれた彼女にとって、御本家の仙台六十万石の太守などというものは、そばへも寄れぬほど高貴の存在である。

その御方がじきじきにお出迎え下さったばかりか、親しく会釈され
「汽車にはお疲れになりませんでしたか」

とやさしく聞いて下さった。それも、家来に対してのようでなく、大臣の母堂として、充分の尊敬をこめて……彼女は夢に夢見るような心地である。

同行の家族とともに仙台市内の旅館で一夜を明かした後藤新平は、翌日の午前中に、仙台郵便局と仙台駅の巡視をすませると、昼食は伊達伯爵の饗応を受けた。

午後は宿でくつろいで、つぎつぎに訪ねて来る友人や昔なじみの人たちとの歓談に時を過し、夜は官民の歓迎会に出席した。

翌二十八日、新平は朝早く目をさますと、人力車で東北法律学校及び東北女子職業学校を訪ね、また重傷で入院中の仙台駅長を見舞ったのち、仙台駅に行き、家族と落ち合った。

七時三十分、一行は仙台を出発、北にむかった。

十時二十分、いよいよなつかしい水沢である。

駅前の広場には、テント張りの歓迎所ができていて、椅子、テーブルが備えつけられ、一休みできるようになっている。

岩手県知事代理岩田警務長、旧藩主留守景福、緯度観測所長木村栄博士などが、かわるがわる歓迎の挨拶を述べる。

緯度観測所は、新平が子供のころの水沢にはもちろんなかったもので、十年ばかり前にできたという話を聞いていたが、所長の木村博士は、数年前にZ項を発見した世界的学者だということである。科学好きの新平は、木村博士の挨拶を、特別の敬意をもって受けた。

しばらくすると
「お車の用意ができました」

と案内があった。

新平は瞬間、人力車に乗ろうか乗るまいかとためらった。

二年前に、斎藤実がやはり大臣になって、初のお国入りをしたとき、彼は車をことわって、道の両側に並んで歓迎する小学生の顔を、一人々々のぞくようにしながら、丁寧に答礼して歩いたという。自分もそのようにした方がいいのではないかという考えが、彼の頭をかすめた。

しかし、町の者たちも彼が斎藤のようにすることを期待しているかも知れないと思った途端に、彼は同じことをするのがいやになった。

——斎藤は斎藤、おれはおれだ。車に乗らず、一人々々にお辞儀してあるくのは、いかにも斎藤らしいし、彼はそれで郷里の連中に評判をよくするだろう。彼が郷里の後輩の面倒をよく見るというわさも聞いている。後藤新平はすこしも面倒を見ないといわんばかりに、わざわざおれに告げに来る奴もある。面倒を見るのが斎藤の流儀なら、見ないのが後藤新平の流儀だ……

そう思い定めると、彼は
「や、ありがとう」

鷹揚に言って、車に乗ると、わざと胸をそらせて、両側の小学生など眼中にないかのように、天の一角をにらみながら揺られていった。

「御親兵一割損」というのが彼の口癖であった。役所の人事でも、縁故や情実によらず、身近な者がかえって冷遇されるという意味である。

果して水沢では、彼の人気は斎藤実にくらべると、少し落ちた。

水沢駅前で人力車に乗った後藤新平は、大町の岩井旅館に入り、利恵、和子、初勢、愛子の四人は表小路の坂野家に泊ることになった。坂野家は母利恵の実家で、当主も先祖代々の医業を継いでいる。

岩井旅館へは、町の有力者や親戚、旧知の訪問客が続々詰めかけて、口々に新平の出世を讃え、続いて二人も大臣を出した水沢の名誉を自讃した。

正午すこし前、訪問客の足がやや間遠になったころ、新平は宿を出ると、旧城趾を散歩して、少年の日をしのんだ。

安場保和……嘉悦氏房……阿川光裕……

いろんな人の庇護のもとに、勉学に専念した前髪の少年のころの自分がなつかしい。

午後は坂野家を訪ねて、親族一同と歓談し、打ち連れて亡父十右衛門の墓に参り、菩提寺の増長寺で逮夜の式を営んだ。

翌二十九日は法要の当日である。増長寺の本堂には参列者が満ち、香煙ゆらぐ中に、衆僧によって経が読まれた。

親戚一門ことごとく集まった中に、ただ一つ新平にとって、気にかかる顔があった。離縁した妻ひでである。その後、他家へ再縁して、幸福な生活に入ったそうであるが、この法要にも参列し、人のうしろに隠れるようにして、控え目に振舞っている。

ただ一度、新平と目が合ったとき、彼女は嬉しいとも、悲しいとも、恨めしいともつかぬ複雑な表情を浮べて、そっと目礼したが、そのまま顔を伏せてしまった。

新平はこの旅行に出る前から、彼女のことが気になっていた。

彼女と別れるとき、彼は血族結婚は医学的に見て好ましくないという理由をかかげて、遮二無二我意を通したが、実は安場家からの縁談にひかれたからであったということは、誰よりも自分自身が知っている。

安場の婿にならなかったとしても、彼は平凡な一生を送る男ではなかったかも知れぬ。しかし安場家と縁を結んだことによって、政界へ出るにいろいろの便益を得たことは事実である。結局彼は、おひでを傷つけることによって、今日の栄達を得たことになる。その当人と顔を合わせねばならぬと思うと、東京出発の前から彼の心は重かった。

妻の和子がおひでのことをどの程度まで知っているかも、彼にはわからない。結婚のとき彼は、おひでとの間はただ約束だけだったという風に言ってある。事実は、短い期間だけれど、一緒に住んだのだが、戸籍のことをやかましく言わぬ当時の風習に従って、法律上の手続きをしてないだけのことであった。

妻は今でも、夫とおひでとの間は約束だけだったと思っているかも知れぬ。あるいは永年の間に、誰からとなく聞いて、事実を知っているかも知れぬ。もし知っているとすれば、彼女はおひでを見て、何と思うだろうか。

むかし捨てた妻と、現在の妻と、二人を目の前にして、新平の心は痛んだ。

後藤新平の出世の蔭に泣いている女は、水沢のおひでだけではなかった。

名古屋にも一人いるはずである。そのひととの間に生まれた娘は、彼がドイツへ留学するとき、妻に打ち明けて、引き取って、手もとで育てた。その子は成人して、数年前、ある医者と結婚した。若いけれど、しっかりした男で、いまに名医になるであろう。

名古屋には、もう一人いるはずである。そのひととの間には、子はなかったが、その後そのひとは独身を守っているという。

名古屋には、さらに一人、彼の子を生んだひとがある。その子は養子に出されたが、なくなったと聞かないから、どこかに無事でいることであろう。

台湾にも……。その時は秘密を守る必要があったから、生まれた子の処置はある男に頼んだが、その後の消息を聞かない。

思えば、あちらこちらに思わぬ縁を結んだものだが、新平はそんなに悪いことをしたとは思わない。

おひでとのことは、今考えても寝覚めが悪いが、あれとても、出世のためにはやむを得なかったのだと思っている。財産も、地位も、門閥もなく、ただ火の玉のような功名心だけ持った男は、ああするより、しようがなかったのではないか……

それに、弁解がましいようだが、いろんな女の場合、最初に積極的だったのは、かならずしも自分ではなかったと、新平には思えてならない。

須賀川の医学生のころから、自分は宿場の遊女たちに人気があった。今権八と異名を取ったこともある。

すこし地位と金ができてからは、後藤新平の持ち物といわれたいために、あるいは後藤新平の子を生みたいために近づく女が、応接にいとまあらずである。

それらの女性たちに、自分はその時々に誠意をつくしたつもりである。

相手もそれぞれに、女としてのしあわせを、最後の一滴まで飲み干したのではなかったか？

すくなくも自分は、したりげな道学者面をして、誘惑の手を冷たく払いのける木強漢よりも、はるかに男らしく振舞ったのではなかったか……

後藤新平は、さまざまに自己弁解を試みた。それらは多く、一面の真実を含んでいないでもなかった。しかし、自分の立身のためにおひでのまごころを踏みにじったという事実だけは、否定し難く思われた。その自責だけが、彼の今度の帰省旅行における、たった一つの汚点であった。

法要を午前中に終えると、新平一家は旧藩主留守氏から、昼餐の招待を受けた。むかし藩主というものがいかに偉いものだったかを、実際に見て知っている母利恵にとって、その人から辞を低くして招かれるということは、何より嬉しいことであった。

引き続き新平は木村博士の緯度観測所を訪問したのち、水沢公園内に催された官民合同の歓迎会に臨んだ。

四日間の歓迎攻めにヘトヘトになった後藤新平が、やっと水沢をはなれて北海道へ向ったのは、翌三十日の正午であった。

はじめて大臣になった後藤新平には、しなければならぬ事が山のようにあった。

彼は郵便、電信、電話のほかに、海運や電気事業まで担当していたが、大臣就任の半年後には、新しく設置された鉄道院の総裁も兼任することになった。日本の鉄道は、はじめ民間事業として発達してきたが、経済上ならびに国防上の必要から、明治四十年をもって国有に切り換えられたものであって、新平はその初代総裁であった。

台湾の民政長官の場合も、満鉄総裁の場合もそうであったし、のちには大震災のあとの内務大臣兼復興院総裁のときもそうであったが、彼は戦争や火事や地震でめちゃくちゃになった後とか、まだ人が手をつけたことがなくて、荒れ放題に荒れた土地などを開拓するに、特別の手腕を持っていた。彼のそういう手腕が最も顕著に発揮されたのは日清戦役後の陸軍検疫所時代で、それ以来、火事場の整理や新開地の荒ごなしというような仕事といえば、彼のところへ廻って来た。

逓信大臣時代、彼は身長五尺四寸、体重二十貫というどっしりした体格で、皮膚はつやつやして、目に精気があふれていた。

やや銀色のまじった頭髪は、キチンと刈り揃えられ、鼻下の髭のほかに、顎にも三角の鬚がたくわえられていたが、これらは一日おきにかよってくる理髪師によって、きれいに手入れされたので、すこしも乱れたり、不揃いになったりすることがなかった。彼は髭も理髪師にそらせ、旅行中のほかは自分で剃るということがなかった。

須賀川のころから女にもてはやされて、容貌に自信のある彼は、それを更に引き立たせるべく、当時日本には珍しかった鼻眼鏡を用いたので、いかにも欧米の最新知識を身につけたハイカラ紳士という印象を人に与え、どちらかといえば豪傑肌の人物の多い政治家の中では異彩を放った。

もっとも豪傑肌の一面も、ないではなかった。家庭では彼はどてらをだらしなく着て、前がはだけても頓着せず、塩センベイをバリバリかじりながら、東北弁でしゃべりまくった。何か気にいらぬ事があれば、相手かまわずどなりつけるという、日本人特有の野卑な性癖も彼は持ち合わせていた。

いわば彼は、明治初年に成長した日本の多くの指導的人物と同様、ある面では欧米風の教養や趣味を身につけた紳士であるかと思うと、他の面では極端に粗野な野蛮人であった。

彼はみなりに気をつける方で、モーニング、フロックコートから、背広、旅行服にいたるまで、いろいろの洋服をそろえていたが、自分の主宰する鉄道の職員のために制服を制定し、自分もそれを着て歩くことを好んだ。

鉄道職員の制服には反対がないでもなかった。ことに現場の従業員より自分を一段高級の存在と考える本院（のち、省に変ってからは本省）の職員の間には不満が多かった。

しかし、後藤総裁は率先してこの制服を着用して、当時流行の赤革のゲートルをはき、胸に勲一等旭日章をかがやかして、日本全土を歩きまわった。それは彼を崇拝する者の目には、颯爽とした武者ぶりに見えたが、嫌いな人間には、キザで軽薄な振舞いに見えた。

後藤新平は早起きであった。

台湾民政長官だったころは、彼は毎朝五時に起きると、妻和子といっしょに、当時最新流行だった自転車に乗って、まだ人通りのすくない台北の町を乗り廻すので有名であった。

新平を五時に起すためには、和子は四時に起きねばならなかった。

また、彼女が自転車の練習をするのは深夜であった。長官夫人がころんだとか、膝小僧をすりむいたとかいう噂が世間に流れて、良人の威厳をそこなうことがないようにとの心づかいからであった。

二人は自転車に乗らず、徒歩で散歩することもあった。そんなとき彼等は、新しく開かれたばかりの、人があまり通らず、草がぼうぼうと生い繁っている道路を好んであるいた。新平は都市計画が好きで、よく広い道路を作ったが、それらは全部利用されるとは限らず、荒れ果ててしまうのもあったので、彼はその道路の有用性を住民にむかって立証するかのように、自分で歩いてみせたのである。

逓信大臣になってからは、夫婦で朝散歩する習慣はなくなったが、新平の早起きは相変らずであった。

朝飯のときは、新平の読書上の秘書の役をつとめていた森孝三がやって来て、ドイツ語の本を読んで聞かせた。彼の研究心、知識欲は一生を通じて衰えなかった。

朝飯がすむと、母利恵の居間をおとずれて、

「御隠居様はどうですね」

と軽い口調で朝の挨拶をした。

利恵は後藤新平の母だけあって、年をとってもますます元気であった。彼女は眼鏡をかけずに新聞を読み、夜ひとりで裁縫をしながら、忠臣蔵の詩を吟ずることがあった。

若いときから質素な生活に馴れた彼女は、新平が大臣になり、日常の暮しに困ることがなくなっても、贅沢をいましめた。

方々から到来の菓子や果物は押し入れにしまっておいて、古い方から順に手をつけるのだけれど、一度に食べきれないので、はじめ新鮮だったものも、順番がまわってくるころには、たいていカビがはえたり、いたんだりしていた。

もっとも彼女は親戚の者や孫たちが遊びに来たときは、特においしそうなのや新鮮なのを選ん

で、惜しむことなく与えた。

八時ころになると、訪問客が二、三人応接室にたまって、面会を待っている。気の早いのは門のあかないうちから来て、外で待っている。後藤新平は当代の人気男で、何か大きな問題や、ほかでは解決のつかない問題でも、彼の力をかりれば何とかなるだろうと思って、訪ねて来るのも多い。ともかく、あらゆる面で、彼は現代において有用、かつ必要な人物なのである。

一人の客の用談がすむと、新平は客がまだ立ち上らぬうちに、呼びリンを押す。給仕が入ってくると、新平は次の客を案内するようにと命ずる。給仕は小走りで出てゆく。

この官邸では、給仕も小使も、すべて小走りである。すこしでもぐずぐずしていると、いきなりカミナリが落ちてくるだろう。

それどころか、この大臣は、気にいらぬことがあると、給仕を小突いたり、蹴飛ばしたりすることもあった。

朝食後の来客の応接を一通りすませると、後藤新平は役所へ出かける。

彼は逓信大臣、鉄道院総裁のほかに、明治四十三年六月から新設の拓殖局副総裁をも兼任することになったので、逓信省、鉄道院、拓殖局の三箇所を掛け持ちしなければならない。彼の一日の予定表は、一分一秒の余裕もないほど、ギッシリ一杯に組まれていた。

逓信大臣として、彼が一番熱心に実現しようと努力したのは、電話の度数制であった。電話料金はこれまで、一日中のべつに使う加入者にも、ほとんど使わない加入者にも、一律に課せられていたが、これを使用度数に比例して取ることにしようという簡単な問題であった。

しかし、東京中で電話を一番頻繁に使うのは、新聞社その他の言論機関や大会社などである。

度数制が実現すると、電話料の負担が莫大なものになるといって、これらが一斉に反対したので、新平在任中は実現を見るにいたらなかった。

電話を自動交換式にしようというのも、後藤新平の発案であった。しかし、技術者側の計算によると、新しく機械を設備しようとすれば、ひどく高いものにつくが、交換手に払う賃金はそれほど高くない。将来機械が安くなり、人件費が高くなればともかく、現在のところでは従来のままの方が有利であるということであった。

結局、自動式が実現したのは、十六年後の大正十三年であった。

後藤新平の企画や提案は、いつも人の意表外に出て、常識では考えられないようなことが多いので、飛躍しすぎるとか、大風呂敷だとかいう冷評を受けることも多かったが、彼はいつも各方面の専門家と交際したり、新刊書を読んだり、自分で読まなくとも、側近の者に翻訳させたり、要点をまとめた報告書を提出させたりして、新しい知識を吸収することを怠らなかったので、決してでたらめな思いつきや、数字的に根拠のない独断を強行しようとしているのではなかった。むしろ他の者が不勉強で、自分の周囲の小さな世界の外へ目を向けることをしないため、彼の考えが理解できないのであった。

後藤新平は人に揮毫を求められると

遠眼鏡ひとりで持てば罪つくり

という、川柳とも警句ともつかぬものを書いて与えることがあったが、この句には、いつも一人だけ他に先んじて、はるか遠方まで見はるかす能力を持っている天才的な男の、孤独と自負が表現されているとみていいであろう。

はじめ民間事業だった東京の市内電車を買収して、市営にしようというのは、長年の懸案であったが、これによって私利をはかろうとする一派の反対が激しくて、なかなか実現を見なかった。新平は時の東京市長尾崎行雄と協力して、内閣総辞職の直前に断行した。

日本国内の鉄道を全部広軌に改築することも、彼の夢であった。しかしこれは遂に実現を見ず、四十年後に日本が日米戦争に突入し、輸送力増強の必要が痛感されるとともに、あの時広軌にしておいたらと悔む声が聞かれた。

後藤新平ほど、世間にいろいろな噂を立てられる男はなかった。

彼はいつも話題の中心になり、新聞に彼および家族の名前や写真の載らない日はなかった。もちろん彼がそれを好み、いつも人々の注意を自分に集めるように仕向けたからである。

明治四十二年のある日の新聞には、次のような記事がある。

「〇日午後一時、大審院判事富永敏麿氏故令嬢の葬列が、永代橋を渡つて相川町を練り行く時、会葬し来れる二頭立の赤塗馬車が葬列を離れて、右側を進行するより、永代橋派出所詰の巡査山中金一郎（三十二）が左側通行の注意を与へたるに、馭者は聞えざりしか、馬の足掻を速めて駆け出したれば、山中巡査は大声に叱責しながら馬車に近づきたる時、馭者は無法にも同巡査に一鞭くれて進行を続けんとしたり。巡査の激怒は今や絶頂に達し、腕力に訴へても左側通行を強行せんと追ひ縋りたる剣幕に、馬丁は漸く馬首を転じ、左側に到りて車を止めたる

刹那、車の扉は開いて中より雷の如き蛮声にて『無礼を働くな』と轟き渡れり。巡査は胆を潰して紳士の顔を見れば、これぞ逓信大臣鉄道院総裁男爵後藤新平氏なり。巡査は謹んでその粗忽を謝し、『名刺を出せ』と怒鳴らるるを平謝りに謝りて、御容赦を乞ひ奉りたり。勝誇れる馭者

は高く鞭を上げて、馬蹄の音高く駆け去り、雨に濡れてションボリ立てる巡査の意気地なさ」

今日の考え方からすると、後藤新平の官僚的尊大を非難する意図で書かれたかと見えるこの記事は、実は彼の豪傑ぶりを讃嘆する意味のものであって、これについて当時の有名な歌人与謝野鉄幹は

新聞は与しやすかり新平が馬車のことども長々と書く

と歌って、名吟のほまれを得た。

後藤新平の性格には、生まれつき人を惹きつけるところがあって、彼の家の応接間には訪問客が絶えなかったが、一面では敵も多く、ときどき手きびしい攻撃を受けることがあった。

明治四十三年十一月、新平は四国巡視の旅に出た。このとき徳島の駅頭で、相馬事件当時の予審判事西川漸と十四年ぶりで会い、旧怨を忘れて手を握り合ったことは、すでに記した通りである。

高知の宿舎は城西館といった。今を時めく大臣の来遊というので、県知事はじめ、県官、議員、有志の面々が伺候して、次の間からうやうやしく歓迎の挨拶をすると

「大臣閣下にお願いがございます」

新平は悠然と脇息にもたれて、鼻眼鏡を光らせながら

「何事かね」

「御承知のごとく、当地は南海の僻地にございまして、文化の風に浴することが少うございますが、閣下のお力をもちまして、鉄道が敷設されますならば、一同の喜びこれに過ぐるはないと存じます」

後藤新平は、大様にうなずくと

「よろしい、承知しました。御当地のような、都会地を遠く離れた地方にこそ、一日も早く鉄道を引かねばならないのであって、数年前に鉄道を国有としたのも、そういう趣旨から来ているわけである。すなわち、これを民間の営利事業として放置するときは、業者は人口稠密にして繁華なる地域にのみ新線を建設したがって、辺陬未開の地はとかく閑却しようとする。その弊を救うのが鉄道国有の目的なのであるから、御当地などはまっさきにその恩沢に浴すべきだ」

たのもしい言葉に、一同は感激して、改めて特別の配慮を乞うた。

やがて盛大な歓迎宴がひらかれ、多数の芸者たちが座間を周旋したが、そのうち地元側は頃合を見はからって、一人去り、二人消えという風にいなくなり、しばらくすると、座には後藤新平と数人の芸者だけが残された。

この女性たちは特に土地の一流どころを選りすぐったもので、中の誰でも、大臣のめがねにかなったら、今夜の伽を勤めるようにと言い含められていたのであるが、新平はまもなく一同に暇を与えて、ひとり寝室に退いたので、うわさとは違って、お堅い殿様だわと、みんな拍子抜けした顔を見合わせた。

あくる日、後藤新平大臣は大勢の見送りを受けて、上機嫌で帰京の途についたが、まもなく城西館の女中でお久という二十一になる娘が、何となくふさぎ込んでいるのが人の目についた。いろいろと問いただしてみると、どうやら前の晩に大臣のお手がついたらしいのである。

彼女は夜更けに急のお召しでお部屋へ伺うと、思いもよらぬ御用を仰せつけられ、あまりの恐れ多さにひたすら御辞退申し上げてもお許しがなく、花は無残に散らされたのであった。

それにしても、当夜座敷へ出た芸者たちは、土地を代表する美形を選抜したものなのに、それには何の御沙汰もなく、職業女性として特別の訓練を受けたわけでもない生娘にお手がつこうとは、何たる物好きと、地元の一同は首をかしげたが、中に新聞や雑誌にのった男爵夫人の写真をおぼえているのがいて

「そういえば、目もとがどこやら似ている」

といったので、なるほどと納得した。

おさまらないのは城西館の主人梅原繁である。この男は古い自由党員で、人一倍骨っぽい男であったから

「家の看板に泥をぬられた。このままではすまされない」

といきまいたが、知事をはじめ有力者一同総がかりで

「ここで事を荒立てては、鉄道敷設の宿願が水の泡だ」

と拝み倒して、ようやく取り静めた。

しかし、まもなく桂内閣が倒れて、新平は鉄道院総裁の地位を去り、新線敷設は当分見込みがなくなった。

華やかな浪人

第二次桂内閣が倒れたのは、明治四十四年八月二十五日であった。後藤新平は大臣の地位を去り、浪人の身の上となった。

浪人は、彼にとってはじめての経験ではない。相馬事件で出獄後、半年ばかりぶらぶらしていたことがあるから、こんどは二度目である。

あのときは心細かった。自分の一生はこれで駄目になったのかと思った。

判決は無罪であったが、世人の疑惑はなかなか晴れない。無罪といったとて、半年も入獄していたからには、多少は後暗いこともあったのだろうと、冷たい目を向ける者もあった。

落ち目になると、ふだんは笑ってすませた過失まで、取り立ててとがめ立てするやつがある。

これまでペコペコして御機嫌を取りに来たやつが、急に用はないという顔をしはじめる。

誰も訪ねてくる者もない。

このまま自分は世間から相手にされなくなるのかと思った。

そういう中から陸軍検疫所長に拾い上げて、再起の機会を与えてくれたのが石黒忠悳であるが、あれ以来の足跡を振り返ってみると、我ながらよくやったと思う。

そして今、彼は二度目の浪人生活を経験するわけだが、同じ浪人でも、前回のそれとは大分おもむきが違っている。

第一、訪問客の数が違う。平均して毎日三、四十人はやって来る。これまでに一番多い日は七十三人、すくない日でも十三人は来た。

そんなに沢山、何をしにやってくるのか？

要するに、後藤新平はもう一度大臣になるだろうと、期待がかけられているのである。

もちろん、彼の親分の桂太郎がもう一度政権を握ったとき、彼は閣内で重要な地位を占めるであろう。

しかし、それだけではない。彼はやがて自分で内閣を組織するであろう。彼にはそれだけの器量と才幹がある。いまに必ず天下を取る男である。

後藤新平は交通違反をしながら、馬車の中から巡査を叱り飛ばす男であり、旅先で宿屋の女中を手ごめにする男である。

ごく少数の人だけが知っているが、彼は現に赤坂のあたりに妾宅をかまえている。

しかし、それらは彼の名声を傷つけるものでもなければ、地位を危くするものでもない。

いや、名声は多少傷つくであろう。しかし、まったく傷のない名声よりも、多少傷のある名声が、民衆の心をとらえるということだってある。

民衆はかならずしも、道徳の化け物のような完全無欠の人格者を、自分たちの代表として推戴しようとは思わない。なぜならば、民衆自身がそれぞれ多少の悪徳と欠陥をそなえた存在だからである。

その意味で、後藤新平は民衆の好みにピッタリ合うように、適度の悪徳と欠陥をそなえ、悪評と冷罵に取り巻かれながら、熱情と意気と稚気を全身にみなぎらせた、最も人間くさい政治家であった。

後藤新平の背後には大きな金力が控えているという噂が、大分前から流布されていた。

ある新聞は、桂太郎の動かすことのできる金がせいぜい五万か十万だとすれば、後藤新平は三百万は動かせるだろうと書いた。

実際のところ、彼にそれだけの力があるはずがなかった。しかし、世間はその噂を信じ、大きな期待をもって、彼のまわりに集まった。

結局、後藤新平は三百万の金を持たずして、持ったと同じ勢力を持つことになった。

彼の応接間には、あらゆる職業と年齢と階層の訪問客が集まった。

彼等のある者は、三百万円の金力と、彼が早晩ふたたび就くにちがいない政権の座の魅力にひかれて来たのであったが、そういう者ばかりでもなかった。これまでの政治家にない、新時代の知的な空気を漂わせた彼に、人間的な尊敬と親愛を抱いて集まる者も多かった。

東京大学法科大学の学生品川主計は、かねて竹越与三郎の「台湾統治志」を読んで、後藤新平の一風変った植民地経営のやり方に興味を抱いていたが、まもなく彼が満鉄総裁、逓信大臣という風に、三段飛びに出世してゆくのを見て、ますます畏敬の念を新たにした。

彼はぜひ一度後藤新平に面会して、親しく教えを受けたいと思っていたが、大臣在職中はいそがしいだろうから、とても会ってもらえないだろうと、あきらめていた。

ところが、ある日新聞を見ると、後藤逓相は湯河原に保養中と書いてあった。温泉地ならば、そんなに訪問客が立て込まないだろうし、うまく暇の時にぶつかったら、会ってもらえるかも知れないと思った彼は、旅装をととのえると、東京を出発した。

そのころ東海道線は、小田原から先は御殿場の方へ迂回するので、熱海、湯河原へゆくには大日本人車軌道というトロッコのような軽便鉄道に乗り換えねばならない。

湯河原の入り口の門前で軽便鉄道をおりて、ぶらぶら歩いてゆくと、新聞や雑誌の写真で見馴れた後藤逓相が、犬をつれて散歩に来るのにパッタリ出くわした。うしろには護衛の巡査が一人ついている。

品川は咄嗟にいい機会だと思ったが、散歩の途中に突然話しかけたりせず、やはり旅館の玄関から正々堂々と訪問すべきだと思い返し、知らぬ顔で、そのままやりすごした。

後藤新平の宿は天野屋であった。品川は中西屋に部屋を取ると、ただちに天野屋へ行って、新平に面会を申し込んだ。

きたない袴をはいた書生だか三太夫だかが出て来ると

「閣下は紹介のない方にはお会いになりませんが……」

といった。そこで彼は名刺の肩に「法科大学生」と書き入れて、

「こういう者ですが、ともかく御都合を伺ってくれたまえ」

といった。

取り次ぎの若者は、名刺を持って奥へ引っ込んだが、すぐまた出てくると

「先生はお会いになるそうです。しかし、いま来客中ですから、いったん宿へお帰りになって、お待ちになって下さい。お客様が帰られたら、当方からお迎えに参ります」

品川主計は思いがけなく簡単に望みのかなった嬉しさに、宿へ帰ってもソワソワして、立ったり坐ったりしていたが、一時間ばかりして迎えが来たので、ついていった。

天野屋へいっても、別室でまた三十分ほど待たされたが、やがて新平の部屋へ通された。後藤新平と品川主計との間には、一尺五寸角くらいの火鉢が置いてあったが、新平は火箸でその灰を掻き廻しながら

「君は友人がたくさんあるか」

と聞いた。品川は火箸で灰をいたずらしている新平の手を見て、偉い人でもわれわれ凡人と同じようなことをするものだと感心しながら

「友人はありますが、法科の学生が大部分です」

と答えた。すると新平は

「大学をユニヴァシティというのは、各科をユナイト（綜合）するからだ。その特長を利用して、法科とかぎらず、広く他学科にも友人を持つように心掛けたまえ。十人の良き友があったら、もって天下を取るべしだ」

と力強い口調で言った。

新平がなおも若者の教訓になるようなことを述べていると、縮緬の着物を着て、濃く化粧した、目のさめるようにきれいな婦人が入って来て、三つ指ついて丁寧にお辞儀をすると、お茶とお菓子をすすめた。

品川はかねてから新聞のゴシップ記事などで、たびたび後藤新平の艶聞を読んでいたから、この婦人は花柳界の人かも知れぬと思ったので、答礼の仕方をすこし加減して、あまり馬鹿丁寧にならない程度に止めておいた。

しかし、婦人が二度目に部屋に入って来て、火鉢に炭をつぎだしたとき、品川はハッとした。

――もしや、この人は和子夫人ではないか。

そういえば、雑誌の口絵写真でよく見る顔である。和子夫人に相違ない……

そのころ一般の家庭で、主婦が縮緬をふだん着に着るということはめったになく、地方に生まれて東京の上流家庭を知らぬ学生が、すこし美しい着物を着て濃く化粧した女性を芸者と見ちがえるのは、不思議でないのだが、先程の自分のお辞儀がすこし高すぎはしなかったかと、品川は気になった。といって

「先刻は奥様を芸者とまちがえまして……」

とあやまるわけにもゆかず、彼は閉口した。

品川は三十分ばかり邪魔したのち、有り合わせの紙に詩を揮毫してもらって辞去したが、新平の命令で玄関まで送ってくれた令嬢も、縮緬の着物を着て、芸者のようであった。後に鶴見祐輔夫人になった愛子嬢であったらしい。

明治四十二年六月、韓国統監を辞して枢密院議長となった伊藤博文は、十月、満州視察ならびにロシヤ訪問の旅にのぼった。

これは前々年の秋の一夜、厳島の旅館において、後藤新平と語り合ったとき取り交した約束に基づくものであって、博文は露国の主要な政治家と大いに語り合って、東洋平和の基礎を確立しようとの意図を持っていたのである。

十月二十六日朝、博文はハルビン駅に到着すると、一足先に露都から出張して待っていた首相ココフツォフと車中で会談し、終って駅頭に下り立ったとき、韓国人安重根の狙撃を受けて倒れた。

彼は三十分後に息を引き取った。
その日の午後二時ころ、山縣有朋が目白台の自邸椿山荘の一室で読書していると、給仕が入って来て
「ただ今、三井物産の益田様から電話がありまして、伊藤公爵がハルビンに安着されたと申し上げてくれとのことでございました」
と告げた。三井の益田とは、益田孝男爵のことである。山縣は
「そうか、伊藤がハルビンについたか」
といったものの、これまで何処へ安着したからといって、いちいち電報で知らせるわけでもなかった伊藤が、なぜハルビンへ着いたことだけ、わざわざ知らせて来るのかという疑念が頭をかすめたけれど、聞き返すほどの事でもないので、山縣はふたたび書物に目をそそいだ。
しばらくすると、また給仕が現われて
「先ほどの電話は、安着されたのでなく、暗殺されたの間違いだったと、益田様から電話がございました」
「なに、暗殺だというのか」
山縣は矢庭に立ち上ると、電話口へ自分で出て、益田孝に
「伊藤は安着なのか、暗殺なのか、どちらなんだ?」
言ううちにも、もう一つの電話がけたたましく鳴って
「こちらは外務省でございますが、唯今伊藤公爵が……」
と、はっきり暗殺を知らせて来た。山縣はただちに外務省におもむいて、事実を確認し、さら

に三田の桂首相邸へ廻って善後策を相談した。

伊藤博文と山縣有朋は長州出身の二人の元勲として、性格も主義主張もことごとく相反していたため、政治上の立場も対立して、相争うことも多かったが、いまその相手に死なれてみると、山縣は今さらのように、彼がかけがえのない友人であったことを思い知るのであった。

後藤新平の痛心も深かった。

伊藤博文の訪露は、もと厳島の一夜における新平との会談に発したもので、ココフツォフ首相との車中会見も、彼のお膳立てによるものであった。というのは、新平は前年五月の訪露のとき、ココフツォフとたびたび語り合って、日露接近の工作を進め、ほぼ原則的諒解に達したところで、伊藤博文の出馬を乞うたのであった。

いわば博文は新平の書いた筋書き通りに動いたので、博文を安重根の弾丸の射程距離の中へ導いたのは、ほかならぬ後藤新平だったのである。

伊藤博文に死なれたことは、後藤新平にとって、大きな打撃であった。

先には児玉源太郎を失い、今また伊藤博文を失う……彼の大アジア主義をもっともよく理解して、実行に移そうとする熱意を見せた両先輩に死なれた後藤新平は、しばらくは茫然として、何も手につかなかった。

しかし、まだ桂太郎が残っている。

桂も後藤新平の理解者の一人だった。彼がはじめて台湾の民政長官に任命されたとき、世間は児玉源太郎が抜擢したのだといったけれど、その背後には桂の意志が働いていた。

ある日、東京市長尾崎行雄が桂首相を官邸に訪問したところ、取り次ぎの者が

「ただいま緊急の用で、来客と面談中です。ほんの五分間ばかりお待ち下さい」

といった。

「お客さんは誰かね」

「はい、後藤逓信大臣です」

やがて用談がすんで、後藤逓相は帰ったとみえて、尾崎行雄は部屋へ通された。

ものの十分も経たないうちに、取り次ぎが入って来て
「後藤逓信大臣がお目にかかりたいとおっしゃって、玄関へお見えです」

桂は笑いながら
「応接間へ通して、しばらくお待ち下さいと申せ」

尾崎は不思議に思って
「先ほどの客は後藤さんではなかったのですか。いま帰られたばかりと思いましたが」

「いや、彼はきっと、ここを出て自分のうちへ帰る途中、何か思いついたことがあって、ぜひわが輩の耳に入れようと、引っ返して来たのだろう。こういうことはよくあるのだ。多いときは一日に三回も四回もやって来るよ。今帰ったと思うと、すぐやって来る。そして、そのたびごとに、何か新しい意見を持ってくるのだ。みんながみんな良い意見とはかぎらないが、何度に一度は、すばらしい着想があるので、取り上げることになる。面白い男だよ」

これが有名な後藤新平の建言癖で、こうして彼は倦まずたゆまず自分の着想を説いて、人を動かし、理想の実現につとめるのであった。

伊藤博文がハルビン駅頭に倒れたとき、桂首相はある人にむかって

「伊藤の死後、彼の志を継いで、世界政策を実行するのは、我が輩の責任である」

と語った。

それを伝え聞いた後藤新平は、大いに喜んで、三田の私邸に桂を訪ね、厳島の一夜以来伊藤公との間に取り交された世界政策に関する意見の概要を報告するとともに、今後の方針について相談した。

桂公は今さらのように伊藤と後藤の雄大な構想に感服し、後藤にむかって、今後は共に手をたずさえて、伊藤の遺志の実現にむかって進もうと約束した。

第二次桂内閣の辞職とともに、桂太郎も後藤新平も身体が暇になったので、かねての念願であるヨーロッパ旅行に出かけようとした。

ところが、たまたま中国に革命が勃発し、その影響がどのような形で日本に現われるか予測できない状態だったので、彼等はしばらく外遊を見合わせて、待機することにした。

しかし、まもなく清朝は倒れ、動乱もおさまったので、彼等はふたたび外遊の計画を立てた。

桂の外遊の直接の目的は、伊藤博文の遺志を継いで、ロシヤの政治家に会い、日露関係の調整をはかることにあったが、なお英国を訪問して日英同盟を一層緊密にし、フランスの資本家に会って、その資金導入の可能性を検討し、またドイツ皇帝に謁して両国の親善をはかることなども、予定のうちに入っていた。

明治四十五年七月六日、彼等は新橋駅を出発した。一行は桂、後藤のほかに、前大蔵次官若槻礼次郎以下七名であった。

新橋駅頭は多数の見送りで雑沓し、巡査と憲兵が声をからして交通整理をしなければならぬほどであったが、これらは多く後藤新平の人気にひかれて集まったものであった。後藤新平という人物には、ふしぎな魅力があって、彼のゆくところ、絶えず崇拝者の群が渦を巻いた。

神戸、門司、大連を経由して、一行がハルビンへ着いたのは七月十三日である。ここでロシヤ側の大官の出迎えを受け、さらに北進を続けた。

ロシヤ側では一行の警衛に最大の注意をはらい、すべて皇帝の巡幸に準じた儀礼をもってしたが、ひとつにはそれは、三年前の伊藤博文の遭難と同じ事故を繰り返さぬためであった。

随員の一人竜居頼三は、伊藤博文遭難のときも同行していたが、こんどロシヤ側から提供された貴賓車が、あの時のとそっくりなので、奇異な思いをしていたところ、係のボーイの一人が竜居に見おぼえがあるといったので、さては同じ車であったかと、なつかしく思うと同時に、少々いやな気がした。

十日余のシベリヤの旅の退屈をまぎらすため、一行は毎日のように小読書会をひらいた。

ウラルを越えると、急に暑気が加わり、おまけに窓の隙間からこまかな砂塵が舞い込んで、一同の髪や眉毛が真白になった。誰かが

「ロシヤにはトルコ風呂というものがある。先方へ到着したら、一刻も早くあれを浴びてサッパリしよう」

といったので、一同期待に胸をおどらせて、不快をまぎらせた。

露都セント・ペーテルスブルクに着くと、明治天皇御不例の電報が届いていた。一同ガッカリして、誰一人トルコ風呂に入るものもなく、ひっそりと寝てしまった。

天皇の病状はいよいよ悪化し、一週間後に一行は帰国と決した。後藤新平の年来の夢は、実現

を寸前にして、再び破れた。

桂太郎と後藤新平の一行が帰国したとき、日本は明治天皇の諒闇の中にあった。

山縣有朋と西園寺公望は桂太郎にむかって内大臣に就任することを求めた。彼は固く辞退したが許されず、やむなく宮中に入った。

しかしまもなく西園寺内閣は、二個師団増設問題をめぐる上原勇作陸相と山本達雄蔵相の対立がもとで瓦解し、後継内閣の大命は三たび桂太郎に下った。大正と改元された年の十二月のことである。

この内閣において、後藤新平ははじめ文部大臣に予定されていた。しかし彼は逓信および鉄道の分野にまだやり残した仕事があるからといって、逓信大臣を希望し、もとの椅子についた。しかし、この内閣は政友会の尾崎行雄、国民党の犬養毅らの憲政擁護運動の攻勢にさらされることになった。

桂太郎が一たん内大臣となり、まもなく予定の行動のように内閣を組織したことは、民衆の感情を刺戟した。明治から大正へと、時代は大きく動きつつあり、天皇を中心とする閥族政治から、政党に立脚する民衆政治へ移ろうとしている時に当って、それに逆行するかのようにして、宮中から出た桂太郎が、政党を無視して、自己の周囲に官僚ばかり集めた内閣を作ったことは、国民には許し難いものに見えた。

十二月十九日の歌舞伎座における憲政擁護会の大会は
「閥族の横暴跋扈今やその極に達し憲政の危機目睫に迫る。吾人は断乎妥協を排して、閥族政治を根絶し、もつて憲政を擁護せんことを期す」

と決議した。

後に徳富蘇峰は、この間の空気について
「天下の長閥に対する憎悪心はほとんどその極点に達し、自から智勇弁力ありと信ずる者、轗軻不遇の者、野望ある者、若くは理想的夢幻者、空中楼閣陰謀者、好乱者、その他あらゆる各種の勢力相抱合するに際し、これに向つて恰好の題目を与へんか、天下風靡すべきである。席捲すべきである。かくのごとくにして、憲政擁護の火は燃えだしたのである」

といった。そういう徳富蘇峰は、都下のあらゆる新聞が憲政擁護の気運を支持した中に、ただ一紙「国民新聞」をひきいて、桂を支持していた。

しかし、尾崎、犬養らの国民運動がいくら盛んでも、それだけで内閣を倒すことはできない。それは議会に絶対多数を占める政友会と、長閥と、薩派の海軍の動向によってきまることである。ところが、政友会の指導的立場にある西園寺公望、原敬、松田正久らはかならずしも尾崎行雄らのように民衆運動に熱中する性格でなく、場合によっては内閣と妥協してもいいと思っていた。いわゆる情意投合である。

桂太郎もまた、ニコポンとあだ名をつけられるほど、妥協性に富んだ男で、従来のやり口からすれば、当然議会切り抜け工作に出るものと思われた。政友会首脳部は、尾崎らの狂奔ぶりを冷やかに見ながら先方の出方を待っていた。

すると、思いがけない事態が生じた。桂首相が新政党組織を声明したのである。

新党の発表は、大正二年一月二十日午後、三田の私邸に報道関係者を集めておこなわれた。その席に立ち会ったのは後藤新平ひとりであった。

このとき議会の分野は政友会二一六、国民党八九、中央倶楽部三四、同志会三七、無所属四名であったが、桂の声明とともに、国民党から大石正巳以下四十余名が脱党して、新党に走り、中央倶楽部は解散してこれに加盟し、政友会の一少部分もこれに合流して、九十三名の所属議員を数えることになった。

桂の新党発表は、政友会に対する公然たる挑戦であった。これまで桂から妥協の手のさしのべられるのを待っていた原敬、松田正久も、立ち上って桂内閣打倒に進むことになった。

桂太郎が政友会との妥協を退けて、新党樹立の道をえらんだのは、既成政党の腐敗にあきたらず、清新な勢力を結集して、憲政の健全な運用に当ろうと思ったからであった。

後藤新平は外部からは、まるで、桂の新党運動の参謀長のように見えた。一月二十日の新聞発表のときも、これに立ち会ったのは後藤新平ひとりであったし、各方面と交渉連絡の任に当ったのも、後藤新平であった。

しかし、彼の本心はかならずしも新党組織に賛成ではなかった。彼はどちらかといえば、政党政治よりも官僚政治をよしとするほうで、政党はたかだか国民の啓発および指導の機関にすぎず、これに政局を担当せしめることには不賛成であった。

ただ彼は、伊藤博文、児玉源太郎なきあと、日本の屋台骨を背負って立つ人物は桂太郎だと信じていたし、彼を盛り立てて経綸を行わせることを自分の使命と感じていたから、彼の行くところへは、どこへでもついていったのである。後藤新平が新党組織に参画したのは、ただ桂太郎個人に奉仕するためであった。

憲政擁護運動は野を焼く火のように燃えひろがり、議会は荒れに荒れた。

殺気立った群衆は議事堂を取り囲んで、憲政擁護派の議員が来れば歓呼して迎え、与党議員には一人ずつ悪罵を放った。

尾崎行雄は

「玉座をもって胸壁とし、詔勅をもって弾丸に代えて、政敵を倒さんとするものではないか」

と大見得を切った。

桂首相は三度登壇して懇切丁寧に答弁したけれど、民衆の興奮はしずまらなかった。

二月十日、東京の騒擾は極点に達した。議会を包囲した群衆は各所で警官と衝突し、政府は軍隊を出して警戒した。

群衆は激昂して警察署、交番を襲い、新聞社を焼き打ちした。銀座から日比谷へかけて、ほとんど人で埋まった。

政友会が内閣不信任案提出に決定したという情報が入ったとき、桂首相は衆議院議長大岡育造を呼んで、辞職の意志を告げた。

後藤新平は二カ月ぶりでまた浪人となった。

次の内閣は山本権兵衛が組織したが、そのやり方が、桂首相と憲政擁護派の抗争につけこんで、火事泥式のところがあったので、後藤新平はこれを「定九郎内閣」と呼んで、ボロクソにコキおろしてあるいた。

山本内閣はその返礼として、新平が逓信省や鉄道や満鉄に残して来た業績をいちいちくつがえした。

鉄道では、新平が熱心に企画した広軌案と熱海線を廃止した。

満鉄では、新平の腹心だった中村是公総裁以下、理事のほとんど全部をやめさせた。いわば、新平がまいた種を、権兵衛がほじくってしまったわけである。

激怒した彼は、しゃにむに桂太郎の新党に拠って、山本内閣打倒に邁進することとなった。桂の新党は立憲同志会と名づけられ、内閣総辞職直後の大正二年二月二十八日、築地の精養軒に大懇親会をひらいて、気勢をあげた。

後藤新平は桂太郎側近の最高幹部として、何か思いつくと、例によって一日に三度も四度も、桂のところへ駈けつけて、進言したり画策したりした。

新党の発表とともに、全国各地に遊説隊が派遣された。

後藤新平が最初に出かけたのは、福島県方面であった。むかしの貧書生は、いま一党の領袖として、思い出の地をおとずれることになる。

福島……須賀川……どこへ行っても、昔なじみの人々が集まって、歓迎してくれる。

須賀川の桜井弥六じいさんも、まっさきに駈けつけた。

桜井弥六については、こんな話がある。

後藤新平が鉄道院総裁だったころ、会津若松から東へ走る磐越東線が計画されたが、その東北本線と連絡する地点が、どうやら須賀川より三里北の郡山になるらしいということであった。

須賀川では、同じことなら自分の町へ引きたいということになって、町長以下有力者で陳情団を作り、上京して後藤総裁に面会を乞うたが、なかなか会ってもらえない。

誰かが弥六じいさんなら会ってくれるのではないかと言い出したので、彼は町全体の与望を担って出かけた。

後藤新平は須賀川の桜井弥六が来たと聞くと、大勢の面会人を待たせておいて、一刻も早くと呼び入れたが、用件を聞くと「じいさん、君の話は何でも聞くが、それだけは勘弁してくれ。あの線は軍事的意味もふくめて計画されているので、陸軍が賛成しないかぎり、いくら総裁でも勝手にできないのだ」

桜井弥六は、ことわられたことはさておき、大勢の面会人を尻目にかけて、自分だけまっさきに呼び入れられた得意さが忘れられないのであった。

立憲同志会は結成後まもなく、加藤高明男爵の入党を見て、意気ますます上った。

加藤は三菱の婿で、桂内閣では外務大臣をつとめたが、三菱の富を背景にした彼の政治力は、何人も無視できなかった。

明治から大正へと移るにつれて、政界を動かすものは藩閥でなく、財閥に変りつつあり、新党にとって、加藤一人の参加は、百万人の味方を得たより力強かったのである。

加藤高明の参加と入れ違いに、桂太郎が病気で倒れた。憲政擁護運動の騒ぎと新党結成のための過労が、思いのほか彼の健康をそこねたとみえて、なかなか快方に向わず、六月十九日、彼は鎌倉に転地した。

十日ばかりして、東北、北海道方面の遊説から帰った後藤新平は、その報告と見舞いを兼ねて、桂を訪ねた。

桂の顔色を見た途端に、新平は医者としての経験から、この病気は治らないと判断した。

児玉源太郎、伊藤博文と、有力な後援者を失った彼は、ここにまた三人目を失うことになる。

自己の郷里の先輩に有力な政治家を持たない彼は、どうしても他国人の長州閥に頼らねばならなかったが、それらの人たちが長寿を全うしなかったことが、政治家としての後藤新平の不運であった。

桂太郎の余命がいくばくもないとすると、彼も考え直さなければならない。新平はもともと政党という多人数の寄り合い世帯を余り信用していない。桂の新党に参加したのは、桂個人に奉仕するためであって、桂以外の立憲同志会員に情誼を感じたからではない。ここはひとつ、進退を慎重にすべき時である。

桂太郎の再起不能という見通しがはっきりすると、立憲同志会ではその後継者を決定する必要があった。七月十八日、幹部会が召集され、桂没後は加藤高明、後藤新平、大浦兼武、大石正巳、河野広中の五名から成る常務委員制とし、委員長は加藤高明とすることに決定した。そしてその席で加藤を委員長とすることを、まっ先に提案したのは、後藤新平であった。

この時すでに後藤新平は、立憲同志会にながく留まる意志はなかったとみていいであろう。彼は桂没後の同志会が、いずれは三菱系の金力を背景にした加藤の手に落ちることを予見して、当然来るべき者を来らしめただけであった。

三カ月後の十月十日、桂太郎は没し、その翌日、加藤邸において開かれた常務委員会で、後藤新平と他の四委員との意見が正面衝突した。

新平の言い分は、今後立憲同志会が桂太郎の遺志を継いで活躍するには、百万円の資金を必要とするが、諸君にそれだけの用意があるか、生半可なことでは成功がおぼつかない、ということであった。

四委員はこれを、後藤新平の言い懸りと見た。彼ははじめから桂没後の党内に留まる意志がなく、悲境にある同志を見捨てて離脱するための口実を作るものにすぎないと見た。

十月三十一日、後藤新平は正式に脱党したが、彼を無節操と罵る声は天下に満ち、その政治的生命はほとんど絶たれたかと見えた。

後藤新平の身辺は急にひっそりとしてきた。

彼は葉山の別荘へいって、しばらく休養を取ることにした。

夏をすぎた湘南の海は、人影がなく、波の音ばかり高い。彼は波打ち際の砂を踏んで、行ったり来たりしながら、過去を思い、将来を思った。

ひょっとすると、自分の政治的生命はこれで終りを告げるかもしれぬ。立憲同志会を脱退するときのやり方が、まるで後足で砂をかけるようだったといって非難する者が多いが、桂なきあとの同志会は自分にとって同志でもなんでもない。自分は当然別れるべき者と別れたにすぎないのだが、世間はこれを背信行為だといっている。彼等は当分、自分の再起を許そうとしないだろう……

彼は覚悟の腹をきめた。

山本内閣が満鉄総裁中村是公以下の首を切り、鉄道院と逓信省における後藤色を払拭したのはこの時である。煮えくり返る胸をおさえて、じっと我慢することだけが、彼のできるすべてであった。

しかし、本人がじっとしていても、世間のほうで変ってゆく。たった半年すぎた大正三年三月には、山本内閣はシーメンス事件の責任を取って倒れ、後継内閣の大命は大隈重信に下った。

大隈と後藤新平はまったく共通点がないでもなかった。どちらも快活で楽天的、かつ開放的なところがあり、客を好み、青年を愛した。新平を大隈内閣の一員に起用させようという動きがあり、彼自身もそれを期待しないでもなかった。

しかし、内閣が成立して、発表された閣僚の中に、彼の名はなかった。

彼は加藤高明に忌避されたのである。大隈重信は組閣に当って、まず立憲同志会の加藤高明の意志を尊重したので「準加藤内閣」といわれるくらいだったが、加藤は自分にそむいて離れ去った後藤新平を、わざわざ迎え入れようとするはずがなかった。

大臣になる機会を逸した後藤新平の失望は大きかった。彼は新聞記者にむかってこう語った。

「僕は政界を隠退したよ。新聞では第四党とかいうものをどうかする野心を持っているなんて、書いているが、嘘の皮だ。僕はいつまでも今のように気楽に暮らしたい。世間ではややもすれば、僕を何かしないでは一日も過されぬ人間と思っているそうだが、そのようなことはない。もう政治には麻痺してしまった」

しかし、これをこのまま彼の本心と見るわけにはゆくまい。

彼が何かしないでは一日も過されぬ人間だというのは、世間の定評であって、彼の親友杉山茂丸もその性癖を、獅子が手マリをもてあそぶにたとえている。獅子はそのもてあそんでいるマリを遠くへころがすと、手近にあるものを何でも代りにもてあそぶものだが、後藤新平もそういう男で、後年彼が東京市長になったのも、少年団を主宰したのも、そのあらわれだというのであった。

大隈内閣が成立して三カ月後の大正三年七月、ヨーロッパ大戦が勃発し、日本は参戦した。

元老井上馨は大隈首相にすすめて、後藤新平を特使として中華民国へ送り、大総統袁世凱と懇談して日華提携の実をあげさせようと説いた。

そのころ麻布宮村町の井上邸に起臥して、慶応義塾に通学していた長州出身の青年森護郎の記憶によると、彼は毎朝七時、その日の新聞をそろえて、食堂に唯一人いる井上侯に差し出すのを日課としていたが、彼が食堂へ行ってみると、すでに客があって、侯と何かしきりと話しあっていることが珍しくなかった。

話の内容はよくわからないが、袁世凱とか、東洋百年の大計とかいう言葉が、主客の間でしきりに取り交されていた。

客は後藤新平であった。そのころ後藤邸は井上邸の斜向うにあって、近くて便利だということもあったろうが、彼は起きぬけに、着流しの上に紋付羽織を一枚ひっかけると、散歩のかわりに井上侯を訪問し、例の建言癖を発揮した結果が、中国派遣特使の提案となったもののようである。

この毎朝の訪問は、俗な言い方をすれば、大臣を失業した後藤新平の再就職運動であったし、政界破産者の新会社設立運動であったし、マリを失った獅子がべつのマリを捜す行為であった。

後藤新平を中国へ派遣するという案には、山縣有朋も賛成し、大隈首相も異存がなかったが、外相加藤高明の反対で、実現を見るにいたらなかった。加藤は新平と反対に、冷静、堅実かつ理知的な男で、新平の突飛で動揺の多い性格に不信を抱いていた上に、立憲同志会脱退のときの悪感情が残っていて、どうしても後藤派遣を承知しなかった。

これまで大隈内閣に対してどちらかというと中立的だった後藤新平は、ここではっきり反対の立場を取ることになった。

新平は大隈重信という人間には好感を持っていたし、そもそも大隈内閣なるものが、新平の文持者である井上馨の推輓によって成立したという因縁もあって、牙をおさめている形であったが、その内閣の実際上の中心人物である加藤高明が、彼の中国特派に反対したと聞くと、黙っていられなくなった。

後藤新平が中国へ渡り、袁世凱と膝を交えて語り合おうという着想は、もとより日中両国の将来と、東洋百年の平和に関係するところの大きいことであるが、同時に彼の再就職運動でもあり、木から落ちたサルがもう一度よじ登ろうとするあがきでもある。

それを冷然と踏みにじった加藤高明は、日中両国共同の敵であると同時に、新平個人の政治的生命を断とうとする陰険なる刑吏である。

獅子の弄ぶ手マリを心なく取り上げた者は、どんな報復を覚悟しなければならぬか、思い知るがいい……

後藤新平の大隈内閣打倒の決意は固められた。

大正三年十二月二十四日、政府の提出した予算案が議会で否決せられると、大隈内閣は議会を解散した。

総選挙は翌四年三月二十五日と公布された。

選挙戦の最中に、大隈内閣は突然、中国との間に問題を起した。

前年の夏、ヨーロッパ大戦が勃発したとき、日本は日英同盟のよしみによって、ドイツにむかって宣戦を布告し、ただちに青島攻撃を開始したが、皮肉にも、それは必ずしも同盟の相手国たる英国の希望するところではなかった。

英国としては、日本が青島を占領してくれても、戦局にはまったく関係がないばかりか、それによって日本が中国大陸に足掛りを得て、北支那における優位を確立することが迷惑だったのである。

日本としては、列国がヨーロッパの戦争に熱中しているのが、もっけの幸であった。たちまち青島を攻略すると、さらにドイツの租借地でもない山東半島の内部まで軍隊を進めたので、中国側では日本の即時撤退を要求した。

日本はこれに対して、山東省の権益、満蒙の権益、旅順、大連の租借期限延長等、二十一カ条の要求をつきつけた。中国はやむを得ず屈服したけれど、これによって中国民衆の反日感情は高まり、ながく日中国交上の禍根となった。

大隈内閣は二十一カ条を発表するに当って、一部分を秘密にしていたけれど、北京ガゼット紙がこれを暴露したので、列国の日本に対する不信は高まり、日本は国際的に孤立の状態へ追い込まれた。

こういううちにも、大隈内閣は選挙に熱中した。

開票の結果、与党は二百九名となり、反対党は百三十三、他に中立三十三を数えるようになった。

選挙で圧倒的勝利を得た大隈内閣は、ますます地盤を固めたかとみえたが、実はそろそろ根がぐらつきかけていた。

大隈内閣の存立を危くさせた原因の一つは、内相大浦兼武の有名な選挙干渉であった。このために彼は告発され、内相を辞して謹慎したが、内閣は一部の改造によって、あやうく命脈を保った。

しかし大隈内閣は、すでに対支外交の失敗によって、権威を失っていた。倒れるのは時期の問題となっていたが、ただ井上馨は、この年の十一月に予定されていた大正天皇の即位大典を、せめてもの情に、大隈内閣の手で執行させてやりたいと思っていた。

しかしその井上馨も、御大典を目前にひかえた九月一日、なくなった。

十一月、御大典のため京都に集まった後藤新平その他中央の政客たちの間では、大隈内閣打倒の動きがしきりだった。

大正五年十月四日、大隈内閣は総辞職した。後藤新平はようやく報復の宿志を遂げた。

内相の椅子

大隈内閣が倒れると、後継内閣の大命は寺内正毅伯爵に降下した。

寺内は長州人である。桂内閣が倒れた時から、世は政党の時代になったかと見えたが、長閥の勢力はまだ根強かった。

大隈打倒と寺内押し出しに功のあった後藤新平は、この内閣で内務大臣と鉄道院総裁を兼任することになった。

内務大臣は副総理である。地方官と警察の全部を握る内務は、閣内で最も重要な椅子であった。

内務省は後藤新平の古巣である。名古屋の病院長の地位から石黒忠悳に抜擢されて、はじめて中央官界に一歩踏み入れた、思い出深いところである。

あのとき新平は二十七歳であった。六十になった今日、大臣として同じ役所に君臨することになった彼は、得意の絶頂にあり、思わず顔がほころぶのを禁ずることができない。

内務省は日本官僚主義の牙城である。形式主義と、因襲尊重と、繁文縟礼の総本家である。非能率で、陰気臭くて、カビ臭い。新平はむかし血気さかんの頃、その空気に窒息しそうな思いをしただけに、ここに大きな風穴をぶちあけて、外の空気をどんどん入れねばならぬと思った。

それにはまず人事を整備しなければならない。

一番大事なのは次官である。内閣の副総理として、国政の全般をあずかり知らねばならぬ新平には、省内のこまかな問題の処理を、安心して任せられる次官が何より必要である。

さて、この椅子を誰に持って行こうか。

彼には早くから腹案があった。

政友会の水野錬太郎である。

水野は新平が衛生局にいたころ、大学を出たばかりの若い書記官として内務省に入り、後藤新平と互いに許しあった仲である。そのころ水野は新平にむかって口癖に
「あなたは今に大臣になる人だ。あなたが大臣になられたら、僕はその下で助けますよ」

といっていた。新平は新平で、その四年前にその愛嬢愛子と結婚した鶴見祐輔（当時鉄道院書記官）にむかって
「方今天下の人材は、水野に浜口」

と、歌でも口ずさむような調子で言った。

今や新平は昔の約束に従って、水野を次官に起用したいところである。

しかし、水野錬太郎はチト偉くなりすぎていた。彼はすでに数年前原内相の下で次官を勤めており、次は大臣という呼び声が高い。

おまけに彼の後輩の勝田主計は、この内閣で大蔵大臣に任ぜられている。そのような状況の下で、次官を勤めることを、水野錬太郎にむかって求めることは、非礼ではないか。

水野の自尊心が、それを許すかどうか。

後藤新平は迷った。

しかし、彼は思い切って水野に懇請した。

水野錬太郎は快く次官に就任した。

天下は驚倒した。

後藤新平が歌のように口ずさんでいた「方今天下の人材は、水野と浜口」のうち、浜口は雄幸である。

浜口雄幸は東京大学法科を優等の成績で出て、大蔵省に入ったが、第三次桂内閣では後藤新平の下で逓信次官を勤めた。

立憲同志会が結成されるとき、彼も参加したが、大隈内閣では大蔵参政官であった。

後藤新平は浜口を鉄道院副総裁に起用して、片腕にしようと望んだが、浜口は辞退した。彼の属していた立憲同志会は、寺内内閣成立の直後に、中正会、公友倶楽部と合同して憲政会となり、党首に加藤高明をいただいたが、加藤は後藤を敵視し、協力を拒否していたので、その傘下にある浜口が、いくら後藤新平に懇望されても、馳せ参ずるわけにはゆかなかったのである。

後藤新平は人材を発掘することに特別熱心であった。

おそらくそれは、彼自身何らの背景も財力も学歴もなく、ただ自己の才能だけを頼りに生き、その手腕力量を認められることによってのみ世を渡って来た体験から、若人の中に逸材を発見することに、人知れぬ喜びを感じていたものであろう。

新平は親任式をすませると、首相官邸における新大臣の初顔合せに出席したのち、内務省へ初登庁することになった。

内務省からは秘書官の前田多門が自動車で迎えに来た。

新平は大臣室へ入るやいなや、前田をつかまえて

「警保局長は誰にしたらいいと思うかね」
と聞いたので、前田はびっくりした。彼も大学法科出の秀才で、将来を期待されてはいたけれど、内務官吏としてはまだ若輩で、警保局長の人事にまで意見を求められる地位になかったのである。そういう順序なんか無視して、相手を信頼すると気軽に大事の相談をするところが、後藤式であった。

警保局長には永田秀次郎が、三重県知事から抜擢された。

永田秀次郎も傑物で、前田多門、鶴見祐輔などと共に、永く後藤新平の有力な幕下を形成した。後藤新平はもともと大学というものに反感を抱いていて、内務省衛生局長のころの伝染病研究所設置をめぐる騒ぎも、相馬事件も、彼の大学嫌いがその原因の一をなしているといっていいくらいであったが、彼の晩年にその周囲にあって、親衛隊の役目を果したのは、多く大学出の俊才たちであった。彼のいわゆる「方今天下の人材」たる水野錬太郎も、浜口雄幸も大学の優等生であった。

この事は後藤新平の考え方の変化を物語るものと考えていいであろう。壮年のころ権威に反撥した彼も、年老いて自分自身権威の座についてみると、権威というものはそれほどムキになって反撥するに当らないものだと思うようになったに相違ないのである。

内務省は後藤新平にとって、元の古巣であるだけに、その欠点が彼には手に取るように見えた。

彼は大臣に就任早々、若い役人たちにむかって

「内務省はまるで、ひからびた梅干のようだ。君たちはよくこんな薄暗い、沈滞した空気の中で我慢していられるね」

と厭味を言った。

「内務省はあらゆる官庁のなかで、中枢的な役割を果すべき重要な役所である。迅速と正確が、近代的官庁の条件だ。しかるに、見るところ、この広い内務省の中に、電話が二本きり入っていないようだが、これはどうしたことだね」

「はい、皆も不便だ不便だと言っておるのでありますが……」

「見ていると、卓上電話の設備さえなくて、課長連まで、電話口へのこのこ歩いていっているようだが……」

「はい、卓上電話機も、たびたび取り付けてほしいと要求を出すのですが、なかなかきいてもらえません」

「ほんとうに欲しいという気持ちがないからだ。内務省は他の官庁や民間事業より一段上の役所だから、用があったら先方から足を運んで来たらよかろうという考え方が、根本にあるからいけないのだ。そういうのを官僚的傲慢というのだ。さっそく電話を増設することにしよう。そのかわり、事務が渋滞することは許さんぞ」

こうして内務省は、部屋ごとに卓上電話のベルが鳴り響くことになった。

これまでの内務省は、食堂へ入る前に手を洗いたいから、洗面器を備えつけてほしいと要求しても、便所の前に手洗いがあるから、それで間に合わせて置けと、一蹴されるような空気だった。新しい科学や技術を無制限に取り入れることが、古い秩序や道徳を破壊することになりはしないかと心配する盲目的な保守主義が、この役所のガンであったが、ここの主たちはこれを美風と勘違いしていた。

食堂の前の手洗いも、後藤新平の一言によって簡単に実現した。

後藤新平のしたことは、それだけでなかった。

彼は思い切って内務省の定員を増加した。仕事がなくてブラブラしている男がふえても、あまり気にすることはないという楽天主義ほど、後藤新平の面目を躍如たらしめるものはなかった。人員淘汰のうわさにおびえていた内務官吏の間に、明るい空気がただよった。

そのくせ彼は、こまかなことは一切、水野錬太郎次官に任せきりであった。新聞記者が何かの問題で彼の意見を求めると
「それは大臣に聞いてくれ」

といって、ケロリとしている。

「大臣はあなたじゃないですか」

「いや、内務大臣は水野錬太郎だ。わしは彼に使われているだけだよ」

後藤新平一流のユーモアであった。

彼が大臣に就任して以来、内務省の空気は一新した。

彼は若い役人に世界の大勢を知らしめ、ヨーロッパ先進諸国の施設を学ばせるために、海外視察の制度を拡充した。

これまで内務本省の官吏は、ごく少数、海外に派遣される制度はあったが、新平はこの数をふやすと共に、地方庁勤務の官吏にも範囲をひろげて、将来中堅たるべき少壮官吏をどしどし洋行させることにした。

しかも、派遣される官吏は休職とし、旅費は現職官吏の場合よりも上廻って支給されたので、

行く者は新平を深く徳とした。

このとき派遣された若い役人は、後藤文夫、丸山鶴吉、田子一民等で、のちには堀切善次郎、大塚惟精、次田大三郎、前田多門などがあり、いずれものちに、昭和期の官僚陣の中枢を形成した。

警察官の増員も後藤新平の仕事であった。

そのころ警視庁管下の警察官は六千人を数えたが、くわしくその勤務の内情を検討してみるに、巡査の月給平均十八円、一日十八時間勤務の隔日交替という状態で、驚くべき薄給をもって、過重な任務に堪えている。

後藤新平は晩年に、しばしば人にむかって
「僕も若い時巡査をしたことがあるが……」

といっていたという。実際に巡査をしたことがあるかどうか、疑問だが（すくなくも伝記資料の中には出てこないが、あるいはごく短期間でも、そのようなことがあったのかも知れない）下積みの苦労をつぶさに経験して、薄給のつらさを知っている彼としては、警察官の待遇の劣悪は黙視することのできぬ問題であった。

彼はヨーロッパ各国の警察官の勤務や待遇条件を比較調査したのち、大増員ならびに増給の計画を立てて、これを実行に移した。このため警視庁管下の警察官は六千人から一万人にふえたが、まもなく米騒動が勃発して、帝都の治安が極度に混乱に陥ろうとしたときも、幸に警官を充分に活動せしめて、遂に事なきを得たのは、後藤新平の先見の故であった。

後藤新平の着想は時に奇抜をきわめたが、いちいち生活の機微に触れて、何人も納得しないわけにゆかぬことが多かった。

彼が鉄道院総裁として実施したいろいろの改善方策のうち、もっとも得意としたのは鉄道官舎の塀の問題であった。彼は口癖にこう言っていた。

「全国のあらゆる駅の周辺には、鉄道官舎が建っているだろう。あのまわりには塀をめぐらしてあるが、君たちはあの塀について、何か気のついたことはないかね。よく観察してみたまえ。普通の家の塀より、一尺ばかり高くなっているはずだが、あれはわが輩の発案によるものだ。つまり、鉄道の現業員は隔日交替の勤務が多いから、自宅に帰って睡眠をとるのは白昼になる。そういうとき、塀が低くては、日がさしこんだり、外の物音が聞こえたりして安眠できないだろうと思って、わざわざ高くしたのだ」

後藤新平の大衆的人気の秘密は、こういう所にあった。

寺内内閣はいわゆる超然内閣で、議会に与党を持たなかった。

絶対多数を占める憲政会は、後藤新平に敵意を抱く加藤高明を総裁にいただいているから、味方として期待できない。

どうしても、第二党たる政友会を与党にしなければならぬ。

しかし、政友会だけに頼ることは危険である。一方では第三勢力にも働きかけて、力の均衡を保たねばならぬ。

第三勢力として目をつけられたのは、犬養毅のひきいる国民党であった。後藤新平は伊東巳代治を通じて、犬養に接近をはかった。

大正六年一月二十五日、議会は解散となり、四月二十日、総選挙の結果、政友会一五八、無所属中立派六八、合計二二六名となって、議員総数三八一名のうち絶対多数をとることになった。それに、犬養の国民党三六名も政府側に傾きつつあった。寺内内閣の前途はひらけたということができよう。

この選挙を指揮して、政府側を大勝に導いたのは、内務大臣後藤新平であったから、野党側の憎悪は彼に集中した。

六月二十一日、選挙後の特別議会が召集されると、憲政会は内閣不信任案を提出したが、その攻撃目標は後藤新平であった。

ちょうど一年前の大正五年四月、まだ浪人中の後藤新平は大隈内閣の失政をあばく目的で、つぎの三種のパンフレットを各方面へ配布した。

「満蒙における蒙古軍ならびに宗社党と日本軍および日本人との関係」

「山東省における革命党と日本人」

「日支衝突事件の真相」

そのころ中国では、袁世凱の帝制に反対して、各地に革命や騒擾が勃発したが、その多くは日本の軍部が武器や軍資金を提供して、扇動したものであった。有名な蒙古の馬賊の頭目バプチャップの挙兵も、日本軍の暗黙の諒解のうちに行われたもので、日本側の意図は、二十一カ条の要求と同様、ヨーロッパ諸国が大戦に忙殺されているすきに、中国における指導権を確立することにあったのであるが、中国の民衆の抵抗に遭って、各地に混乱を起しつつあった。

この三種のパンフレットは、以上の実情をくわしく述べたもので、筆者は丹波の人西原亀三であった。西原は早く朝鮮に渡り、大陸問題に奔走していたが、寺内正毅が朝鮮総督となってからは、その永年の体験から、統治上の諸問題につき種々献策したので、寺内の知恵袋と呼ばれていた。

二十一カ条条約の結果、中国には排日、侮日の気運が高まり、形勢は日々に険悪となったので、日本の対支政策を根本的に検討し直さねばならぬと痛感した西原は、中国へ渡って、くわしく現地の状況を視察した。その報告が上のパンフレットである。

寺内を擁して大隈内閣打倒をもくろんでいた後藤新平は、これを各方面へ配布した。これが大隈内閣の命取りになった。

これらのパンフレットは、すでに末期に近づいていた大隈内閣にとどめを刺した有力な武器であったが、これらは合法的な出版物でなく、のちに怪文書といわれたもののはしりであった。何事にも創意工夫が多く、流行の先端をいった後藤新平は、政界における怪文書流行においても、トップを切ったのである。そして彼は、のちには北一輝などによって、怪文書の槍玉にあげられる方も充分に経験した。

寺内内閣の選挙で大敗を喫した憲政会は、その怨みをはらすべく、内閣不信任案を提出したが、その第一陣をうけたまわった尾崎行雄は、鉾先をもっぱら後藤内相の怪文書に向けた。その議事録によると

「(前略) 後藤内務大臣が在野の日、すなわち内閣組織の前の事である。昨年の夏頃でありましょうが、世にいわゆる秘密出版なるものを三部すり、世間にまき散らした。その事について、後藤内務大臣はこれを認むるや否やという事を確かめましたところ、彼は確かに認むる、これはまいたに違いないという事を申す。まことに然るべき事と思います。彼は虚偽は言わない。した事

はしたと申す点に至っては、甚だ類のない良大臣と、その点だけは褒めておく」

尾崎行雄はちょっとひやかしておいて

「しかして、問題はこの秘密出版なるものはいかなる事が書いてあるかという事であります。（中略）大体を申せば、この問題は二つである。山東省における日本軍隊および日本人の挙動、満蒙における日本軍隊、その他の官憲および人民の挙動ということの事実を世間に流布する目的で、これを世間に頒布したのである。『叙上の事実を約言せば、ただに乱暴狼藉の一言をもってするのほかなく

（1）関東租借地の治安に任ずべき関東都督がその城内に宗社党が兵、殊に馬賊を集合して練兵をなしつつあるを黙認せるが如き、

（2）宗社党の解散を協定するため帝国政府の高官たる外務省参政官および参謀本部支那課長がこれに参与せる如き、

（3）また治安保持の責任ある満鉄付属地に蒙古軍を陣営せしめ、殊に付近民家の掠奪を認容し、および焼棄を傍観せる如き、

真に天下の一大怪事として』と書いてある。もし事実であるならば、これに対しては官紀の振粛上、陸軍の紀律上、これにむかって制裁を加えなければならぬ。ここに責任者がいる。彼が依然としてその職にいるという事は、これは事実でないという事の証拠にはならぬ。もし事実であるならば、陸軍はその責に任じなければならぬ。事実でなければ、後藤はその責に任じなければならぬ。（中略）

その次には、わが軍人と外務との関係について容易ならぬ事を書いている。『支那地方官との

交渉の如きは、往々軍人にて直接これを行い、沿線の警察権も全く憲兵において自在に行い、犯罪者はほとんど青島軍政署に送り、領事はわずかに事後に至りて、書類を送りおるのみという』責任ある政治家たる者は、容易にかくの如き事実を流布してはならぬはずである。事実であっても流布してはならぬはずである。……」

尾崎行雄の言う意味は、たとえ三種のパンフレットに書かれた通りの事実があったとしても、それを世間に流布するのは、国家に忠実なる所業といえないということであった。

彼は続けていう。

「独探などの流布したる説を見て、ただちに日本政府の仕事なりと言うことは、何人も愛国者として言うべからざることであるにもかかわらず、ひとり現在の内務大臣たる後藤男爵においては、かくの如き事を独探の手先となって流布して、恬然恥を知らないのである。これらの事実に対して、天下後世、彼は一世の栄誉を受けている。かくの如く、事実とすれば国家の恥辱、国家の悪事となる事——事実でなくして独探の製造した事を拡げて、而して恥なきのみならず、世間に向って豪語して、これをぐずぐず言う者は、ひっきょう物を知らぬからというのである。かくの如き閣僚——かくの如き閣僚を控えて、而して官紀を振粛する……国家の為に働く……いかにして出来るのでありますか。寺内伯に問う。閣下の閣僚、閣下を除いて、もって重要なる位置にある後藤内相は、かくの如き天下後世より国賊といわれても弁明のない事を致しているのである……」

尾崎行雄の舌端は火を吐いて、後藤新平の急所をえぐり、議場は騒然とした。

新平は答弁に立った。

「私は現内閣の一人として、尾崎君の演説に対して一言せざるを得ないのであります。これは唯個人関係のみではありませぬ。また国交上大なる関係のあることでありますから、尾崎君の根本的誤解に対して、一言申さねばならないのであります。尾崎君の朗読せられた所のものは、ただその当時における記事を集めたものであって、後藤新平の意見としてかくの如きものであるということに、これを誣いようとするのは、尾崎君の為にする所の材料としてよろしいか知らぬけれども、それは甚だ違ったることであると私は考えるのであります。またこの記事は、その真偽如何に至っては、われわれ当時の攻究の材料であって、いやしくも国家に忠なる者は、かくの如き事を耳にして、同志と共に攻究せんですむものではない。これは重大の事件であります。而してもし一歩を譲って、尾崎君の言うことが事実なりとせば、当時の司法大臣は何故これをとがめざるか……」

皮肉なことに、尾崎行雄はこのパンフレットが出たときの司法大臣であった。

「これをもって、曠職の誹りと言わずして、人にこれを責めんとするの悪徳は、実に破廉恥漢の為す所である。尾崎君すでに非国民であって、人の非国民を言うことができるか。私は尾崎君をもって非国民と言うに非ず。しかしながら、尾崎君の言論口調をかりて言ったならば、前の司法大臣として自分の責任を忘れて、みだりに他人を責めんとするは、悪徳言うべからざる所のものである」

このパンフレットが出たとき司法大臣だったことを、尾崎行雄が忘れていたのは不覚だった。彼の攻撃はあまり利き目のないものになった。

寺内内閣不信任案は否決されたので、憲政会はこんどは後藤内務大臣単独の弾劾案を出した。

この提出理由の説明には、早速整爾が立った。いわく
「(前略)これらの印刷物は、いずれも驚くべき記事評論をもって満たされている。日本の政府、日本の軍隊、その他日本の官憲ならびに日本人の行為に対して、甚だしき罪悪なるが如くに誣い、特にわが軍務当局者の行動に対しては、極端に中傷非難を加えおる所の記事言説をもって満たされているのであります。よしんばかようの事実ありと致しましても、いたずらにこれをあばき立つるという事は、国家の為に断じて避けなければならぬ。いやしくも眼中国家ある者は、いたずらに暴露して、帝国の威信を傷つけるが如きことを敢てしてはならないのである……」
そして彼は、後藤新平がこのパンフレットを各方面へ配布する前後に、貴族院議員の多数を華族会館へ招いて、この文の実際上の起草者西原亀三をしていろいろと説明させた事実や、各方面の学者を鉄道協会に招いて、このパンフレットを配ったという事実を暴露した上
「要するに後藤男爵は眼中国家なく、国民なく、いたずらに陰謀をたくましうせんがために、無責任なる行為を演出したに相違ないのである。帝国の威信を傷つけ、帝国の体面をけがし、外交上に極めて不利なる地位に帝国を陥れたということは、わが国民としては断じてこれを看過することはできないのであります」
と極言した。
これに対して後藤新平は、問題のパンフレットが秘密出版であるといわれる理由を取り上げて
「秘密出版として論ぜらるる所の事実は、第一にこれを発売するか、もしくは頒布するを必要とするのであります。しかるに本大臣がかつてこの印刷物を調製したるに当っては、発売、もしくは発売に類したる事実はないのであります」

と述べ、さらに
「一体出版法にいわゆる頒布とあるは、不特定の人にむかって頒布することを申すのである。本大臣はこの印刷物については、知己の間、極めて範囲の狭い信用ある特定の人を選んで贈呈し、攻究の資料に供し、その真なるものはこれを除き、その虚なるものは流説の起る所を防がんとしたのであります。しかして、この発売もしくは頒布という事実がない以上は、秘密出版と称して出版法に違反するものだということはできないのであります」
ここで議場は騒然として、野次が乱れ飛び、収拾がつかなくなった。新平はたびたび罵声にさえぎられながら
「本大臣の行動について、さらに自ら顧みるに、やましき所なく、俯仰天地に恥ずる所がないのであります。故に反省処決などは認めませぬ。むしろ今日の如き提議をなす諸君の誠意を疑うものである」
といった。
採決の結果、弾劾案は否決となった。

金子直吉との関係

神戸の鈴木商店は、はじめ小さな貿易商にすぎなかったが、金子直吉という番頭が珍しい傑物で、一代のうちに日本有数の大財閥にまで発展させた。

そのきっかけを作ったのは後藤新平であった。

金子直吉は土佐の生まれで、少年のころは小学校へも上げてもらえないほど貧しかったが、生まれつき利発な男で、奉公に行った先で、いつのまにか読み書きをおぼえてしまった。

直吉が神戸の鈴木商店にやとわれたのは、明治十九年、二十一歳のときである。はじめ店では石油、豆粕、砂糖などを取り引きしたが次第に商売が不振になり、のちには砂糖だけあつかうことになった。ここに数年いるうちに、金子直吉は商売のコツを呑み込んだ。

日清戦争の最中に、主人がなくなった。店をたたもうかという話も出たが、未亡人のよねが、直吉の腕を見込んで、これまで通り店を続けることにし、万事を直吉に任せることにした。

日清戦争後まもなく、彼は新しく領土となった台湾の樟脳に目をつけた。彼の生国土佐も気候温暖の地で、昔から樟が繁茂したので、直吉は樟脳には明るかったのである。

台湾へ渡って、各地を見て歩いた彼は、民政長官後藤新平に会って、樟脳を総督府の専売にしたらどうかと意見を述べた。

樟脳専売案は後藤新平の持論でもあった。彼は熱心に主張したが、誰も賛成する者がなかったのである。

はじめて自分と意見を同じくする者を発見した新平は喜んで、樟脳専売へ踏み切った。

鈴木商店はただちに直営の樟脳工場を台湾に作り、総督府は台湾全島に産する樟脳の六五パーセントの販売を鈴木商店に任せた。

独創的な政治家と、敏腕の商人の握手が成り、台湾統治の財政的基礎が確立するとともに、鈴木商店の飛躍的発展の因が出来た。

鈴木商店はぐんぐん大きくなり、その取り扱い額は三井、三菱をしのぐ勢となった。

なお鈴木商店は製糖、製鋼まで手をひろげ、その経営になる神戸製鋼所は、日本で一番の生産額を示した。

ところが、第一次大戦の勃発と共に、アメリカ及びイギリスからの鉄鋼材料の輸入がパッタリ止まった。ドイツの潜水艦に商船をどしどし撃沈される英米両国としては、その補充のために、一片の鉄でも自国内に保有しておきたいのも無理はない。

しかし、国内に鉄を産せず、外国をあてにしなければならぬ日本の造船、鉄鋼界にとっては、糧道を絶たれたも同然である。鉄工所の休業が続出し、従業員の生活問題が目前にせまった。

金子直吉は生まれつきの機敏さで、大戦勃発と共に、鉄材を買い漁ったので、さし当り困ることはないが、神戸製鋼所は規模が大きいだけに、消費量も大きく、戦争が永引けば、困り方も大きくなる。彼は鉄鋼、造船業界を代表して、この解決に乗り出すことになった。

全国の鉄鋼・造船業界代表として、鉄飢饉の解決に乗り出した金子直吉が、まず目をつけたのは、新任のアメリカ大使セーランド・モリスであった。ともかくこの男に会って、日本の業者の苦境を訴えようと、彼は東京へ出た。

西洋人に会うには、紹介状が必要である。彼はそれを、台湾以来の盟友後藤新平に頼もうと思った。

内務大臣官邸に新平を訪ねると、ただいま閣議にお出掛けで、お留守ですという。

すぐ紹介状がもらえるつもりで、モリス大使にはすでに訪問の時間の約束までしてしまったから、閣議がすむまで待つわけにはゆかない。

ふと彼に一案が浮んだ。応接に出たのは後藤新平の女婿の鶴見祐輔である。

「鶴見さん。大後藤は留守かも知れんが、小後藤がおる」

「誰です、小後藤というのは……」

「あんたのことや。みんなそう言うとりまっせ。大した器量人や……と」

「おだてちゃ、いけません」

「そこで、あんたにお願いやが、大後藤の名で、ちょいと紹介状を書いてくれまへんか」

「困りますね、ニセの紹介状を書くのは……徳義上許されないことです」

「それはそうかも知れんが、非常の際や。閣議がすむまで待っとると、アメリカ大使と約束の時間に間に合わん。最初に信用を落すと、まとまる話までまとまらん事になる。ここはひとつ、国家のためや。大乗的見地に立って、ちょいと一筆、やっつけてくれまへんか」

そうまで言われると、ことわり切れない。鶴見祐輔は得意の英文で紹介状をしたため、岳父の筆跡に似せたサインまでした。

ニセの紹介状を持って、アメリカ大使館へ乗り込んだ金子直吉は、身長五尺二三寸、日本人としても高い方ではないが、西洋人の前ではなおさらパッとしない上に、黒の詰襟服を着て、鉄縁の近眼鏡の奥に幾分斜視の目を光らせているところは、どう見ても田舎の村役場の小使以上には踏めない押し出しである。

ふだんの彼はその上に、ノボセを下げるためといって、氷の入った氷囊を頭にのせ、上から鍔広の帽子をしっかとかぶっているのだが、今は西洋人に会うというので、体裁をかざって、それだけは、やっていない。

金子直吉ははじめに、アメリカ人なら誰でも知っているワシントンやリンカーンの逸話を持ち出して、相手の気持ちをくつろがせたのち、鉄鋼輸出を懇請した。しかし、それにはつけたりがある。

「決して貰いっ放しにしようというのではおまへん。日本はその造船能力をフルに働かせて、作った船をお国へお返し申そうというのどす。お国かて、船はいくらでも必要でっしゃろ。日本の優秀な造船技術を遊ばせておくより、活用したほうがいいのではおまへんか。ただし、供給された資材のうち、三分の一は、日本国内の需要の方に廻すことを認めていただきたい……」

金子の提案は相手の受け入れるところとなって、鉄飢饉の問題は解決した。

後藤新平と金子直吉は特別に親しい友人であった。

彼等はどちらも下から叩き上げた男で、そういう男たちに特有の連帯感によって結ばれていたが、また、金子の事業が、砂糖とか樟脳とか、台湾に関係の深い方面に集中していたことも、彼等の仲をより密接にした。

しかし、そのことが同時に、世間の疑惑を招く原因ともなった。

大戦の勃発とともに、鈴木商店の事業が飛躍的に拡大したことは事実である。こういう変動の激しい時期には、すこし商才のある男なら、波に乗るようにして、事業の手をひろげ、巨利を博するのは常のことだが、世間はこれを、金子が後藤新平と結託して、種々の便宜を供与された故と見た。

同時に世間は、後藤新平が鈴木商店から反対給付を受けないはずはないと推測した。後藤新平の日常生活は派手で、華やかで、いつも世間の注目を浴びていたから、いかにも金が有り余っているように見えたし、あるとすれば、出所は鈴木商店よりほかに考えられなかった。

後藤と鈴木商店との特殊関係ということがひそひそとささやかれ、中には新平と未亡人の女主人鈴木よねとの醜関係を言いふらす者もあった。

大正七年三月五日、衆議院本会議において、憲政会代議士田中善立は、次のような質問をした。

「先般来、巷間伝うる所の怪しげなる事柄は、われわれは馬耳東風に聞き流しておったのでありますが、天下にかなり信用あつき『日本及日本人』という雑誌に、非常に事こまかに、確信をもって、二十四ページにわたって書かれているのであります。この事をなお我あえて関せずと放任さるるならば、これ男一個人の致命傷たるのみならず、実に国家の風教上、国民の思想上、容すべからざることと思うのでございます。故にすでにこういう風に公表された以上は、明らかにこの事の真偽を弁明されて、ことにこの中に書いてあります千二百万余円、不正手段で儲けられたというような事がありますが、こういう事柄は特に天下に公表して、もって——あるいは財産目録をもって天下に公表して、弁明されるに至らざれば、遂に天下はこれを信ずるに至ります。充分に御弁明あって、天下の疑惑を解かれるか、解く能わずんば、すみやかに職を辞するのが当然であろうと思うのであります」

議会における質問演説に特有の、持って廻った、馬鹿丁寧な言い方であるが、もし新平に言い開きができなかったら、彼の政治的生命は立ちどころに終りを告げるであろう。

後藤新平はやおら答弁に立った。

彼の商標のようになった鼻眼鏡がキラリと光る。

この日、田中代議士が質問をするということは、前から評判になっているので、傍聴席は満員であった。

後藤新平は微笑をふくみながら
「第一、千二百万円という金、六十万円の建築などという事について、本会において一言せんとするならば、相当の証拠を具えて言わなければならぬ。また、今にして日本帝国に左様な財産のある者が、何だか訳がわからぬなどというような、一体非文明な生活でないということは、諸君の御承知になっている事であろう。かくの如き事を充分の調査もせずに言うという事は、甚だ無責任不謹慎でないかと私は考えるのである。

また、財産を洗って見せよという事であるならば、田中君みずから、もし洗って見せた所において、正然たるものがあったら、いかなる責任を取られるかが明らかでなければならぬ。ただただ新聞に出たものを持って来たから、こう言うことであるなどという事で、そんな事ではいかんのであります。かようなる事は、私は紳士としてだけでも、甚だ惜しむのであります。

もし私の財産を洗ってみたいという事であったならば、区役所に行って、後藤新平は何年何月に一級選挙民となりしか、ひとつお調べになるのが必要である。しかしてその一級選挙民となりしは何年何月、何物に依りなったのであるか、これを調べてみることが必要である。それには登記所へ行ってみるがよろしい。

議場に数分時お許しを願いたい。

私の一級選挙民となっているのは、麻布区において七千坪の屋敷があるからである。その邸は何年何月に買ったものであるか――そのうち一部分は、明治二十八年に買ったのである。いくらで買ったかということも、明らかである。明治二十八年というのは、私が相馬事件に座して、牢から出た時である。

その時、各地において私に同情する人が、翕然として私に向い、何等か援助の力を貸そうといってくれた。その時私は、決してもう役人になるまいと思っていたところ、大阪・神戸の間において開業したらよかろうといって、地所を買ってくれた友人があった。それと同時に、東京における友人は、ぜひ東京に留まれといって、麻布新網町に地所を買ってくれた。三千二百円で買ったのである。ちゃんと明らかになっている。

それから現在あるところの地所のうち五千坪は、二十八年に一万円で買ったのである。はじめ安場保和が買ったので、すなわちその者がそのまま私に譲ってくれたのである。一万円であったのが、今では三十五万円の値打がある事は明らかである。これすなわち、造物主の力によって得たのである。これらは恐らく、田中善立君は、私が造物主より見放されたものと見ているのであろう。みずから省みて、その地位を代えられたならば、分るであろう」

後藤新平のこの演説で、彼の財産千二百万円という流説は消えた。彼は大風呂敷というあだ名の示す通り、身分不相応の借金をしたり、後先考えずに浪費したりすることもあったけれど、現在不必要な金をせっせと蓄め込む男ではなかったのである。

政治家の懐工合は、ちょっと見ただけではわからない。

彼等は、財布の中にビタ銭一文入っていなくても、百万や二百万の金は立ちどころに集め、五十人や百人の子分を養うのに事欠かぬのが常である。しかも、その金は、どこから流れ出て、どこへ消えてゆくかもわからない。

後藤新平に千二百万円の財産があるという風評は、議会における本人の釈明演説で粉砕されてしまったが、実際のところ、それは、彼の手もとに、ハッキリした財産という形で存在していないというだけで、彼がもし何かの政治的目的のために金を必要とするときは、それ位の金は楽々と集める力があったということは、事実である。

いわば彼は、現在無一文でも、百万千万の金を立ちどころに動かし得る神通力を持っているので、その意味では彼は、金額の記入されていない、無制限に引き出し得る預金通帳を一冊持っているようなものである。彼はやはり潜在的財産家であるという言い方も、できなくはないのである。

神戸の鈴木商店は、後藤新平の潜在的預金をあずかる有力な取引銀行だったと見られているが、そのほかにも新平の面倒を見る財産家がないではなかった。

新宿御苑に隣接する番衆町に、三万六千坪の広大な屋敷を持つ浜野茂は、生まれながらの勝負師ともいうべき男で、日頃

わが好きは馬に女に花がるた
　相場バクチはいうまでもなし

と歌っていた。

彼はもと兵庫県西の宮の生まれで、神戸の英国人商館に勤めていたが、県庁に出入りするうちに、若い通訳官の伊東巳代治と懇意になり、英語のわからないところがあると、伊東に教わるのを常としていた。

そのうち彼は東京へ出て、相場で成功して、新宿将軍といわれるようになり、いつも黒羽二重の紋付を着用に及び、二頭立ての馬車を乗り廻していた。

伊東巳代治はその後、県令神田孝平について東京へ出、伊藤博文に取り立てられて、首相秘書官、内閣書記官長、農商務大臣を歴任したが、明治二十四年東京日日新聞（現在の毎日新聞）の経営を引き受けることとなった。

ある日、彼は主幹の朝比奈知泉にむかって言った。

「君はときどき、新宿の浜野という男のところへ行くようだが……」

「はあ、相場の話を聞きに行きます。新宿将軍とアダ名をつけられるほどで、相場の方では第一人者です」

「僕も多少はうわさを聞いているが、どんな男だね」

「一口に言えば、豪傑です。度胸はすわっているし、頭がよくて、弁は立つし、風采は堂々としているし……」

「僕が若くて兵庫県庁の通弁をしていたころ、よく英語を教わりに来た男に、浜野というのがいたが、もしやその男ではないだろうか。しっかりした男で、いまにモノになると思っていたが……」

「こんど聞いてみましょう」

朝比奈の仲介で、二人はたがいに、神戸時代の相識であることを確かめあった。

伊東巳代治と浜野茂は二十年ぶりに再会して、青年時代の友情を復活したが、そのうち浜野は伊東にすすめられて、代議士に立つことになった。選挙区は東京府十一区で、代々木、代々幡、幡ヶ谷、王子一帯の地域である。

浜野茂は例の黒羽二重の五ツ紋付で、二頭立ての馬車を駆って遊説して歩きながら、気に入った土地を見ると、どんどん買いまくった。彼の最も盛んな時の所有地の総計は四十万坪に及んだが、これらはいちいち坪で買ったのでなく、町歩でまとめて買ったものであった。

彼の代議士生活は明治二十七年から三十年ころまで、二期半に及んだが、ある日、尾崎行雄が彼に忠告した。

「浜野君、君は立派な男だけれど、代議士には向かないから、やめたらいいだろう」

「立派な男だというのに、なぜ代議士をやめねばならないのかね」

「君は相場師として立派なので、代議士として立派なのではない。君の票は全部、買収で集めたものだろう」

「買収しては悪いか」

「悪いにきまっているではないか」

「そうか。それは知らなかった。買収がそんなに悪いものなら、おれは代議士になんか出るんじゃなかった。即刻やめることにしよう」

彼は王子の料亭扇屋に、政治上の親分も子分も、敵も味方も、全部を招待すると、代議士をやめると公表して、もとの相場師一本に返った。

後藤新平と浜野茂の交遊は、伊東巳代治の紹介によってはじまった。腕一本でのし上ってきたこの二人の非凡人は、どこか気が合うところがあって、たちまち親しい友人となった。

第三次桂内閣が倒れて、立憲同志会が結成されるといううわさが高かったころのある日、浜野茂の長男一郎（のち茂を襲名）は父から、麻布の後藤邸へ風呂敷包を一個届けることを命ぜられた。中に何が入っているという説明もなかったが、相当額の札束であることは明らかであった。

後藤邸の玄関で案内を乞うと、出て来たのは秘書の増田次郎であった。のち、日本の電力界の大立て物になった人である。

増田は一旦ひっこんで、また出て来ると、奥へ通れといった。

後藤新平の部屋の前まで来ると、突然中から、障子がふるえるほどの大音で
「馬鹿野郎」

とどなる声が響いた。浜野一郎は自分が叱られたのかと思って、その場に立ちすくんだ。

そっと部屋の中をのぞいてみると、どなられたのは、当時有名な相場師で、のち神田銀行を設立した神田鐳蔵であった。

おそるおそる入って来る浜野一郎を、後藤新平は、夕立のあとのようにさっぱりした顔で、やさしく迎えた。

浜野一郎がその時届けた風呂敷の中身は、後藤新平の新党運動の軍資金であったらしい。

役者に裏方が必要なように、政治家にも裏方が必要である。新宿将軍といわれる浜野茂は、後藤新平の裏方をもってみずから任じ、何やかやと彼の面倒を見ることをたのしみとしていた。

新宿番衆町の浜野の三万六千坪の屋敷内には鴨場があった。そのころ新宿一帯はまだ武蔵野の面影をとどめた原野で、浜野邸のほかに新宿御苑、前田侯爵邸、大村男爵邸など合計四カ所に鴨場があった。

浜野茂は鴨の時節になると、そこへ政界や実業界の大物を招いて鴨猟をした。よく来たのは伊東巳代治、藤田謙一、金子直吉、根津嘉一郎、それに後藤新平などであった。

やがて浜野茂は疑獄に連坐し、起訴された。判決は無罪であったが、このころから彼の相場は曲りはじめ、損が続いたので、四十万坪の地所を次々に手放し、最後に残った番衆町の邸も十三番抵当に入るほどであった。

それでも彼は冬になると、名士を鴨猟に招き、二頭立ての馬車のかわりに、そのころ流行しはじめた自動車を乗り廻し、後藤新平が新党の旗上げをするといえば、風呂敷いっぱいの札束を届けるだけの余力を残していた。

浜野茂が若い日本画家寺崎広業の世話をしたのも、このころである。

番衆町の浜野邸が火事で焼失したあと、新築が成ったとき、伊東巳代治は祝いとして、一幅の絵を贈った。それは渓流に鮎の躍る図柄で、若々しい力にあふれたものであった。この絵に感動した彼は、作者の寺崎広業を三年間自分の邸内に住まわせ、四千円のビュイックの自動車を買ってやった。

それまで上野の美術学校へ教えにゆくのに人力車に乗っていた寺崎は、自動車でかようようになったが、美術家で自動車を乗り廻したのは、彼が第一号であった。

そのころ浜野は損のしつづけで、手もとは決して楽でなかったが、自分の惚れ込んだ男に自動車一台買ってやるだけの気前のよさを持っていた。

もっとも寺崎広業は、三年間世話になった礼として、浜野邸の襖といわず、屏風といわず、あらゆる白いものに画を描きまくった。それは今日の金に換算すれば、自動車一台どころの騒ぎではないはずだが、空襲でそのほとんどが灰になった。

大正二年、浜野茂は没し、息子の一郎があとを継いだが、依然として後藤新平の裏方をもって任じ、私生活のこまかな世話まですることは、父の代と変らなかった。

ふつう実業家が政治家の面倒を見るときは、何らかの形で酬いられることを期待するものであるが、浜野父子にはそういう期待が甚だ薄く、ただこの非凡な人物に役立つことだけを喜びとした。

寺内内閣のころ、後藤新平の背後にある実業家のおもな者は、次の四人であるといわれた。

その一は神戸の鈴木商店の金子直吉である。

その二は相場師の賀田金三郎、通称カダ金またはガタ金である。賀田は新平の台湾民政長官時代、大倉組の台湾支店員として出入りしているうち、可愛がられて、種々の援助を受け、賀田組を興した。

その三は貴族院議員で、台湾製糖、台湾殖産、台湾肥料、台湾商工銀行等を経営している荒井泰治である。

その四は、横浜の富豪平沼友三郎である。平沼は明治三十七八年ころの恐慌に、四十万円の融通が不可能となって、危く破産しそうになったことがあるが、そのとき後藤新平が鈴木商店へ紹介して、四十万円融通させたため、急場を救われた。平沼はこれ以来新平を徳として、彼のためには生命を投げ出すといっている。

この四人は、世間では後藤系の財閥四天王と呼ばれ、後藤が一旗挙げようというときは、たちどころにそれぞれ百万円は出すだろうとうわさされた。

議会で問題になった私財千二百万円、邸宅六十万円の流説も、そこから生まれたものであった。もっとも、後藤新平をめぐる噂は、千二百万円の件だけではなかった。

第一次大戦中の大正六年八月三十一日、寺内内閣は「物価調節令」を出して、米、鉄、石炭、綿糸及び綿布等の買い占めまたは売り惜しみを禁じたが、この調節令が公布される前に、情報が民間に洩れ、大規模な買い占めによって巨利を博した商人があったが、それは後藤内相が洩らしたものと噂された。

一カ月後の九月三十日、「戦時船舶管理令」が公布されて、船舶の自由な取り引きが禁ぜられた。しかし、その公布直前における鈴木商店の活動は、阪神間の船主の間で話の種になった。川崎造船所で建造中の未成船まで、法外の高値で売り飛ばされた。この場合も、鈴木商店とのふだんの特殊関係から、後藤内相に疑惑がかかった。

やがて、毎回閣議の終るごとに、寺内首相が
「後藤君、これは特に秘密にしてくれたまえ」

と、内相に注意を与えるという噂が流れた。

大正七年、鉄道院の新線敷設費として、飛驒線、四国曼陀羅線（阿讃鉄道）、肥薩線の三線の分が計上された。

このうち曼陀羅線は、阿波の池田から讃岐の観音寺に至るものであるが、これは香川県選出の

代議士松田三徳によって請願されたものであった。

松田代議士は当時野党の憲政会に所属していた。鉄道院総裁を兼ねていた後藤内相は松田を呼ぶと

「政府は近く新党を樹立する計画がある。もし貴君がそれに加盟するなら、曼陀羅線について特別の配慮をしてもいい」

といった。選挙地盤の培養に懸命の松田代議士は承諾したので、新線は予算に計上された。

後藤新平と神戸の鈴木商店——金子直吉との関係は、世間で知らぬ者がなくなった。

ちょうどそのころ、鈴木商店の店員の一人が、神戸市中の一杯飲み屋で気焰をあげていたという記事が新聞にのった。

「なんというても、今日天下は鈴木商店のものです。第一、うちの大番頭の金子直吉さんが、後藤新平大臣と親友のところへもってきて、兵庫県知事が、後藤さんの一の子分の清野長太郎さんです。清野さんはもと満鉄の理事だったが、後藤さんが大臣をやめて浪人なさったとき、満鉄をクビになった。ところが、こんど後藤さんが内務大臣に復活すると、これまで十何年兵庫県知事を勤続した服部一三をたちまちクビにして、後釜に清野さんを据えたというから、えらいもんです。なにしろ、内務大臣がうちの金子の親友で、知事さんがその親友の子分と来ているから、天下は鈴木商店の思うままです」

世間はこれを読んで、後藤新平と鈴木商店の結託を固く信じた。

鈴木商店のおもな商品は砂糖、鉄製品、薄荷、食料品等であったが、米もまたその重要な部門であった。

米ほどむずかしくて、また面白い商品はない。その価格の上り下りは、その年の天候や病虫害、世間の景気不景気、社会情勢等によって微妙な影響を受け、予測が不可能なだけに、投機の対象として最も魅力あるものである。

ところが、鈴木商店の米相場はふしぎに適中して、しばしば巨利をもたらした。農商務省の役人が、日本中の資料をもとにして作り上げた予想よりも、鈴木商店の予想のほうが正確であった。実は鈴木商店には、松下豊吉という米の予想の名人がいたのである。彼は年中米のことばかり考えている「鬼」のような男で、それだけのために、鈴木に雇われていた。

八十八夜が過ぎて、そろそろ苗代がはじまると、彼は日本一周の旅に出かける。東北、九州と、行く先々での観察の結果を、彼は丹念に記録し、長年にわたる経験と、神秘的な直感力をはたらかせて、独特の予想を立てる。それが世間一般の予想とどんなにかけはなれていても、彼は自信を失わない。そして秋の収穫期が来ると、どんな専門家の予想よりも、彼の予想のほうが正しかったことが証明されるのである。

大正六年まで、米は日本じゅうにダブついていた。米が余ると、値段が下って、農家が困窮する。寺内の前の大隈首相は、わざわざ金子直吉を呼んで米価維持の名案はないかと相談した。金子直吉は事もなげに

「米を日本の国内だけで売ろうと思うから、骨が折れますのや。アメリカでも、イギリスでも、ロシヤでも、売ろうと思えば、買い手はいくらでもありますが、失礼ながら、お役人にはできますまい」

「そうか。君の手でひとつよろしくたのむ」

金子はさっそく世界中の支店に電報を打って、米の売り込みを指令したので、国内の在庫が減って、米価は維持された。

米は魔物である。

鈴木商店の海外輸出によって、ようやく持ち直した米価は、大正六年の夏ころから、急に昂騰しだした。

この年の第二回予想のころ、米の名人松下が
「金子はん、えらいこっちゃ。こんどは米が足らんようになります。相場は上向きまっせ」

と言った。

この年の作柄が不良で、大幅な減収が見込まれるところへ、大戦の進むとともに、工業が発展して、人口が大都会に集中し、米の消費人口がふえたこと、生糸の値が上って、農民の生活が安定し、米を売り急がなくなったこと、これまで雑穀を食べていた農民が、生活に余裕の生ずるとともに、自分の作った米を食べだしたことなど、いろんな原因がかさなって、米不足が深刻化する気配が見えた。

これまでもっぱら海外へ輸出していた鈴木商店は、急に方針を変更して、外米の輸入に全力をあげることになった。売るにしろ、買うにしろ、松下名人をかかえ、世界中に支店を持っている鈴木商店は、出足が早かった。

米価はどんどん昂騰した。

大戦のため、物資の輸送が激化したにもかかわらず、貨車が不足して、米穀運輸の円滑を欠き、大都会に米の欠乏を来したことが、さらに米価を吊り上げた。

貨車がひっぱり凧になっているとき、さして必要のない貨物の積み取りのため、鈴木商店が青森まで悠々と貨車をまわしたといって、国民新聞が痛烈に攻撃したのはこのころである。世間はこれを鈴木商店と因縁の深い後藤新平の職権乱用であると確信した。

四月、寺内内閣の外相本野一郎が退き、後任に後藤新平が任命された。

ロシヤにおける革命に干渉する意図で、かねてからシベリヤに出兵することを考慮していた内閣は、その実行とともに起る混乱にそなえて、外米管理令を公布し、また米穀商の買い占めに警告を発した。

農商務大臣仲小路廉は、特に鈴木商店にむかって、米穀の不足を補い、価格の上昇を抑止するため、できるだけ多量の外米を、原価で政府へ納入せよと指令した。

鈴木商店はただちに十六万五千俵を納入した上、六十六万俵を陸揚げした。これらは政府の要求に従った処置で、米価の安定に役立ったはずであるが、かねてから鈴木商店に疑惑の目を向けていた世間は、その華々しい活動を、例によって、混乱に乗じて私利を図るものと見た。

そのうち、鈴木商店はアメリカへ向けて積み出した米を、門司でひそかにノルウェー船に積み替えたという報道が流れた。鈴木は中立国の船を使って、敵国ドイツへ米を売ろうとする売国奴だというのである。

国民の憎悪は鈴木商店へ集中した。

七月中ごろから、日本はいよいよシベリヤへ軍隊を出すらしいという情報が流れた。

軍隊が出れば、食糧の蓄積が必要となり、ただされ不足がちな米が、いよいよ不足することは、あきらかである。

各所で米の買い占めが行われ、米価は奔騰した。

七月二十三日、富山県魚津の漁民の女房たちが海岸に集まって、米を県外に移出するなと叫んだ。

三十日、米価が暴騰して、各取引所は立ち合いを停止した。

中二日おいて、政府はシベリヤ出兵を発表した。外務大臣は後藤新平である。

世間は後藤新平と鈴木商店と、米価の値上りの三つを結びつけて、こう推断した。

——鈴木商店が後藤から、シベリヤ出兵必至の情報を得て、米を買いまくった結果の値上りである、と。

後藤と鈴木商店を憎む声は天下に満ち、やがてそれは寺内内閣を倒せという叫びに変った。

八月三日、富山県魚津の女房たちは、隊をなして米屋をおとずれ、米の安売りを求めた。その態度は強請的なものでなく、むしろ哀願的なものであった。

しかし、これが新聞によって全国に報道されたとき、一揆、ないし暴動の印象を与え、数日のうちに、たちまち全国各地に波及した。

一週間後の八月十日、神戸の町角に一枚のビラが貼られた。そこには
「窮民よ、決起せよ。大衆に安い米を自由に与えよ。悪徳商人に制裁を加えよ」

となぐり書きがしてあった。

どこからともなく、けわしい表情をした男たちが現われ、町をうろうろしはじめた。

何か起りそうであるが、何が起ろうとしているのか、誰にもわからなかった。

人々は家にじっとしていられなくて、みんな外へ出た。ちょうど夕涼みの時節である。

皆が皆、何か事を起そうと思っているわけではなかった。大部分は見物人である。彼等はただ、何か起るのを見るだけの目的で出歩いているのだった。

単なる見物人でも、たくさん集まると、一つの空気が醸成される。誰かが激越な調子で演説すると、これまでおとなしい聴衆だった者が、急に暴徒と化する。

「やれやれ」

「米屋を襲って、ありたけの米を出させろ」

「かまわん、火をつけろ」

野次を飛ばしているうちに、群衆を構成する一人々々の興奮が他に感染し、それが倍加されてハネ返って、興奮を更にたかめる。

ただささえ暑くるしい夏の夜の空気が、ますます人々を狂乱の中へたたき込む。

十一日

十二日

群衆の狂熱はいよいよ高まった。

十二日夜、暴徒は鈴木商店を焼き、筋向うの神戸新聞社をも焼いた。

寺内内閣は総辞職した。

取材余話

ボロ袴にチンバ下駄の貧書生、後藤新平も年をとった。

私はできるだけ、後藤新平に直接会ったことのある人にお目にかかって、話を聞きたいと思ったが、若いころの新平を知っている人は、ほとんど物故している。

明治から大正と変るころになると、そろそろ後藤新平に会ったことがあるという人が出てくる。ある日、長州出身の実業家森護郎氏から、井上馨邸へ早朝訪ねてくる後藤新平を、たびたび見たという手紙をいただいた。

もと巨人軍の代表、品川主計氏が、後藤新平を熱海に訪ねたことがあるそうだと、教えてくれた人もあった。

浜野繊維工業の会長浜野茂氏は、先代を新宿将軍といって、新平と特に親しかったようだから、是非会ってみろとすすめてくださったのは、東京市政調査会専務理事の田辺定義氏と鶴見俊輔氏であった。

浜野茂氏に会ってみると、氏は新宿ステーションビル株式会社の会長もしておられた。例の最近新宿に完成した民衆駅ビルである。

鉄道と後藤新平とは古い因縁がある。思いがけないところに、新平の足跡を見る思いがした。

浜野氏はこんどは、新橋の千代田の女将山口八重さんに会ってみるようにと勧めてくださった。

私の取材範囲は芋づる式にひろがってゆく。

山口さんはむかし八重千代といって、新橋では鳴らした人だそうである。

そのころ新橋には、八重千代のほかに、秀千代、桃千代と、千代のつく人が三人いて、三人とも一流だった。

中の一人、桃千代は晩年の後藤新平のそばにいた人で、都内某処に健在である。

八重千代さんも、秀千代さんも健在である。私はこの三千代さんに会って、目をみはった。伊藤博文や井上馨や桂太郎のお座敷に出たことがあるといえば、決してお若くはないはずだが、決してお年寄りとはいえない。

「超人的なお若さですね」

私は感嘆した。

市ヶ谷本塩町の料亭丸梅の主人井上梅さんも、後藤新平をおぼえている。私が後藤新平の話を聞きたいといったら、わざわざ新平に作ってもらった着物と帯締めをして来られた。

米騒動と金子直吉の関係については、藤本光城氏が兵庫新聞に連載された「松方・金子物語」に負う所が多かった。東大教授で哲学者の金子武蔵博士は直吉翁の息だそうである。

ある日、日本女子大教授松本武子女史と、昭島市の医師加藤三郎氏から手紙をいただいた。紙面に父の名前を見出してうれしいという文面である。父というのは、満州の都市計画の問題で後藤新平と論争した硬骨の技師加藤与之吉のことであった。

人と人との関係は、網の目のようにひろがっているもののようである。

女性たち

後藤新平の妻和子がなくなったのは、新平が寺内内閣の内務大臣の時であった。

大分前から、彼女は健康がそこなわれつつあることを自覚していた。

彼女は食欲がなくなり、階段の上り下りにも困難をおぼえるようになった。

医者は腎臓病だといった。

しかし、彼女はそれを良人に告げなかった。

ちょうど新平は、千二百万円の私財の問題で、新聞や雑誌で非難され、議会で攻撃されている最中であった。ただささえ心労の多い良人に、これ以上の精神的負担をかけたくないと、じっと歯を食いしばっている彼女は、やはり古い型の日本女性であった。

議会が無事に終了した日、彼女は床につき、そのまま立たなかった。

ちょうど、長男の一蔵がアメリカへ留学していたので、電報で呼び寄せたが、臨終には間に合わなかった。

彼女が息を引き取ったのは、大正七年四月八日であった。

家庭における後藤新平は典型的な暴君で、しょっちゅう癇癪を爆発させたし、外での行状も、謹厳というわけにゆかなかったけれど、彼は妻を愛していないわけではなかった。

彼女は彼女で、ときどき自分を裏切る良人に腹を立てながら、そのもとはといえば、彼の男振りが良すぎて、女にモテ過ぎるからだと思うと、後藤新平ほどの男の妻と呼ばれる自分は、やはり幸福だといわねばならぬのかも知れぬと思い返して、自分を慰めた。

結局二人は、世間の多くの古い夫婦のように、愛というなまなましい言葉で言い現わせないほど、深いところで結ばれあっていたのである。

さて、その二人のうちの一人が突然欠けて、新平の心には、大きな空洞ができた。

しかし、政治家は自分の心の中の空洞のことだけ気にしているわけにゆかない。個人の都合を無視した外部の必要が、つぎつぎと押し寄せてくる。

妻がなくなったのは、四月八日であるが、それから半月後の二十三日、彼は突然外務大臣に転ずることになる。

同じ日に、長男一蔵がやっと米国から帰り着くと、死に目に遭えなかった母の棺の前に泣き伏した。彼女の遺骸は、この日のために、まだ棺に入れられたままで、葬式は延期となっていたのである。

四日後の二十七日、葬儀は青山斎場で執行された。

斎壇の両側には閑院宮、北白川宮、山縣有朋、その他各大臣、岩崎男爵、唐紹儀等からの花輪や生花が飾られた。

和子が臨終に待ちのぞんでいたのは、アメリカからの一蔵のほかに、もう一人あった。それは長女愛子と、その夫鶴見祐輔との間に生まれるべき初孫であった。

孫は一月あまり後に生まれ、待ちこがれていた祖母の名をそのまま取って、和子と名づけられた。

ある日、閣議のあとで、寺内首相が重々しく言った。

「閣僚諸君は、ふだんの言動に充分気をつけて頂きたい。たとえば、雨のそぼ降る中を、一見それとわかる婦人といっしょに相合傘で歩くというようなことは……」

皆まで言わせず、内務大臣の後藤新平が
「はあ、そりゃ僕のことですな」

といって、カラカラと笑った。

寺内も笑いだして
「まあ、御当人が認めておることだから、これ以上、何も言わないが、世間にうるさいことを言って来る者もいるから、ちょっと気をつけていただきたい」

「承知しました」

その場はそれだけですんだ。

新平の相合傘の相手は新橋の芸者桃千代で、場所は築地明石町であった。その日彼は、意気な浴衣姿で、桃千代と歩いているところを、誰かに見られたらしいのである。

新平と吉三升家の桃千代の仲は数年来のことである。

彼女は十五で出て、十七で新平の世話を受けることになった。明治から大正と改まるころで、その時新平は五十代の半ばで、はじめて逓信大臣になったばかりであった。

そのころ大阪では富田屋の八千代が名花のほまれ高く、彼女にあやかって、何千代と呼ぶ芸者が多かったが、新橋では桃千代のほかに八重千代と秀千代が一流として聞えていた。

桃千代は色がすき透るように白い小柄の美人で、性質はおとなしくて、無口で、どこか淋しい影をたたえていた。

三人の中では秀千代が一番派手で、気っ風がよくて、俠妓といった趣があった。

桂太郎がなくなった直後のことである。桂の愛妾として有名だったお鯉が、菩提をとむらうため、髪を切って、おこないすましていた。

新橋の芸者たちの間で、お鯉の切り下げ髪がいつまで続くかが話題になった。

いたずら好きの岡崎邦輔が、ある日芸者たちにむかって
「みんな、切り下げにして来い。それに、白襟紋付の正装で、黒の被布を着るのだ。被布はおれが皆に一枚ずつ用意しておこう。すんだらくれてやる」

と命令を下した。そこで彼女たちは髪結いに注文して、切り下げ髪のように結わせた。一見、忠臣蔵の顔世御前である。

さて、一同出かけてみると、用意の黒の被布はメリンスの安物で、さては岡崎に一杯食わされたかと憤慨したが、ともかくそれを着て、いかにも殊勝げに並んでいた。やがて
「遅くなりまして……」

挨拶もそこそこに、入って来たのはお鯉である。見ると彼女は、まだ伸び切らぬ髪にアンコを入れて、束髪に結っていたので、一同手を打って喜んだ。

その帰り、秀千代が顔世御前の扮装のまま、家の近くまで来ると、近所の車屋の曳子が、酒に酔って屋台のおでん屋にからんでいた。見過すことができなくて、割って入り、三人大立ち廻りとなった揚句は、彼女が金を払わされる羽目になった。

明治大正のころは、世の中がのんびりしていたので、花柳界のあそびも悠長なものであった。

後藤新平は伊藤博文や、井上馨や、桂太郎や、伊東巳代治といっしょに、よく新橋へ現われたが、そういう一座では、彼はたいてい末席にすわっていた。

そのころ、客の服装は紋付羽織に袴というのが普通であったが、西園寺公望だけは決して袴をはかず、結城の着物に商人のように角帯をしめ、前掛けをしていた。

伊東巳代治は小紋縮緬の三枚がさねをゾロリと着て、いつも薄化粧をし、たえず紙白粉で鼻の頭をおさえているという色男ぶりであったが、蔭では師直と仇名をつけられていた。彼は書画や刀剣に趣味が深く、人がいい物を持っていると聞くと
「ぜひ拝見したい」

と申し入れるが、一たん彼に拝見されたが最後、品物は持ち主の手に返って来ないという評判であった。

後藤新平が床の前にすわるのは、たいてい実業家の招待の席であった。加藤正義（東京市会議長）、近藤廉平（郵船社長）、それに杉山茂丸、浜野茂という面々が、いつもいっしょだった。

桃千代は吉三升家の抱えであった。

吉三升の初代桃子は新橋の一流に数えられたが、土佐の代議士片岡直温（のち蔵相）と思い思われる仲であった。

彼女の妹お房は論客朝比奈知泉の第二号であった。

二代目桃子は一時西園寺公望の寵を受けた。

その妹の小桃は伯爵大木遠吉（のち法相）に囲われていた。

そして桃千代は後藤新平のものとなったわけであるが、同じ家で五人も、政治家あるいはその

周辺に縁があったのは珍しいといわれた。

新平と馴れ染めのころ、熱を上げていたのは桃千代の方であった。

後藤新平は若いころから女にモテ過ぎて、食傷気味のためか、変に冷静なところがあって、すこし深くなりそうになると、ポンと切ろうとした。

彼は桃千代が夢中なのを見て
「僕についていたって、仕様がないから、いい加減でよした方がいいよ」

といった。

そんなにつれなくされても、桃千代が一途に思いつめているのを見て、きかん坊の秀千代が憤慨して
「なんだね。じれったいったら、ありゃしないよ。あんなに冷たくされてまで、あとを追っかけ廻すことなんかないじゃないか。いい加減であきらめた方がいいよ」

といったが、桃千代は
「いいの。あたしが好きなんだもの……どんなに邪慳にされたって、そばにいられるだけで満足なの。あたしはどこまでもブル下っているつもり……」

彼女は水商売の人に似ず、純情なところがあった。

大正天皇の御大典が挙げられたのは、大正四年秋である。

高位高官はすべて、式に参列するため、京都に集まったので、東京の政界はガラあきになった。

後藤新平も参列を許されたので、夫人和子を同伴して京都にむかった。

夫妻は下河原町の下村当吉の家に落ち着いた。

下村は新平が相馬事件の直後、広島県似島の検疫所長になったとき、その下で機関主任として不眠不休の活躍をして、新平に大任を全うさせた男である。その時以来彼等は親戚同様に行き来していた。

夫妻は下村家を根城にして、毎日名所見物をしたり、名物料理を食べ歩いたりした。

つまらないのは桃千代である。しばらく新平に会えないので、ふさぎ込んでいると、お俠の秀千代が同情した。

「かわいそうに……そんなに会いたいかい」

「だって、もう半月以上会わないんだもの。そのくせ、新聞を見ると、やれ昨日は奥様と嵐山へいらしたの、やれ内閣を倒す陰謀をたくらんでいらっしゃるのと、お名前の出ない日がないじゃないの」

「これから京都へ行こうか」

「まあ……京都って、遠いんでしょう」

「遠くたって、一晩寝台で寝てれば、着いちゃうよ」

「それに、奥様も御一緒だっていうじゃないの」

「それはそれで、行ってから、何とか考えようじゃないか」

「そうね……これまでは、行けるものとも思わなかったけれど、いわれてみると、急に行きたくなったわ。会えなくてもいいけれど、せめて、お宿の前をそれとなく通って、玄関のお靴だけでも見てみたい……」

「まあ、あんないじらしいことを……」

秀千代はホロリとした。

二人は地味なお召に丸髷をゆって、なるべく素人風にみえるように支度をすると、夜行で京都へ向った。

朝早く着いて、宿にも入らず、新聞で見た下村家の番地をたよりに、人に道を聞きながら行ってみると、想像していたような大邸宅でなく、普通のしもたやであった。

ここまで来るには来たものの、二人はハタと当惑した。

普通の宿屋ならば、何食わぬ顔で泊り込んで、新平の近くに部屋を取り、廊下トンビでもするか、女中を使って、来ているという合図をするという手もあるが、先方がしもたやで、奥様も御同伴というのでは、手も足も出ない。

「さて、どうしよう……」

秀千代は芝居がかりに腕組みをして考えこんだ。桃千代はオロオロして
「あたし、こわくなった。こんなところまで追っかけて来て、ウロウロしているところをめっけられたら、あとでお目玉が大変よ」

「なんたる意気地なし……せっかくここまで来ながら」

「なんでもいいから、早く引き上げようよ」

桃千代はすっかり逃げ腰である。

秀千代は桃千代をはげましながら、下村家の前を二三度行ったり来たりしたが、耳さとく警笛を聞きつけて
「オヤ、自動車が来たよ」

自動車は下村家の前にとまると、運転手が門口に消えた。

「どなたかのお迎えらしいね。もしや……」

彼女は桃千代といっしょに、何軒か手前の人家の軒下へ駆け込んで身をかくすと、伸び上って、自動車の方を注視した。

しばらくすると、金モールの大礼服に富士山のような三角形の帽子をかぶった男と、おすべらかしに袿袴という姿の女が出て来て、自動車に乗り込んだ。

まぎれもなく、後藤新平と夫人和子である。

「まあ、きれい……」

桃千代が溜息をもらした。

「感心してる場合じゃないよ。ちったア口惜しがらなきゃ」

「あたしはどうしても、そういう気になれない……立派な奥様ねえ」

「なんて人がいいんだろう、お前さんは……でも、あたしたちがわざわざ東京からやって来て、ここにいるってことを、御前様にちょっと知らせたいものだねえ」

「だめだめ、そんなこと」

桃千代は身体をすくめて、いっそう物蔭にかくれるようにした。

運転手が先程から自動車の前へまわり、大きなクランク棒を突っ込んで、ぐるぐる廻していたが、やがてエンジンがかかったとみえて、ババッ……ババッ……と大きな音が連続的にしはじめた。

運転手が乗り込むと、自動車は桃千代たちの隠れている方向へ走りだした。

秀千代は咄嗟に桃千代の手を取ると、

「おいで！」

パッと物蔭から飛び出して、よろけそうになる桃千代をひきずりながら、自動車の行く手の道の真中へ出た。

「あぶない」

運転手は大きくカーヴを切って避け、自動車は二人の目の前をスレスレに走り去った。

「ああびっくりした」

息をはずませている桃千代にかまわず、秀千代は自動車の後を目で追いながら
「憎らしいわねえ……御前様ったら、知らぬ顔して行ってしまうんだもの」

「そばに奥様がいらっしゃるのだから、無理もないわ」

「横目くらいくれてもよさそうなものじゃないか……さて、これからどうしよう」

「秀千代さん、帰りましょう」

「帰るって、どこへ帰るんだい」

「東京へ」

「だって、今さっき着いたばかりじゃないか」

「いいの……あたしはこれで満足。はじめっから、玄関のお靴を見るだけでもいいと思っていたんだもの。ああして大礼服を召した立派なお姿を見ることができて、心残りはないことよ」

二人はそのまま東京へ帰った。

桃千代がいつ花柳界を去ったか、誰も知らなかった。

いつのまにか、彼女の姿は新橋から消えていた。

しばらく彼女の所在を知る者はなかった。

しかし、誰言うとなく、桃千代は後藤新平に落籍されて、赤坂表町のあたりを入った、小ぢんまりした家に、ひっそりと住んでいるという噂が立った。

彼女はその後、赤坂、青山のあたりを何度か引っ越してあるいた。

米騒動で寺内内閣が倒れ、後藤新平は外務大臣をやめて、浪人の身となった。

まもなく欧州大戦が終った。

翌大正八年、新平は欧米漫遊の旅に出た。大戦のあと、世界がどのように変化したかを見聞することは、一国の運命をになう政治家の義務である。

留守中の桃千代（彼女は新橋からひいてのち、本名の河崎きみに返っていた）の世話、監督、その他一切を、新平は伊東巳代治に託して出かけた。

伊東は、遠いところに住んでいられては充分に目が届かぬといって、永田町の自分の邸のすぐ前に一軒の家を借り、そこに住まわせた。その家は、そのへん一帯に家作を持っている骨董屋のもので、すでに人が住んでいたが、彼女のためにわざわざ空けさせたのであった。

桃千代――河崎きみには、次々と子供が生まれた。彼女は全部で七人の子を生んだ。中で男が四人、女は三人であった。

新平はこれらの子供を自分の籍に入れず、彼女の手もとにも置かせず、金子直吉や浜野茂などの友人にたのんで、どこかへ預けてもらった。御大典のとき泊った京都の下村家へあずけた子もあった。

話はすこし先へ飛ぶが、里見弴氏に「大臣の昼飯」という小説がある。震災の翌年あたりの作である。その概略はこうである。
××大臣□□男爵は、今の政治家の中でも好男子で聞こえている。彼の日常は、目の廻るほどのいそがしさで、はたの見る目も気の毒なほどであった。
秘書官にとって、苦労の種は、大臣の昼飯であった。就任早々は、鰻飯とか、日本弁当とか、ありきたりのものですませたが、ある日
「お昼飯は何になさいます？」
と伺いを立てると
「よろしい」
といった。
昼になると、大臣は自動車を命じて外出した。秘書官も同行すると、着いたのは役所から十分とかからないところ、人通りのない坂の中途で、冠木門のある家である。そういえば、もと×橋のなにがしなる者が、このあたりに囲われていると聞いたことがあるが、ここであったか。
大臣は
「二時間ほどしたら、迎えに来てくれたまえ」
といって、この家に入ってしまった。
その翌日から秘書官にとって
「お昼飯は何になさいます？」は、鰻か日本弁当かだけでなく、別の質問をも意味するようになった。

××大臣が後藤新平であることは、いうまでもない。

若かったころ、血気に任せて遊び歩き、どこへ行っても好男子とか美丈夫とかいわれてチヤホヤされるのが面白さに、あちこちで浮名を流した後藤新平も、五十いくつになり、桃千代というきまった人の世話をするようになってからは、浮いた噂もなく、この人ひとりに落ち着いたかと見えた。

彼女に熱中したからでなく、熱中するものは、ほかにあって（たとえば、政治がそれだが）そこで疲れた身体や心のやすらぎを求めて、彼女のところへ来るという形になった。

やすらぎは、家庭で求めるのが常である。しかし、後藤家では女がえらすぎて、やすらぎにならないだろうと、皮肉な評をする者もあった。

まず、新平の母、利恵である。この人自身、桓々たる女将軍というおもむきがあり、良人十右衛門を断然引き離して偉かった。新平を大臣にまで育て上げ、いくつになっても、子供のように叱り飛ばし、嫁の死に水を取り、九十九歳まで長命して悠然と大往生を遂げた。

妻和子は姑に先途を見届けられたが、それは姑が非常識な長生きをしたからで、五十三といえば、当時としては薄命を惜しまれるほどではなかった。彼女も伊藤博文に小便のシブキを浴びせた豪傑安場保和の娘である。

政治趣味は安場家の血統の中にあった。彼女は、新平のところへ客があって、天下国家を論じていると、隣の部屋で耳をすましていた。

彼女はまた、良人の政界における活動状況についても、微細に研究していたし、良人をたくみに誘導して、政治談をさせることもあった。新平は

「なあんだ、また風見座頭か……」

口では馬鹿にしながら、つい吊り込まれ、妻の相手をすることもあった。

後藤家には、もう一人女傑がいた。新平の姉初勢である。

彼女が若いとき椎名家へ嫁にゆき、良人に失望して実家へ帰ったことは、かつて記した通りだが、彼女はその後遂にどこへも再嫁せず、弟の家庭の手伝いをしながら一生を終えた。

相馬事件で新平が囚われの身となり、あらゆる困難が津浪のように後藤家を襲ったとき、髪を振り乱して走り廻り、被害を最小限に食い止めたのは彼女であった。

ただされえ小姑は鬼千匹というのに、それが出戻りの女丈夫とあっては、嫁は三度の飯も喉を通らぬのが常であるが、この小姑にはまったくその要素がなかった。

むしろ厄介なのは利恵刀自であった。上からもらった嫁のすることなすことが、どうしても彼女に納得できず、一荒れ来そうになるとき、間に立って、たくみにやわらげてしまうのは初勢であった。

後藤家はこういう女傑の屯所である。

たまには女傑のいない所へ行って、ノウノウと骨休めをしたいと、新平が思ったとしても、無理からぬところであった。

後藤新平の女性遍歴は、普通の遊蕩児の漁色とはちがっていた。彼はどこへ行っても女性たちに取り巻かれ、ちやほやされたが、それは彼の方から機嫌をとったのでもなければ、誘惑したのでもなく、先方から押し掛けて来たものであった。

彼にとって、人生の最大目的は女性ではなかった。女性は、わざわざこちらから目的にしなくても、むこうからこちらを目的にしてくる。その気になりさえすれば、何どきでも手に入れることのできるもののために、わざわざ心を労するのは愚かなことである。

後藤新平のほしい物はべつにあった。それは地位と権力と名声である。ひっくるめていえば、出世である。

これだけは、喉から手が出るほど欲しい。

男と生まれた甲斐には、大臣参議の地位に昇りたい……

金ピカの服を着て、二頭立ての馬車を駆る身分になってみたい……

一度は廟堂に立って、宰相の印綬を帯びてみたい……

そんな野望に燃えている男にとって、一婦人の愛は、時に立身のさまたげであった。

新平は後年になっても、寝覚めの悪い思いなしには回顧できない人が一人いた。

新平がまだ名古屋の病院長をしていた二十代のことである。入院患者の中に、愛知県阿久比村の村長竹内某があった。太加子という娘が付添いに来ていたが、この娘が若い院長の凛々しく優しい人柄に敬慕の念を抱いた。

敬慕は恋に変った。

間に立つ人があって、二人は結婚した。

その前後に、彼は郷里水沢でおひでと結婚している。

しかし、一年と経たぬうちに、新平は石黒忠悳に拾われて、内務省に転ずることになった。

この時新平は太加子に、しばらく実家に帰っているようにと命じた。

太加子は、新平が新しい勤務に馴れ、新居の整備もできたら、迎えに来てくれるものと信じて、親もとへ帰った。

しかし、新平からの迎えはなかなか来ず、そのうち彼は安場県令の愛嬢と結婚するらしいという噂が流れた。

太加子は動顚した。

――自分というものがあるのに、どうしてそんなことができよう。何かのまちがいに違いない……

しかし、東京から使者が来て、新平は彼女と離婚することを望んでいると告げた。

噂は本当であった。相手が県令の娘では、どんなことをされても、歯が立たない。明治十五六年ころの県令は、そのまま封建領主であった。

新平が太加子を離別するには、理由があった。結婚早々、彼は太加子の実家に対して、洋行の費用を支弁してほしいと申し込んで、拒否されたのである。

彼はどうしても洋行したかった。裸一貫で世間へほうり出され、たのむべき財力も、門閥も、学歴も持たぬ彼は、せめて洋行によって箔をつけたかった。その望みをかなえる力を持たぬ太加子は、彼にとってすでに用のない人であった。

後藤新平と別れた太加子は、どうしても実家へ帰る気がしなかった。

阿久比は狭い村である。村長の愛娘が、いま名古屋で第一等の男といわれる県立病院長後藤新平のもとへ嫁入ったというので、人々の羨望の的となったのは、ついこの間のことである。本人も夢心地であった。

それが今さら、不縁になりましたといって帰れようか。これまで彼女を羨んでいた人たちが、どんなに喜ぶことか。

彼女はそのまま横浜へ出ると、山手のフェリス女学校へ入った。フェリスはキリスト教の学校である。彼女は一生独身ですごす決心であった。

しかし、ときどき別れた良人後藤新平のことが思い出されてならない。何から何まで自分には過ぎた人であったと思うにつけても、はかなく消え去った新婚の日々が惜しまれてならない。

あの生活があのまま続いていたらと、心はともすれば、失われた夢を追いがちである。

過去は誰にも話さぬつもりだったが、自分ひとりの胸におさめておく苦しさに堪えかねて、彼女は二人の親しい学友にだけ、そっと打ち明けた。

一人は戸板せき子といった。

一人は角倉藤子といった。

二人は彼女の身の上を聞いて、貰い泣きした。二人の友が泣いてくれたことが、彼女にとって何よりの慰めとなった。

フェリス女学校を卒業しても、彼女にはこれから先、何をしようというあてもなかった。

結婚?

それから受けた痛手はあまりに深かった。

職業婦人?

ただ生活のためというだけなら、あまりにもわびしい。

いろいろ迷った末、彼女は画家小山正太郎について絵を学ぶことにした。

どんな深い傷でも、年月が経つうちには癒えてくるものである。しかし、彼女の傷は癒えなかった。

別れた相手が平凡な男で、どこにどうしていると、消息を聞くこともなかったならば、忘れるということもあり得たろう。

ところが、後藤新平という男は、日本で隠れもない男である。いいにつけ、悪いにつけ、後藤新平という名が新聞に出ない日はない。

後藤新平が洋行したという記事。

内務省の衛生局長になったという記事。

相馬事件に連坐して、入獄したという記事。

目をつぶり、耳をふさいで、できるだけ後藤新平という名を忘れようとしても、世間が忘れさせてくれない。

相馬事件のときは、彼女はひそかに新平の無事を祈った。八つ裂きにしてもあきたりないほど、憎い男のはずだったのにと、彼女は自分の心を疑った。

竹内太加子の胸の中には、後藤新平を憎む心となつかしむ心が同時に存して、たがいにせめぎ合うので、いつまでたっても平安が得られなかった。

新平はどんどん出世していった。

台湾総督府民政長官
満鉄総裁
男爵
彼は今では、彼女の手の届かぬほど遠い存在である。しかし、彼女の思い出の中にある新平は、いつまでも名古屋の病院長時代の若々しい顔をしていた。

彼女は画架にむかうと、よく後藤新平の顔を描いた。ごく短い期間だったが、生活を共にしていたころの新平の顔を描くこともあれば、新聞の写真で見た壮年の顔を描くこともあり、鼻眼鏡に三角髭の中年の顔を描くこともあった。

彼女がいつも後藤新平の顔ばかり描くことが、同門の女流画家の間で評判になった。しかし、事情を知るごく少数のほかには、なぜ彼女が後藤新平ばかり描くかを察する人はなかった。

もともと健康に恵まれなかった彼女の身体は、だんだん衰えを見せてきた。おそらく、心に負うた重荷が、永年の間に肉体を押しひしいだものであろう。

明治四十一年七月、桂太郎内閣が成立して、号外の鈴の音が町中に鳴り渡ったとき、竹内太加子は築地の林病院の一室に入院していた。

看護婦から渡された号外に
逓信大臣　男爵　後藤新平
という字を見出したとき、彼女はさびしくほほえんだ。もはや新平を憎んだり恨んだりする念はほとんど消え失せて、ただ彼の幸福を願う心ばかりがあった。

彼女は自分の生命の火が、もう消えようとしていることを知っていた。

彼女は、自分のこれまでの生涯を振り返ってみて、花も咲かなければ、実もならない、雑草のようなつまらない一生だったと思うのであった。

後藤新平が大臣になってから二カ月後の九月、彼女は死んだ。四十二であった。

彼女がなくなってのち、枕もとに残された手文庫をあけてみると、中には後藤新平の若かったころの写真と、数通の手紙が入っていた。手紙は若き病院長だった新平から、婚約中の彼女に宛てたもので、蜜のように甘い言葉がつらねられていた。

フェリス女学校で彼女と親しかった二人の友の一人、戸板せき子は、この時戸板高等女学校（現在の戸板女子短大）を創設して、校長になっていたし、もう一人の角倉藤子は女子青年会の塾長になっていた。

竹内太加子がいかに淋しく悲しい心を抱いて死んでいったかを、後藤新平に伝えるのは、自分たちの義務と信じて、二人は後藤新平に面会を求めた。

太加子が新平の顔ばかり描いていたと聞いて、彼は目をうるませた。

大正十二年、太加子の墓が建てられるとき、新平はその碑銘を書いた。

大正十四年は後藤新平六十九歳である。

前年の一月、虎ノ門事件で山本権兵衛内閣が倒れ、内務大臣をやめて、閑職にあった後藤新平は、新しくボーイ・スカウト運動に乗り出して、その総長に就任し、稚気を笑われながら、全国へ普及宣伝の講演旅行に出かけた。

京都府新舞鶴での講演会は、八月九日に開かれた。

僕等のすきな総長は
白いおひげに鼻眼鏡
団服つけて杖もって
いつも元気でニーコニコ

僕等のすきな総長は
健児のためと云うならば
お国のはてのはてまでも
喜び勇んで行かれます

僕等のすきな総長は
古稀のお年になられても
ますます丈夫でえらい方
総長いやさか、いーやさか

新平は自分自身も童心に帰って、英国風のハイカラな団服を一着におよび、無邪気な少年たちの歌に迎えられて、独特のユーモアと熱で聴衆を笑わせたり、感激させたりしたのち、宿へ帰って休息していた。

地元の池田京都府知事も、新平に敬意を表して同行していたので、宿へは町の有力者がかわるがわる詰めかけて、御機嫌を取り結んだ。

来客の足がすこし間遠になったころを見はからって、随行の秘書がそばへ寄ると声をひそめて
「閣下にお目にかかりたいという人があります」
「どんな人だね」
「それが……」

秘書は言いにくそうに、口ごもりながら
「この町で稲荷座という芝居小屋を持っている加藤半三という人です」

「加藤……知らんね。どういう用件で会いたいと言っているのかな」

「ハア、それが……」

しばらく言い淀んでいたが、思い切って
「閣下のお子様だとかいっておられます」

新平の表情を、サッと影のようなものが走った。

「ホホウ、僕の息子だといっているか。どうも心当りがないが、どんな風な男だね」

秘書はますます恐縮しながら
「四十をすこし出ておられましょうか。色白の、なかなか顔立ちの整った方です」

「それなら僕の子かも知れんぞ。ハッハッハ……これでも昔は、なかなか女どもに騒がれたものだ」

「たしか、名古屋でお生まれになったと言っておられます」

秘書は新平の態度から、あるいは本当の子かも知れぬと思いはじめて、加藤という男に対する言葉使いを改めだした。

新舞鶴で一夜を明かした後藤新平は、翌日午前十時五十分の列車で京都へむかった。

発車間際になって、白麻の詰襟服を着た四十二三歳の男が、人目をしのぶようにして停車場に現われると、後藤新平たちからはるか離れた車へそっと乗った。

二三駅すぎたころ、男は新平の車室で、新平と二人きりで向き合っていた。

なるほど、よく似ている。目から、鼻から、口もとまで、瓜二つといいたいほど、そっくりである。若いときはすばらしい美男だったろう。

新平は相手の顔の中に、かつてなじんだ名古屋の芸者の面影をはっきり見た。

「お母さんはお元気かね」

「はい、名古屋で息災にしております」

「それは何よりだ。ところで、君はどうして舞鶴に？」

「はい、若いとき、無分別に壮士芝居の仲間に入りまして、各地を巡業して歩きますうちに、舞鶴まで来ましたところ、今の家内と知り合いまして、そのまま居着きました」

「情にほだされたというわけか」

新平は微笑した……この男もどうやらおれに似て、女に騒がれるたちらしい。

「家内はもと、この土地の芸者屋の一人娘です。私は一座を脱退しますと、そのまま婿に入りましたが、数年前に、稲荷座という劇場が売りに出ましたので、買い取りました」

「盛大にやっているかね」

「はい、芝居のほうのことは、門前の小僧で、勝手がわかっておりますから、なんとかやって行けます」

「それはよかった」

「閣下には……」

お父さんと呼びたいが、むやみにそう呼ばせないものが、厳然と間を隔てている。

「閣下には一度お目にかかりたいと思っておりました」

「ウム」

「私はこれまで、閣下との関係を、誰にも話したことがございません。家内にも、結婚して十数年になりますが、話しませんでした」

「ホウ」

「今度はじめて、当地へおいでになると聞きまして、一度だけお目にかかりたいと思いました。親子の名乗りなどということを考えているわけではありません。何かで、お力に縋ろうというわけでもありません。ただ、こんな立派な方を父に持ちながら、一度もお会いしたことさえないというのは、さびしすぎると思いました」

「ウム」

新平の鼻眼鏡が曇った。

男は二三駅先で姿を消した。

その夜、新平は訪ねてきた新聞記者に
「それは何かのまちがいだろう。それに似た話はよくあるんだ」

と答えるばかりであった。


松旭斎天勝は人気の絶頂にあった。

彼女はたびたび洋行して、本場の奇術の秘伝を学んで来たと称していたが、彼女の人気は単に奇術の腕前だけでなく、いつまでもみずみずしい艶麗な容姿と、愛嬌たっぷりな舞台の笑顔によるところも多かった。

ある日、彼女の楽屋へ電話がかかって来た。愛弟子の天華が受話器を取ると
「こちらは内務大臣官邸ですが、大臣がお会いしたいといっておられますから、舞台がはねてから、お立寄りくださいませんか」

大臣のところから電話がかかるなんて、めったにないことだから、天華は胸をドキドキさせながら取り次いだ。

「なにか悪いことじゃないでしょうか、先生」

「大臣さんだろうが何だろうが、あたしゃ叱られるようなことを、これっぽちもしてやしないよ……内務大臣といえば、あの鼻眼鏡のおじいさんだろう……参上いたしますけれど、小屋がハネてからだと、十二時過ぎになりますが、よろしいでしょうかと言っとくれ」

「かしこまりました」

天華は電話口でその通りに言ってから、

「何時になってもお待ちしますから、どうぞおいで下さいと言ってらっしゃいました」

天勝はその日は、舞台へ出ても、何となくうきうきして楽しかった。

内務大臣といえば、警察の元締めである。興行のことで、警察にはしょっちゅうお世話になるけれど、松旭斎の奇術は一般市民の健全娯楽ということを看板にしていて、一家そろって見物できないようなものは、絶対に上演しないから、そういう問題で厄介をかけたことはない。

きっと、いい事にちがいない。

何かの慈善興行にでも出ろということだろうか。

それとも、どこかの園遊会の余興にでも……

彼女はいくら考えても、大臣が自分に、どんな用があるのか、わからなかった。興行がハネると、彼女は大急ぎで化粧を落して、大臣官邸へ自動車を走らせた。官邸は寝静まって、深閑としていた。天勝が通されたところは、応接間でなく、書斎らしい。彼女はすこし不安になってきた。

給仕がひっこむと、新聞でよく見る鼻眼鏡の大臣が出てきた。

「や、わざわざ呼びつけて、失礼しました」

「なんぞ御用でしょうか」

「ハッハッハ……まあ、ゆっくりして行きたまえ」

「いえ、そうしてはいられません。御用をおっしゃって下さいまし」

「用はね……」

ゆっくり近づいて、肩にかけようとする手をスルリと抜けると、彼女はドアに走りよった。しかし、鍵がしまっている。

「まあ卑怯な」

「ハッハッハ……いいだろう、君」

そこで彼女は急に気が変ると、新平に強烈な流し目をくれてから、にっこり笑って、

「松旭斎天勝、こんな鍵のはずし方くらい、知らないわけじゃないけれど……」

言ったかどうか、保証の限りでない。

東京の研究

東京は今も昔も汚職の巣である。

大正九年、有名な砂利食い事件とガス疑獄が起り、市参事会員、市会議員、市吏員など二十数名が検事局に召喚されたため、市長田尻稲次郎をはじめ三助役が辞職し、東京市役所の首脳部はガラ空きになった。

早く後任をきめねば、市政の運営が停滞して、二百万市民の不便は一通りではない。

有力者の間で、後藤新平を後任市長に迎えようという声が起り、市会は満場一致に近い多数で賛成した。

後藤新平にとっては、実は迷惑千万であった。彼はすでに政界の大立て物で、やがて首相として政権を担当すべき人物と目されている。東京市長なんかになれば、それだけ首相のお鉢の廻ってくるのが遅れようというものだ。

東京市としては、どうしても後藤新平に就任してほしかった。この腐り切った市政を革新するには、普通の人間では駄目である。ここはどうしても、後藤新平のような実行力ある人に出馬を乞い、蛮勇をふるってもらう必要があろう。

市会の有力者たちは実業界の長老渋沢栄一にたのんで、後藤新平を説いてもらった。

しかし、新平は動かなかった。

そこで彼等は原敬首相と床次竹二郎内相に斡旋をたのんだ。

彼等はそれでも安心できず、元老山縣有朋を訪ねて、後藤新平に市長就任を勧説してくれるよう懇願した。

こうして四方八方から攻め立てられた新平は、就任を受諾するよりほかなくなった。

しかし、市長になるにはなるだけの準備がいる。

第一に、時の内閣と意思が疏通していなければ、満足な仕事ができるものではない。それにはまず、原敬首相と話し合って、重要な問題について諒解に達しておく必要がある。新平は藤田謙一と横田千之助を介して、原に会いたいと申し入れた。

新平がここまで踏み出してくれれば、この話はまとまったようなものである。

しかし、新平のまわりには、永田秀次郎のような子分がいて、親分を市長にさせるものかと見張りをしている。

「道楽も程々にするがいい。東京市なんて、吉田御殿みたようなものだ。みんな喜んで入ってゆくけれど、無事に出て来た姿を見た者がないという物騒なところだ。こんな所へ好きこのんで乗り込んでいって、泥まみれになって、あたら首相候補を台なしにしてしまうことはないじゃないか」

彼等は朝から晩まで、麻布桜田町の本邸に張り込んで、新平が誘惑に乗らないように、目を光らせている。

藤田謙一と横田千之助は永田らの警戒の裏をかいて、ある夜ひそかにタクシーをやとうと、新平をこっそり連れ出して、木挽町の待合で原に会わせた。

原と後藤は明け方まで話し合ったあげく、新平の東京市長就任を諒解しあった。

後藤新平が正式に東京市長に就任したのは、大正九年の十二月十七日であった。

彼は鼻眼鏡を光らせながら、颯爽と市庁へ乗り込むと、思い切った改革に着手した。この間の心境を、彼は手記の中で次のように書いている。

「一生一度国家ノ大犠牲トナリテ一大貧乏籤ヲ引イテ見タイモノ。東京市長ハ此ノカネテノ思望ヲ達スル一端ニ非ザルカ。」

すなわち、杉山茂丸は新平の東京市長就任を、獅子が手マリをなくして、代りの物を求めるにたとえたが、本人は国家のために一大貧乏籤をひいたつもりであった。

この貧乏籤をひいた市長が、東京市へ乗り込んで、まず最初にしたことは、内務省から自分の腹心の子分を三人つれて来て、助役に据えたことであった。

三人とは、永田秀次郎、池田宏、前田多門である。彼等は親分の市長就任には大反対であったけれど、親分が好きでなってしまった以上、見殺しにするわけにゆかない。死なばもろとものつもりで、くっついて行った。

これまで市の助役といえば、区長の古手あたりがなるものということになっていたのに、バリバリの内務官僚がつれて来られたので、カビ臭い市役所の建て物に、大きな風穴があけられた。

新平はこの三人の助役に何もかも任せると、一切干渉しなかった。ほかから何か相談を受けると
「俺にはわからん。畳屋に聞いてくれ」

といった。

「ハ？　畳屋とは何でありますか」

「助役諸君のことだ」

「なぜ、助役さんが畳屋でありますか」

「それはね、疊という字は、田の字を三つかさねて書くだろう。永田、池田、前田と、田の字が三つあるから畳屋だ」

「ハハア、シャレでありましたか」

新平は就任早々、自分自身と三人の助役のために、俸給の増額を要求した。
(一) 市長の年俸は、これまで一万五千円だったのを、二万五千円とすること。
(二) 三人の助役はそれぞれ一万円、八千円、六千円だったのを、一律に一万五千円ずつにすること。
市参事会は仰天した。

もっとも市長の分だけは仕方がない。もともといやだと逃げ廻っていたのに、頼んでなってもらった市長だから、文句の言えた義理ではない。ともかく承認する。

しかし、三人の助役に一万五千円ずつとは何事ぞ。これまで総額二万四千円だったのが、四万五千円では、二倍ちかくになるではないか。

新平と参事会で、さんざん押したり押し戻されたりしたあげく、三人の総額は三万七千円、その配分は市長一任ということに落ち着いた。

ところで新平は在職中、俸給は一文も受け取らず、全額市へ寄付してしまった。彼の増俸は、三人の助役の増俸を導き出すためのものであった。

大正九年の東京は、江戸のころとあまり変っていなかった。

市街電車が走り、人力車や自動車が走り、ところどころに赤煉瓦やコンクリートの洋館が建っているところが、違うといえば違っていたが、一般の民家はむかしと同じ木造の二階建てで、道幅もせまかった。

そこへ人間ばかりやたらにふえて、ごった返したので、すこしお天気が続けば、もうもうと砂ぼこりが立ちこめるし、雨の日は町じゅう泥んこになって、田圃の中を歩くのと変らなかった。

電車は便利なものだが、数がたりないので、いつも殺人的な混雑で、人を押しのけねば乗れなかった。

すこし日照りが続くと、水道が断水することは、今日と同じである。

すべてこういう問題は東京市役所の責任である。代々の東京市長はその解決に努力してきたが、いろいろの事情にさまたげられて、実現はおくれがちであった。

後藤新平が市長になったとき、人々の期待は彼に寄せられた。後藤市長なら、これをやりとげてくれるに違いないと。

市長就任から五カ月ののち、新平は東京の根本的改造案を発表した。それによると、上に述べたような、あらゆる問題は解決され、東京は清潔で衛生的な、そして住み心地のいい理想的都市になるはずであった。

しかし、人々はそれに要する経費を見てびっくりした。総額八億円を必要とするというのである。

そのころ政府の経費は十五億、地方経費も十五億であった。ところが、後藤新平の計画によると、東京市だけで八億いるという。

いったい後藤市長は正気なのか？

財政の均衡というものを何と心得ているのか？

例によって、大風呂敷である。

人を愚弄するものである。

世論はごうごうと沸き、非難は後藤新平に集中した。台湾の開発計画のときも、満鉄経営のときも、彼に向けられた非難である。新平にとっては珍しくなかった。

しかし、例によって、彼の味方をする者も現われた。

一人は大隈重信侯爵である。

大隈はかつて首相だったとき、後藤新平の倒閣運動によって退陣させられた恨みが、まだ忘れられないはずだが、それとこれとは別である。カラリとした性分と、大規模なことが好きな性分が後藤新平と似ている大隈は、新平の八億円計画に賛意を表した。新平は感激して、早稲田の私邸に大隈侯を訪問し、歓談した。

新平のもう一人の味方は財界の巨頭安田善次郎である。

安田は越中富山の農家から身を起して、一代に巨富をきずいた男であるが、ケチで有名で、かねてから
「お金ほど大切なものはありませんぞ」

というのが口癖であった。この男が八億円計画に賛成だというのである。

安田善次郎の金もうけの仕方は、ほかの金持ちと違っていた。

ふつう財界の大物といわれる男は、たいてい政治家と結んでいて、力になったりなられたりしながら、大きくなるものだが、安田善次郎はまったく独立独行であった。

彼のやり方は、倹約と貯蓄の一本槍であった。ふつうならば、大きくもうけるために大きく使うと称して、政治家に献金をしたり、公共事業に寄付をしたり、郷里の青年の面倒を見たりするものだが、彼のはただ、ためこむばかりであった。

彼の日常はごく質素で、砂糖ぬきの麦湯に黒パンを常食とし、来客へは三十銭の弁当を出した。彼は若いとき横浜の商館で買った銀時計を、八十四の今日まで五十年も使っていて、物は大事にすればこれくらいは持つものだと、若い者に訓戒をたれた。

こうしてためた金を、彼はつぶれかかった銀行や会社に投資して、立ち直らせた。もちろん、利息は高く取り、彼自身もゴッソリもうけた。

かつて桂太郎が安田善次郎を呼んで、

「あんたにひとつ、男爵を賜わるように、奏請しようと思っとるんだが……」

といった。安田は喜ぶかと思いのほか

「安田善次郎は肩書なしのほうがさっぱりします」

といって辞退した。世間は名誉欲のない男だと賞讃したが、彼の本心は、ウッカリそんなものを貰うと、その前後の無駄な費用が大変だということなのだろうと、ひやかす者もいた。

後藤新平が八億円の東京改造計画を発表したとき、安田善次郎はさっそく訪ねて来て言った。

「失礼ですが、あんたの今度の案は、一桁違っておりませんかな」

「皆さん、左様におっしゃいます。一億円でも多すぎると……」

「いや、私の言うのは、その反対です。八億円では、充分なことはできまいというのです」

「これは驚きました。私は今度の案を発表して以来というもの、ヤレ大風呂敷だの、誇大妄想だのと、悪口雑言をたたかれ通しですが、あれでも少ないといわれたのは、はじめてです。しかも、それをおっしゃる人が、ケチンボで評判の……いや、これは失礼」

「なに、自分が蔭で何と言われているか、私はよく知っています。御心配には及びません。ところで、あんたの案ですが、築港の経費はどれくらい計上されましたかな」

「さし当り、三千万から五千万といったところですが……」

安田善次郎は馬鹿にしたような口調で
「それでも大風呂敷ですか?」

「ハ?」

「たったそれくらいの金で、何ができますかいな……後藤さん、これからますます産業が興り、技術が進歩すると、諸外国との貿易が盛んになるでしょう。船も大型になれば、貨物の荷役も活潑になる。栈橋も大きくしなければならないし、大きな倉庫だって、必要になってくる。何もかも、今のうちに大きなものをこしらえておかなくてはならん。一度小さなものをこしらえてしまうと、大きなものが必要になっても、あとから割り込ませるわけにいかん……」

「安田さんの考え方は、ふだんの私の考え方と同じです」

「そうです。あんたにこんな事をいうのは、釈迦に説法だ。鉄道院の総裁をやっておられたころ、あのめちゃくちゃに大きな東京駅を計画した後藤さんなら、私がこんなことをいちいち言わなくても、わかるはずです。それなのに、どうして、三千万円の、五千万円のと、ケチ臭いことを考えました？　ケチならこちらが本家のはずだが……」

「恐れ入りました。実を言いますと、理想的な築港の案も作らせてみました。ところが、それだと三億五千万から五億はかかりそうです。築港をのぞいても八億円——それでも世間では、多すぎるといって、非難ゴウゴウです。築港費をいれますと、十億を越して、さっきおっしゃった通り、一桁上ります。これではとても、世間が承知しませんし、財源のアテもありません」

「さすがの大風呂敷も、そのへんが行き留りですか」

「ウーム」

「後藤さん、この計画は何年で完成するおつもりです」

「まず、十年か十五年といったところでしょうか」

「すると、一度に八億円必要というわけでもありませんな。十年継続事業として、一年に八千万円か……これを全部安田善次郎が引き受けるとしても、安田の身代がひっくり返るほどの金高でもありませんわ」

「とおっしゃるのは、引き受けてもいいというお考えなので？」

「何しろ大金ですから、簡単にお引受けしましょうといえるもんではありません。しかし、まったくその気がなくて、こうしてノコノコ出掛けて来られるものでもありません」

「そうですか……イヤ、驚いた大度量です」

「世間ではこの安田のことを、ケチンボだとか、慈善事業に金を出さぬだとかいいますが、私は自分の財産全部を投げ出して、東京中の貧しい人におカユを恵んでも、おカユがなくなれば、それでおしまいだと思います。同じことならば、その金を産業や文化に役立つように使うと、東京じゅうの人間がみんな米の飯を食いながら、元気に活動する土台を作ることもできようというものです。あんたの八億円計画を見るにつけて、これが完成したら、東京がどんなにか便利で、衛生的で、住み心地のいい町になるかと思うものですから、ぜひお役に立ちたいと思って、やって来ました」

安田善次郎が東京改造計画の経費八億円を一手に引き受けてもいいと申し出たのは、必ずしも彼が八億円を丸々損してもいいと思っているからではなかった。

彼には八億円を捻出するあてが、ちゃんとあったのである。

彼は日本中の勤労階級から、零細な預金を集めて、貯蓄銀行を設立する計画を持っていた。その日その日を額に汗して働く下積みの庶民が一銭二銭とためる金でも、集めれば厖大なものになる。銀行というものは、なにも少数の資本家や金満家の金ばかりあつかうべきでないというのが、彼の信念であった。

彼にはひとつの楽しみがあった。それは日本中を行脚して、奢侈と浪費をいましめ、勤倹貯蓄をすすめてあるくことである。これは彼の人生観にも合致し、貯蓄銀行の宣伝にもなる、いわば趣味と実益を兼ねた旅行となるであろう。

そして、集まった金を東京市へ融通しよう……相手が東京市なら、貸し倒れになる心配はない。民衆は安心してこの銀行に預金するであろう……安田善次郎の計画はどこまでも辻褄が合っていた。

一方、彼は東京市に三百万円の寄付をしようと申し出た。どこへ行っても大がかりな調査機関を作ることの好きな後藤新平が、東京の市政を合理的に運営するため、大調査会を作りたがっていることを知って、その費用を負担してもいいというのである。

大隈重信の精神的と、安田善次郎の物質的と、両面の援助を得た後藤新平は、自信をもって八億円計画の実施に乗り出すことになった。

しかし、これだけ大規模な計画は、国政の根本に関係するところが大きいから、内閣の支持なしには実行不可能である。後藤新平は原敬首相の諒解を得ようとした。

ところが、原はこの案に難色を示した。結局計画が大きすぎるというのであろう。

しかし、後藤新平が東京市長に就任することをしぶったとき、わざわざ彼を呼び出して説得したのは原敬である。その時彼は、新平に何らかの言質を与えているはずである。すくなくも新平を見殺しにできた義理ではないはずである。新平は原を動かそうと躍起になった。

しかし、その矢先に、原敬は東京駅頭で暗殺された。

いや、それより先に、安田善次郎が刺された。

安田善次郎が大磯天王山の別荘で長崎県人朝日平吾に殺されたのは、大正十年九月二十七日のことで、彼が後藤新平に八億円計画の後援を申し込んでから、半年と経っていなかった。朝日平吾はその計画する社会事業のためと称して、安田善次郎に僅かばかりの寄付を申し込んで断られ、憤慨して刺したのであるが、その時彼は安田が一方東京市に八億円出してもいいと思っていることは知らなかった。

安田善次郎、原敬の二人が相次いで暗殺されたことは、後藤新平にとって大きな打撃であった。

彼は引き続き、次の高橋内閣、加藤友三郎内閣にむかって、八億円の東京改造計画を説いたが、遂に実現を見るに至らなかった。

ただこの八億円計画は、まったく消滅してしまったのではなかった。大正十二年九月、大震災のため東京が壊滅したとき、焦土の中に再建せらるべき新しい帝都の構想を立てるに当って、この計画はそのまま役に立ったのである。

まるで、天は後藤新平の志をあわれんで、その夢を地上に実現させるために、東京を焼け野原にしたのではないかとさえ疑われるほどであった。

しかし、それはまだ先のことである。

さし当っていえば、安田、原の死によって、新平の八億円計画は影の薄いものになってしまった。

一方、安田家では善次郎の死後、遺留された手箱の内容を整理したところ、東京市政調査機関設立のため寄付金を差し出す約束が、後藤市長との間に取り交されていたことを物語る書類を発見したので、嗣子の安田善之助が新平を訪問し、故人の遺志をついで、さっそく寄付の手続きを取りたいと申し出た。

生前の安田善次郎と後藤新平との間に取り交された寄付に関する交渉の概要は次の通りである。

新平が市長に就任するすこし前に、安田善次郎はあるところで、後藤新平の講演を聞いた。内容は例によって、東京の市政を根本的に改造するために、大規模な調査機関を樹立する必要があるという、彼の持論を展開したものであった。

この着想は、新平が前年の世界一周のとき得て来たものであった。

彼はヨーロッパとアメリカのどこを巡歴しても、調査研究機関の整備されていることに感服したが、なかんずくニューヨークの市政調査会なるものには、偉大な働きがあって、市政の腐敗を食い止めているということを知り、これこそ日本の都市が模範とするにたるものと思ったのである。

安田善次郎は彼の話に感動して、もしこの調査機関を日本において設立するとすれば、どのような内容のものになるか、その詳細が知りたいし、また、ニューヨークの市政調査会の概要も知りたいと申し入れた。

新平はニューヨークで市政調査会のことを聞いたとき、これは日本の大いに学ぶべきものだと思いはしたけれど、今日すぐに必要が生じようとも思わなかったので、詳しい研究までしてなかったし、参考資料の用意もしてなかった。

たまたま新平の女婿で新平のブレーンといわれた鶴見祐輔が滞米中だったので、新平は鶴見に電報を打って、米国市政の腐敗ならびにその矯正運動につき、ただちに調べるようにと命じた。

鶴見祐輔はその前年、ニューヨーク市政調査会でビーアド博士の講義を聞いたことを思い出し、会いたいと手紙を出した。

ビーアド博士は、ちょうど家族をつれてヨーロッパへの旅に出かけるところであったが、一晩をさいて、鶴見をマディソンスクェーアー・ホテルへ招待した。

ビーアド博士は米国では著名な学者である。

彼はもとコロンビア大学教授で、政治学を講義していたが、第一次大戦中、学問の自由のために学長と争い、大学を退いて、市井の著述家となった。

しかし、大学教授のころから学生に尊敬されていた彼は、著述家としても一般の人気を集め、彼の書物は毎年最高の売れ行きを見せた。

この有名な学者の招待を受けた鶴見祐輔は、軽い興奮を禁ずることができなかった。

ビーアド博士はこの東洋の若い学徒の手をしっかり握って
「ニューヨーク市政調査会に関する私の講演を聞いてくれたそうですね」

「はい、大変感激しました」

「光栄です」

「その時の博士のお話の概略を、私の岳父の後藤新平男爵に話しましたところ、非常に感心しまして、日本の都市問題を解決する上に、大いに参考になると申しておりましたが、こんどたまたま、後藤が東京市長に選任されましたについては、ぜひともニューヨークの市政調査会と同じようなものを、東京にも作りたいと言って参りましたので、博士の御指導をお願いする次第です」

「あなたの舅御が東京市長として成功されることを祈ります。日本の人たちは、日本の市政だけが特に腐敗しているとお考えかも知れませんが、米国の市政の腐敗もひどいものでした。特にシカゴのごとき、犯罪者と暴力団に町全体が占領されたような状態でした」

「今日、日本の多くの都市がそうなのです」

鶴見祐輔は嘆いた。

「米国では、各都市でたびたび改革運動が試みられました。しかし、その多くは失敗しました。それは、改革運動がたいてい感情的な正義観に出発しているにすぎないからです。一つの都市の行政というものは、非常に複雑に入り組んでいますから、単なる正義観だけでは、とてもその全体を改革することができません。これを改革するには、まず市政の綿密な科学的調査をおこなう必要があります。その結果をしっかり握った上でなくては、あらゆる説得も効果がありませんし、悪政を攻撃しても、力の弱いものになります。このことに気のついた有志の人たちによって結成されたのが、ニューヨーク市政調査会ですが、この会がさかんに活動を開始して以来、ニューヨークでは汚職や暴力がすくなくなりました。私は東京市でも同じようになさることを、あなたの舅御におすすめしたいと思います」

「くわしい資料や参考文献を、どこで手にいれたらいいでしょうか」

「ニューヨーク市政調査会へ直接お出かけになって、調べられたらいいでしょう。私が御案内してもいいのですが、ヨーロッパへ出かける日が迫っていますから、その暇がありません。市政調査会の幹部たちに紹介状を書いてあげましょう」

博士の紹介状を持って、ニューヨーク市政調査会を訪れた鶴見祐輔は、いろんな人に会って、調査会設立当時の状況を聞き、また参考資料を集めて、故国の後藤新平に送った。

大正十年五月、鶴見祐輔が日本に帰ったとき、東京では市政調査会設立の計画が進められていた。彼が後藤新平に送った資料が、新平の手もとで翻訳され、安田善次郎に渡され、安田はこれを読んで、市政調査会なるものの趣旨と目的を知るとともに、東京でも同様のものを作ることに協力しようと言い出したのである。

彼は新平を訪ねると

「後藤さん、資金はどのくらい入用ですか」

「左様ですな。大体三百万円もあれば足りるでしょう」

「それくらいなら、私がお手伝いしても結構です」

「安田さんお一人に持っていただくのは、荷が重すぎるでしょうから、あちこちから寄付を集めてもよろしいのですが……」

「なあに、八億円でも引き受けようという私です。三百万くらいは、一人で出しましょう。とかく、あちこちから集めた金というものは、ひとりひとりの言うことを聞かねばならず、思い切ったことができないものでしてな……」

「おっしゃる通りです」

「しかし、後藤さん、私もこの金を出すについては、ひとつ条件がありますが……」

「何でしょう」

「あんたに今、内閣組織の大命が降下したら、この仕事はどういうことになります」

「どうして、そんな事をおっしゃるのですか……あり得ることとも思えませんが」

「いやいや、あんたは当代随一の人気男です。いまに総理大臣の声がかかってくることは、間違いないところです。そのとき、あんたが総理になってしまわれると、市政調査会は後足で砂をかけられるということになりはせんか……」

「御安心下さい。私は政権に野心がありません」

「なかなか、そうもゆきますまい」

「いや、本当です。私もこれまでに二度の内閣で大臣になりましたが、正直申しますと、あきあきしました。私は桂公爵が設立された立憲同志会を去って以来、政党運動というものに興味を失いました」

「しかし、そのあとで寺内内閣に入られたのは、どういうことです」

「あれは寺内さんに対する情誼から、やむをえなかったのです。いまの私は、政権というものに全く執着がありません。もし、大命が降下したとしましても、私は他に適当な人物を推薦して、自分自身は市政調査会の仕事に専念するつもりです」

「実際にお鉢が廻って来た場合、なかなか断り切れないこともありましょうが、ともかく、今のお話で、市政調査会をお見捨てにならないお気持ちだけはわかりました」

安田善次郎はようやく納得した。

安田の寄付は、彼の死後はじめて実現した。その要領は次の通りである。
一、寄付の金額は三百五十万円。
二、市政調査会はこの金をもって、日比谷公園に市政会館を建設する。
三、会館は貸事務所等に使用し、その料金約三十五万円をもって、市政調査会の年間の経費を支弁する。
四、市政会館には公会堂を付設し、東京市に無償提供する。
五、安田家は三百五十万円のほかに、本所横網町の邸宅及び庭園を東京市に寄付する。
六、東京市はこれを公園とし、敷地内に公会堂を建てる。
こうして市政調査会は発足した。会長は後藤新平である。

調査会の設立がきまるやいなや、新平は鶴見祐輔を呼んで「どうだろう、物事は最初が大切だ。ニューヨークに見習って、市政調査会を作ったのはいいが、ひとり合点でいい加減な運営をやってもつまらない。ひとつ、ビーアド博士に来てもらって、実地に指導してもらおうか」

「日本へ来てもらうのですか」

「そうだ」

ビーアド博士といえば、米国一流の学者である。こういう人に無造作に来てもらおうと言い出す後藤新平の気宇の大きさには、いつものことながら、鶴見は感心せざるを得ない。

「ビーアド博士も多忙な人ですから、来てくれますかどうか……」

「ともかく、君手紙を書いて、頼んでみてくれたまえ」

言われるままに、鶴見祐輔は手紙を書いたが、内心では、そう簡単に来てくれるものかどうか、あまり自信が持てなかった。

すると、一月あまりして、博士から電報が届いた。九月ころ貴国へゆくというのである。彼はカーネギー財団の委嘱で、東洋視察旅行に出かけることになったから、ついでに日本に立ち寄ることにしたのであった。

瓢簞から駒のたとえ程ではないが、あまり実現の可能性を考えていなかっただけに、鶴見祐輔は驚いた。ともかく、大物が来ることになったものである。

そして、ビーアド博士は本当に来た。

大正十一年九月十四日、横浜入港のプレジデント・ジャクソン号は、博士とその一家を日本の岸へ運んで来たのである。

ビーアド一家は横浜から電車で東京へ来た。東京駅には、山高帽にモーニングの後藤新平が出迎えた。

ビーアド博士と後藤新平は二人きりで自動車に乗って、帝国ホテルへ向かった。

ここは当然、鶴見祐輔が同席して、得意の英語で通訳するところである。しかし、彼の姿は見えなかった。

彼はわざと博士と新平を二人きりにしたのである。通訳がなければ、二人はヘタクソなドイツ語で話さざるを得ないだろう。その方が、本当の親しみが湧くはずだ、というのが彼の作戦であった。

自動車が帝国ホテルに着くと、鶴見祐輔が迎えに出て、ビーアド博士に

「お二人は何語でお話しになりましたか」

と聞いた。博士はカラカラと笑って

「ドイツ語で話しましたよ。私の錆びついたドイツ語でね」

後藤新平のドイツ語も、明治二十年代に仕入れたまま、三十年以上使っていないから、相当錆びついているはずである。二人の会話がいかにトンチンカンだったたか、想像できなくもない。しかし、鶴見祐輔の作戦は成功したといってよかった。その後半年間、ビーアド博士は日本にいる間じゅう、後藤新平とお互いの錆びついたドイツ語でしゃべりあっていた。

ビーアド博士に寄せる日本朝野の期待は大きかった。

東京帝大法学部の若き助教授蠟山政道は、ビーアド到着の翌日、鶴見祐輔に手紙を出して

「ビーアド博士の来朝は、従来国家行政のみに関心を持っていた我が国民の注意を、都市行政に転ぜんとする一新紀元を画するものとして、重大な意義を持つものと思います」

といった。

ビーアド博士は市政調査会を本拠として、毎日市内の各所を視察したり、当局者に会ったりして、東京の問題点を探って歩いた。

日本人はこれまで種々の問題について、外人を招いて指導を受けたことは珍しくないが、それ

がしばしば失敗に終ったのは、多くの場合、外人が日本の特殊事情に無知で、欧米の事例をそのまま日本に押し付けようとしたためであった。後藤新平はよくこのことを心得ていて、ビーアド博士に特に日本の歴史、地理、風俗、人情を理解するように求めた。

一方、ビーアド博士も、日本の都市建設は決して欧米風の模倣であってはならず、どこまでも伝統と慣習を尊重する立場で考究されるべきだと説いた。

ビーアド博士は東京のみならず、大阪、京都、神戸、奈良、名古屋の各都市を巡歴して、それぞれの都市行政を調査した。

ビーアド博士はこうして滞在半年ののち、長文の意見書「東京市政に関する意見概要」と論文「東京市政論」を残して、台湾と中国の旅に出かけた。

東京市が博士に報酬を支払おうとしたとき、彼は旅費はカーネギー財団からもらってあるから、二重に受け取ることをいさぎよしとしないといって、固辞した。

ビーアド博士は台湾各地を周遊するうち、どこへ行っても道路、公園、病院、学校、水道が整備され、研究所、調査局が設置されているのを見て、今さらのように後藤新平の足跡の大きいのに驚嘆した。

彼は米国に帰ると「調査の政治家後藤子爵」という論文を書いて、彼を世界で唯一人の理想的政治家であると称揚した。

後藤新平はビーアドの滞日中に子爵になっていた。

市政調査会は華々しく発足したけれど、会館の建築は難航をきわめた。いろんなところから、故障が出たのである。

まず内務省が反対した。

はじめ市政会館は、日比谷公園の東北隅、いまの花壇のあたりに建てられる計画であった。しかし、ここは宮城に面し、公園の枢要部にあたる所である。ここに巨大な建築物ができるということは、周囲との調和を破り、公園の風致をそこなうことになりはしないかというのが、第一の反対理由であった。

第二の反対は、この地点は議事堂（そのころは日比谷にあった）に近接しているから、もし会館を政治的集会に使用するときは、混乱が起った際、大衆運動の取り締まりに困難を感ずるという点にあった。

反対の表向きの理由のほかに、大きな裏面の理由があった。

それは、後藤新平の勢力がこれ以上増大することを好まないという空気が、政界の上層部に流れていたことである。

新平の大衆的人気は、そのころ沸騰点に達していた。

そこへ後藤新平の大きな城が出来ようというのである。反後藤勢力にとっては愉快な話ではなかった。

市政会館は東京市のもので、後藤個人のものではない。しかし安田善次郎は金を出すとき、自分は後藤新平という男に惚れて出すのだと、繰り返し言ったし、新平もそれを強調した。

してみると、名目は東京市のものだが、実質は後藤新平個人の所有の大建築物が、日比谷原頭に屹立することになる。反対派にとっては、こんなイマイマしい話はない。

おまけに、この会館は貸事務所として、その家賃で市政調査会の維持費をまかなうのだという。

それならば、これは営利事業ではないか。公共の土地に、そういうことを許していいのか……

反対の急先鋒は内務省の若手官僚であった。彼等はまだ、後藤新平の勢力の増大に嫉妬心を抱くほどの大物ではない。そのかわりに、秀才官僚にありがちな正義感と、大物に楯突くことをこわがらぬ、世間知らずの自負心を持っている。何しろ、建築認可の権限は、内務省が握っているのだから、始末が悪い。

そこへ大蔵省が合流した。

日比谷公園は大蔵省所管の国有財産である。これを公園として使用するという条件で、東京市へ貸し下げてあるのだが、そこへ公園としての機能に属しない建築物を建てるというなら、東京市はよろしくその区域を国へ返還すべきである。大蔵省としては、返還された区域を改めて市政調査会へ売却することを、別途に考慮してもいいというのだが、はじめから敷地は借りるつもりで、買い取る予算など計上していない市政調査会にとっては、これは無理難題であった。

政界上層部の反後藤勢力は、表面何食わぬ顔をしながら、若手官僚のこういう動きをけしかけたり、あおり立てたりしていた。

市政会館を日比谷公園の東北隅に建てるという案は、関係者の間では名案のように思われたが、反対が多くなってみると、再考せざるを得なくなった。なるほど、宮城のそばの一番目につく所に
「後藤新平ここにあり」

とばかり、大きな建て物が突っ立っては、新平に用のない者はいい気持ちがしないかも知れない。関係者は妥協して、公園の東南隅（現在の位置）に改めることにした。

内務省と話がまとまったので、ともかく工事に取りかかろうと、基礎杭打工事をはじめたところ、百五十本くらい打ったところで、警視庁から待ったの声がかかった。建築認可がおりていないというのである。

元来、建築認可には面倒な手続きが必要なので、完全に通るまで待っていては時期を失するため、準備工事の意味で、一部の施工は見て見ぬふりをされるのが例である。こんどもそのつもりだったのだが、法規を楯に取られれば仕方がない。工事は一旦中止することにした。

一体官僚には法律をもてあそぶ癖がある。ふだんは法にそむいた行為でも、黙って見のがしておいて、何か事があると、急にやかましく取り締まろうとする。

取り締まりは必ずしも秩序の維持のためにおこなわれるのではない。秩序のためならば、甲に対しても、乙に対しても、平等に取り締まりがおこなわなければならぬ。甲に対して寛なるものが、乙に対して急に厳になるのは、そこに別の意図が働いているからである。単なるイヤがらせのためか、私怨を晴らすためか、相手が反対党に属しているためか、それとも、おどかしておいて、金や物を出させようという下心あってか、動機はさまざまだが、ともかく彼等は法律を私用に使っているのである。

東京市内のさまざまの建築物において、大目に見られている認可前の杭打ちが、なぜいけないかと、文句をいっても、警視庁はただ、取り締まりは公平にやっていると答えるばかりである。腹の中では、なんでもかでも、後藤新平のやることにケチをつけたいのである。

「後藤新平……後藤新平……後藤新平をどうぞ」

と書いたアドバルーンが、日比谷原頭に高々と上るのを好まないのである。

しかし、怒ってもはじまらない。気まぐれに振り廻された法律でも、法律は法律である。工事中止の命令は、出た以上守るほかない。関係者は一旦工事を止めておいて、警視庁と交渉をはじめた。

内務省、大蔵省、警視庁の三カ所から来る文句や異議や命令は、それぞれ形は違っていても、意味は同じである。それは、後藤新平にヘンなものを建てさせて、あいつだけにのさばらせるなという意味である。

田川大吉郎のように、公園を私物化するなと、正論をふりかざす反対もあった。

やっと認可がおりるまで、五年かかった。

建築が落成した昭和四年には、後藤新平はもうなくなっていた。

隣国ロシヤ

ロシヤという国は、日本にとって厄介な国である。

幕府の終りころには、おろしゃと呼んで、なるべく日本に近寄せない工夫ばかりしていた。

しかし、何しろお隣である。知らぬ顔を続けるわけにいかないから、国交を結んだが、むこうはどんどんこちらへ手を伸ばしてくる。

日清、日露の戦争で、ひとまず満州で食い止めて、

「コレヨリ先立チ入ルベカラズ」

の立て札を立てた。

しかし、向うは何しろ大国である。日本は勝った勝ったと喜んでいるが、この勝ったはなにも、息の根を止めたのでもなければ、トドメをさしたのでもなくて、向うの伸ばして来た手にやけどをさせて、アチチチとひっこめさせたにすぎない。やけどが治れば、またぞろ手をのばしてくることは目にみえている。

後藤新平は、このロシヤという国が気になってしようがない。それで伊藤博文を説き伏せて、話し合いをつけに行ってもらおうとしたら、途中で殺されてしまった。

こんどは役者を変えて、桂太郎に行ってもらうことにし、自分もくっついて行ったら、先方へ到着するかしないかに、明治天皇御不例の電報である。

よくよくついていないとしか言いようがない。

そのうち世界戦争になった。同じ連合国だから、仲間同士で喧嘩するわけにはゆかない。それよりも、先方は目の前のお客さんの相手が急がしくて、うしろの方のことは、気になりながら、かまっていられない。

こちらは鬼のいない間とばかり、着々満州経営の実績をあげる。もっとも、鬼のいない間をやりすぎて、二十一カ条なんか持ち出したら、かえって総スカンを食ったなんて、あまり自慢にならない一幕もあった。

突然ロシヤに革命が起った。

日本の社会主義者はおどり上って喜んだ。山川均のごときは、ある社会主義者の集りで、ロシヤ革命のことを話しているうちに、感きわまって涙をこぼした。

そのくせ日本では革命の実際はすこしも知られていない。第一、これまでこっそり地下運動をやっていたのだから、レーニンが何者だか、ブハーリンが何者だか、わかりはしない。

ボルシェビキ（多数派）が立ち上ったというので、ある新聞は

「ボルシェビキ氏立つ」

と書いた。ボルシェビキという人だと思ったのである。

そんなことをしているうちに、くわしい情報がどんどん入ってくる。次第に経過がはっきりしてくると、日本でも対策をたてねばならなくなった。

第一にシベリヤ出兵である。この時の外務大臣は後藤新平であった。

新平はまもなく外相をやめたが、シベリヤにいる日本軍は、ソビエット政府にとって厄介な侵

入者であった。

大正九年、ニコライエフスク（尼港）で日本人が多数虐殺されるや、陸軍はさらに北樺太へ出兵した。

尼港事件に憤激した茨城県人江連力一郎は、報復を計画し、七百四十トンの漁船大輝丸に武器、弾薬を積み込み、露領の沿岸に出没して、露船を掠奪し、乗組員を殺戮してあるいた。

日本の国内には、江連のこのような行為を支持する空気と否定する空気と、二つが対立して微妙な渦をなした。

ロシヤが共産化することを好ましく思わない一部では、反共産主義の将軍セミヨノフに援助を与えて、極東に白色政権を建設させ、モスクワの赤色政権に対する防波堤にしようという動きがあった。

しかし、この計画が成立しないうちに、大正九年秋、チタに非共産主義を標榜する極東共和国が起り、モスクワ政府はこれを承認した。

そこで日本、チタ、モスクワ三政府の間に懸案を解決しようという意見が出て、大正十一年九月四日から、長春において三国会商が開かれた。長春会議である。

日本政府の委員は松平恒雄と松島肇で、ロシヤ政府の委員はア・ア・ヨッフェ、そしてチタ政府の委員はヤンソンであった。

この会議で問題となったのは、日本軍の北樺太からの撤兵であった。

日本政府は、北樺太出兵は尼港事件と不可分のものであるから、尼港事件の解決を待って商議せらるべきだと主張したのに対して、ロシヤは、この両者を切り離し、ともかく北樺太よりの撤兵の期日を明示せねば、会談に応じられないと言い、会議は決裂した。

日本はそのまま北樺太の占領を続けた。

まもなくチタ政権はモスクワ政権に吸収されたので、極東も労農ロシヤの一部になった。

長春会議が決裂しても、労農ロシヤ代表ヨッフェはモスクワへ帰る様子もなく、南下して北京に遊び、さらに南支那へ入ろうとする気配がみえた。

当時の中国は、北支の軍閥が次第に勢力を失い、広東にあった孫文の革命運動がようやく頭をもたげようとする時に当っていた。おそらく、国民党による全中国の統一も、さほど遠くないうちに実現するであろう。

この時、ヨッフェが南支那に遊ぶということが、どういう意味を持つか、明らかである。おそらく、革命中国と労農ロシヤとの提携が、彼の頭に描かれているのであろう。日本に失望した彼は、こんどは中国へ触手をのばそうとしているのである。

後藤新平はロシヤに革命が起ったときから、その極東に及ぼす波紋を考えて、頭を悩ませていたが、長春会談が決裂して、ヨッフェが中国へ向ったと知って、これは猶予すべき時ではないと思った。

しかし、どういう手を打ったらいいか、わからない。帝制時代のロシヤなら、彼は主な政治家とは面識があるし、どこを押せばどこへ通ずるという大体の道筋も知っている。しかし、革命後のロシヤは、どこがどうなっているのか、見当もつかない。

思い迷っているところへ、大蔵大臣の勝田主計から、ある日電話がかかった。

内藤民治がプリンストン大学を出て、ニューヨーク・トリビューン紙のロンドン特派員になったのは、明治四十四年のことであった。

彼を推薦してくれたのは、のちに大統領になったウィルソン総長で、採用してくれたのは、親日家のバイヤス編集長であった。

大正二年、彼はロシヤへ取材旅行に行き、皇帝ニコライ二世に謁見したり、いろんな所を見物したりした。

ある日、横浜の某商会の支店長の家でスキヤキを馳走になったとき、新婚早々の若夫人の美貌と、その指に輝いているダイヤの指輪に目をみはった。この美しい夫人はのちに東山千栄子という名で舞台に立った。

ロシヤはまだ革命の嵐の前で、ヒッソリ静まり返っていた。

内藤民治は一旦、ニューヨークの本社へ帰ると、東京特派員となって、八年ぶりで日本へ帰った。

帰国してまもなく、内藤は堺利彦や山川均にすすめられて、アンリ・バルビュスの雑誌「ル・モンド」の東洋支社長を引き受けることになった。

それが機縁となって、彼は綜合雑誌「中外」誌を発行することになった。

内藤民治と同郷の新潟県三条出身の堤清六は、青年時代、日本の発展の地はシベリヤにありと着眼して、黒竜江流域の視察におもむいたが、そこで志を同じくする平塚常次郎と知り合って、北洋漁業に乗り出すことになった。

清六は、五千七百円で宝寿丸という帆船を買い、カムチャツカまで出かけて、サケ、毛皮などを満載して帰ると、それを売りさばいて巨利を得た。

そこで彼は、新潟の伯父の家の軒先に、堤商会という小さな看板をあげた。

堤商会は毎年出漁したが、サケはいくら取っても取り尽せぬほどだったので、毎年船をふやした。

そのうち、カムチャツカのサケは、塩ザケにしても日本では値が知れているが、カンヅメにすると、アメリカでは高級品として、高く売れると聞いて、カンヅメ製造まで手をひろげた。

堤商会はどんどん大きくなった。

堤清六は内藤民治の経営する雑誌「中外」に、ときどき資金を融通した。彼は新聞や雑誌の事業にも野心を持っていたのである。

堤商会はケレンスキー内閣のとき、沿海州（シベリヤ）のエンペラトラスカヤ・ガフニー（帝国湾）の森林五十万町歩の払下げを受ける契約をして、新会社を作ったが、この内閣が倒れて、ボルシェビキ革命が起ったため、あとがどうなるかわからないから、何とか知恵を貸してくれと、内藤に相談に来た。

さっそく承知して、ニューヨークの友人に問い合わせる電報料三百円を請求すると、堤は出し渋っている。よく聞いてみると、内藤民治はそのころ危険人物とされていて、彼に金を出すと、警視庁がやかましいのであった。

内藤民治は早くから、日本は労農ロシヤを承認しなければならぬと思っていた。

彼自身は社会主義者ではなかったけれど、アメリカにいたころ片山潜と個人的に深く交っていたため、ロシヤ革命の意味をひと通り理解することができたし、ニューヨーク・トリビューンの特派員として、革命前のロシヤを旅行して、その自然と人情の美しさにじかに触れることもできったので、赤色ロシヤというものを、普通の日本人のような警戒や恐怖の色眼鏡で見ることがなかった。

彼は日本へ帰ってのちも雑誌「中外」の主宰者として、堺利彦、大杉栄らの社会主義者と交渉が深かったし、一方では郷里の先輩堤清六とつきあって、北洋漁業の実情を聞いてもいたので、ますます日本はロシヤと国交をひらかねばならないと思うようになった。

たとえば、沿海州、樺太、カムチャツカのサケ、マス漁業だが、人口が多くて資源のすくない日本は、これから大いにこの方面に力をそそがねばならない。

もともと、このあたりの漁業権は、日露の戦勝によって、日本が取得したものであるが、ロシヤに革命政府ができた以上、新しく条約を結び直すべきである。

ところが、シベリヤ出兵以来、日本は正式な条約によらず、「自由出漁」と称して、軍艦の護衛つきで勝手に漁船を出して、露領の漁区を荒しまわっていた。これは一つには、むこうの政府がチャンとしていなかったための暫定措置だという弁解はあるにしても、一種の強盗行為にちがいない。

ところがロシヤでは、極東漁業を再建して、漁区入札を諸外国に公開すると発表した。これは日本資本の独占的支配を崩壊せしめることになるので、業界では狼狽した。どうしても外交交渉によって局面を打開しなければならない。

しかし、外務省は交渉に対して気乗り薄である。

強硬派の中には、今年も軍艦の護衛による自由出漁を敢行しようと主張する者もあったが、海軍は今年は護衛を派する意志なしといって来た。

外務省と海軍から見殺しにされた業者は、こうなれば個人的折衝で解決の道を見出すほかないと、てんでにウラジオストックへ行き、陳情を繰り返したが、要領を得ない。どうしても両国政府の正式交渉によって打開しなければならないという声が高くなった。

これより先、内藤民治は政友会の領袖小川平吉に会ったとき、労農ロシヤを承認せねばならぬというかねての持論を述べたところ、小川は威丈高になって

「飛んでもない話だ。わが国体と共産主義とは、ついに相容れざるものである。かかるものを承認せよなど、もってのほかだ」

と一喝したので、大喧嘩になった。

しかし、こういう考え方をする者は小川平吉だけではなかった。当時の日本人の大部分は、ロシヤといい、共産主義といえば、むやみと忌み嫌って、なるべく係り合いを持たず、遠のいている方がいいと考えていたことは事実である。

内藤民治は数年前から雑誌「中外」のかたわら「極東通信」を発行して、労農ロシヤを承認せよという運動を展開していた。

やがて彼の議論に賛成する者がだんだんふえて来た。政界では岩崎勲、島田俊雄、望月小太郎、降旗元太郎、長島隆二、佐々木二郎、松本君平、一柳仲次郎、田辺熊一、橋本与八郎、中野正剛、堤清六などが賛成し、労農ロシヤ承認運動は一つの大きな動きになった。

そのうちに、この運動のことがニューヨーク・タイムズにのった。

片山潜がこれを読んで、誰がやっているのかと問い合わせてきた。

内藤は、旧友の片山が自分の運動に注目してくれたので驚喜し、実は自分がやっているのだと

知らせると共に、もし片山さんがモスクワと連絡がつくなら、代表を日本へ送るように伝えてもらいたいと言ってやった。

折返し片山から手紙が来て、自分はこの秋モスクワへ行くから、レーニン、トロツキー等と相談して、日本へ代表を送るように申し入れようと書いてあった。大正十年の夏のころであった。

やがて北洋漁業の問題が大きく取り上げられるようになった。

ある日、鈴木正吾という男（前自民党代議士）が訪ねて来て
「大蔵大臣の勝田主計さんが、君に会いたいといっておられるが、会ってみないか」

「どういう用件かね」

「君が時事新報に書いた、労農ロシヤを承認せよという意味の論文が、大変おもしろかったから、もっとくわしいことが聞きたいといっておられるのだが……」

「よろしい、会ってみよう」

次の日曜日、内藤は鈴木正吾につれられて、道玄坂の勝田邸を訪ねると、勝田はキチンとした羽織袴姿で、玄関まで出迎えていた。

内藤はその日一日、昼飯も晩飯も勝田邸で馳走になり、ゆっくり腰をすえて話し込んだ。彼の日露国交回復論に、勝田は大賛成であった。

「ところで、これはなかなか大仕事だが、誰をかつぎ出したらいいかね、めったな者にはやらせられないと思うが」

勝田主計に聞かれたが、なかなか適当な人物の名前が浮かんで来ない。内藤は行き当りばったりに

「伊東巳代治伯はどうです」

「名案だが、もっと骨っぽい男がいないかね。虚名だけではできる仕事ではないぞ、これは……」

「有松さん（英義、枢密顧問官）は？」

「ウーム、もうすこし……」

そこで内藤民治は、ふと思いついて
「後藤新平子爵はどうです」

勝田主計はハタと膝をたたいて
「そうだ、それに限る。こういう時こそ後藤さんが最適任だ。よく気がついたね」

勝田はそのまま立ち上ると、後藤新平に電話をかけて、翌日の訪問を約束した。

二人は翌朝、後藤新平を麻布桜田町の邸へ訪問した。

後藤新平は喜んで
「僕もかねてから、日露関係はこのままではすまされないと考えていたところだ。しかし、どこにどういう手を打っていいかわからないままに、空しく日をすごしていた。御両所がわざわざ僕を名ざしで、交渉の任に当らせようと考えられたのは、光栄この上もないが……さて、これは大任だなあ」

「政府筋からも、民間からも、相当激しい反対が出ることが予想されます」

勝田が言うと
「何しろ、国民一般の対露感情はひどく悪いからね。ロシヤと交渉するというだけで、後藤は赤になったとか、国賊だとかいう奴が出てくるだろう」

「閣下の身辺に危害を及ぼす者などが出て来はしないかと思いますと、実は、強いて御出馬をお願いするのも、躊躇されるのですが……」

「後藤一個の身の安全は考えていられないよ。いつの時代にだって、馬鹿者はいるのだから。それよりも、問題は政府当局だ。僕がいくらキリキリ舞いをしても、政府が知らぬ顔をしていたんじゃ、何の役にも立たんからね。ともかく、首相に会って、意向を打診してみよう」

後藤新平は勝田と内藤に、回答まで一週間の猶予を求めると、加藤友三郎首相に会って、日露交渉の意図を述べた。加藤は
「この際、あなたの御努力によって日露関係が打開されるなら、こんな喜ばしいことはありません。交渉の進捗状況によっては、松平欧米局長にも非公式に会談させてもよろしいです」

「はじめのうち、私個人の資格でやってみましょう。様子を見て、外務省に正式に乗り出してもらうよう、お願いすることになるかもしれません」

「承知しました。御成功を祈ります」

「このことを、内務大臣と外務大臣に話しておく必要はありませんか」

内務大臣は水野錬太郎である。水野はかつて後藤新平が内務省衛生局長のとき、おたがいに相手の人物に傾倒し、のち新平が内務大臣になった時は、わざわざ次官に就任することを受諾して、大臣級の次官という評判を取った男である。

しかし、彼はコチコチの国粋主義者で、ことに警察行政の総元締という立場からも、赤色ロシヤと親善しようという企てに、あまり賛成しないであろうことは明らかである。むかし肝胆相照

らした仲でも、立場が違うと、いい顔ばかりしてもいられない。

外務大臣は内田康哉である。外交ならばこちらが本職である。よその領分へ、余計な口出しをするなと、これもいい顔をしないであろう。加藤首相はしばらく考えていたが
「内相と外相には、私からよく話しておきましょう」

といった。

加藤首相の諒解が得られたので、後藤新平は日露交渉に乗り出すことに決心した。

内相と外相が積極的に協力すると言ってくれないのが、多少気がかりだが、何をやるにしても、すべての人の好意を期待するわけにはゆかないものだ。ともかく首相が承知してくれたのだから、何かあったら首相のところへ持ち込むことにしよう……彼はそういうつもりだったのである。

内藤民治はさっそくモスクワの片山潜へ手紙を書いた。

折返し片山から返事があって、シベリヤのイルクーツク政府代表ヤンソンを使節として送るといって来た。

ヤンソンは極東では大物かも知れぬが、ロシヤ全体から見れば、一地方政客にすぎぬ。こちらは後藤新平という総理大臣級の人物を出すのだから、向うでも、全ロシヤを代表する大物をよこしてほしいものだ。

内藤民治がそう書いてやると、それでは今ちょうど中国へ行っているヨッフェを廻そうかという返事である。それこそこちらの望むところであった。

アドルフ・アブラモウィッチ・ヨッフェは帝政時代ユダヤ系の富豪の家に生まれ、大学生のころ革命運動に参加して、ドイツに亡命し、生活の資を得るために医者となった。後藤新平とは医

者同士の仲である。

ヨッフェは密命を帯びて、ふたたびロシヤへ潜入したが、捕えられてシベリヤへ終身流刑に処せられた。

一九一七年（大正六年）の二月革命で、彼は釈放されてモスクワへ帰り、十月革命では、軍事革命執行委員長であった。十一月七日のクーデターは、彼の指揮のもとに行われたものである。このクーデターによって、ボルシェビキは政権を握った。

このとき、メンシェビキの軍隊はすべて武装解除されたが、中にケレンスキー擁護のために結成されたブルジョア出身の義勇女子軍の一隊があった。彼女たちはボルシェビキに反対で、口々に
「私たちは死をもって自由を守る」

と叫んで、気勢を挙げた。

彼女たちは逮捕され、投獄されても、軍事革命委員の命に反抗して荒れ狂った。

委員の連中がてこずって、委員長ヨッフェのところへ相談に来た。

「同志ヨッフェ、面倒だから、銃殺してしまいましょうか」

「それには及ぶまい。彼女たちをみんな裸にしなさい」

「ハ？　それが刑罰ですか」

「そして、めいめいに自分たちの娘らしい着物を着せるのです。いま彼女たちは娘子軍の制服を着ているから、ああして気勢をあげているのです。自分の着物を着ると、ただの娘に帰るでしょう」

その通りにすると、彼女たちは互いの姿を見合って、きまり悪そうに一人ずつ姿を消した。

後藤新平とヨッフェの会談について、日露両国政府の諒解は成ったが、表面は両人の私的な会談という形で進めることになり、連絡のために田口運蔵が派遣された。

田口運蔵は内藤民治と同じ新潟県の出身で、仙台の二高を出るとまもなく渡米し、社会主義者の仲間に入った。片山潜、内藤民治らとはそのころからの知り合いである。

前田河広一郎の表現を借りると、田口は極端な東北弁の濫用者で、その無遠慮に発するズウズウ弁は聴き手に心強い信頼を感ぜしめ、握手しても、相手の掌に弾力を与えるほどの快男児であった。

田口は世界を放浪して、コミンテルン第三回大会には日本代表となったり、極東民族会議の世話役を演じたりしたことがあるから、ヨッフェへの密使には打ってつけの男であった。

しかし、田口は札つきの要視察人であるから、本名では旅券が下りない。彼は新聞記者田中次郎という変名で上海へ渡ると、ヨッフェへの連絡の使命を果し、そのままヨッフェの秘書になりすました。

田口の渡航費三百円は東京毎日新聞社長藤田勇のポケットから出た。藤田は福岡の男で、報知新聞記者から二十七歳で東京毎日新聞社長となり、「厳正非中立」を唱えて東京ガスの値上げ問題を攻撃し、遂に東京市会の汚職事件にまで発展させた男である。

ロシヤ革命ののち、労働運動が激化すると、彼は松岡駒吉、西尾末広、鈴木茂三郎、加藤勘十らと往来し、麻布狸穴の自邸を将来の日本革命本部たらしめると誇称していた。

中岡良一が原敬を暗殺したとき、藤田勇は中岡を教唆した疑いで検挙されたが、貴族院の「研究会」が警視庁へ厳重に抗議して釈放させた。警視庁は無念の涙を呑んだ。

田口運蔵はこういう男の後援で上海へ渡ったのである。

田口をヨッフェの方へ差し向けておいてから、後藤新平はヨッフェに正式招待の電報を打った。

「貴下の御病気に深甚なる同情の意を表します。日本の温泉に暫時滞在して、療養される御都合はつきませんか。そのことは両国民間の誤解を一掃するに役立つかも知れません。子爵後藤新平」

ヨッフェから返電が来た。

「御懇篤なる招請に、深甚の謝意を表します。閣下の御招請は日本国民の感情の表現と思われます。同時にそれは露国民が日本国民に対して抱く感情でもありますが……私は来る二十七日（土曜日）上海発、東京へ向います。ア・ヨッフェ」

この電報の発せられたのは、大正十二年一月二十三日である。

ところが、出発を翌日にひかえた二十六日、内務大臣水野錬太郎は上海領事館内警察官にあて、ヨッフェに来日を中止するよう勧告せよという電報を発した。理由は、国内に不穏の空気があり、ことに尼港事件の遺族の動きがいちじるしいから、万一の事があっても、ヨッフェの身辺の安全を保障できないというのであった。

しかし、ヨッフェは日本訪問の予定を変更しなかった。

大正十二年二月一日早朝、彼をのせた汽船は横浜に入港した。

随行はメリー夫人、一子ウラジミール、秘書レービン、同じくシュワル・サロンと、ならびに臨時に秘書役をつとめる日本人田口運蔵の数名である。

三十九歳になるヨッフェは、額のテラテラに禿げ上った、赤黒い顎髯のある、猪首の大男で、籐のステッキをついて、痛む足をひきずりながらタラップをおりると、後藤新平の代理として出迎えた長男一蔵たちと共に、本牧の三渓園へむかった。東京行きの汽車が正午ちかくに出るので、それまでの間、ちょうど真盛りの梅を観賞しながら、船旅の疲れを休めようというのである。

定刻に横浜を出た汽車が東京駅へすべりこんだのは、十二時四十分であった。

ホームには、二百数十名の背広服の男たちが待ち構えていて、それッとばかりに、ヨッフェの乗った車両に押し寄せると、たちまち一行のまわりに人間の壁を作った。彼等は私服の警官と刑事たちであって、ヨッフェの身辺を護衛するために繰り出して来たものであった。

一行は刑事たちに取り囲まれたまま、東京駅三階のホテルの一室に入ると、堅く戸をとざした中で昼食を取り、一時半、築地の精養軒へ向った。

後藤新平が精養軒へヨッフェを訪ねて来たのは四時半である。

彼らはそれから三時間にわたって話しあった。ヨッフェの部屋へは一切他人を入れず、飲み物を運ぶ給仕たちも、入り口でヨッフェ夫人が盆を受け取って、引き下らせるという警戒ぶりである。

ヨッフェは、横浜の税関で自分の荷物が無断で開かれ、中にあった書物の題名が書き留められた形跡があるといって、感情を害していた。新平はヨッフェに陳謝するとともに、加藤友三郎首相にあてて、抗議の手紙を書き、ヨッフェに外交官特権を認めてほしいと要求した。

日本の上下に労農ロシヤに対する不信の感情が行き渡っていたことは事実である。社会主義者は地上で最初の理想国家が出現したといって狂喜したけれど、国民全体からみれば、彼等はまだごく一部の教育ある層に過ぎず、大多数の者はむしろ急激な変革に不安と恐怖を抱いている。そこへまた、革命当時の残虐な挿話や尼港事件の戦慄すべき報道が伝えられるので、日露戦争以来の恐露感情もまじって、日本人のロシヤに対する嫌悪感はいよいよ抜きがたいものになった。

さらにまた、革命政権はまだ不安定で、何時反革命勢力が台頭するかもしれないという観測の上に立って、あわてて労農政府と交渉するに当るまいという慎重論も、馬鹿にならない説得力を持っている。税関の小役人がヨッフェの荷物を引掻き廻したというような杓子定規の行為も、本人は国民の大多数と上司とによって支持されていると信じてやったことであった。

後藤新平のヨッフェ招致に、もっとも露骨な反感を示した一人は、外務省欧米局長松平恒雄であった。

松平恒雄はその前年、長春会談でヨッフェと決裂して帰国したばかりだったのである。わずか半年前に喧嘩別れした男が、こんどは相手を替えて、もう一度掛け合いにやってくるという。いかにも、松平では話がわからんから、もっとわかる男を出せといわんばかりである。後藤新平も後藤新平である。松平のような青二才では、まとまる話もこわれるから、おれが出るのだといわんばかりで、考えようによっては随分踏みつけた話である。

松平恒雄はそのとき四十六歳。六十七の後藤新平からみれば若造かも知れぬが、ともかく大日本帝国を代表して、やるだけのことはやったのに、個人の資格とか、民間外交とか称して、その権限もない後藤が出過ぎたことをするのが、黙って見ていられない。

松平恒雄は維新のときの会津藩主松平容保公の四男で、子供のときから人に遠慮をしないで育ったから、怒るときはハッキリ怒った。彼はヨッフェのやり方が気にいらず、後藤新平のやり方も気にいらなかった。

「ヨッフェなんて、ユダヤ人だよ。あんな人格劣等の奴は、とても一国の代表になる資格はないね。あんな奴を相手にして、交渉しようという後藤新平の気がしれないよ」

彼はこのように放言して、新平とヨッフェの会談を嘲笑していた。

後藤新平は松平の放言を人伝てに聞いて、カンカンに怒り、内田外相にあてて抗議の手紙を書いた。

「伝ふる所によれば松平局長も、到底ヨッフェ氏とは談判し難きにより、むしろ他の露人に換ふれば可ならんと言はれたりと聞く。元来外務省は露国の政情に精通し居り、又我が外務省随意に談判の衝に当るべき相手方を変更せしむるだけの力を有せりと自信し居らるるや。——もし然らずしてかくの如き言を発するは、国家の為、外交官として不当の言なり。国家の害なり。陛下に忠なるものに非ざるなり。露国の政情に通ぜる者はいはく、彼ヨッフェ氏はすでに二十三個の労農政府の条約を締結せる人にして、東洋の全権委員たり、而して労農政府全権者たり。然るに我が国に来遊するに当り、特に何等敬意を表はさざるのみか、陰に隠れては外交官の誹謗を逞しくす。如上の軽率なる言動の其の害国家に及ぼすものあるべきを意とせざるや
……」

後藤新平はこのように書いたものの、外相を相手にしても無駄だとさとったのか、この手紙は出さず、別に加藤首相にあてて同じ趣旨の手紙を書き、松平恒雄をボロクソにこきおろすとともに、ヨッフェのために本国との通信に暗号電報を使用することの許可を与えられんことを求めた。

これまでヨッフェは、正式の外交官でないという理由で、暗号の使用を認められなかったのであ

る。これも役人の嫌がらせであった。

反対は、内務省、外務省筋ばかりでなかった。

ヨッフェが横浜へ着いたときは、ちょうど議会の開会中であったが、安藤正純代議士は衆議院本会議で緊急質問をして
「このヨッフェ氏の来朝が機会となって、日露の間に親交関係が開ける基となるとして、これを歓迎しつつある人と、否、是は赤化の宣伝の媒介をするものであるとして、之を排斥せんとする者との二つの派が国内にありまして、而も是等二つの思想は既に事実となって現われ来りつつあるのであります」

といって、これに対する当局の対策を問いただした。内相と外相の答弁はお座なりのものだったが、実際のところ、国内における進歩派、保守派の動きはようやく激しくなってきたのである。

ヨッフェが横浜へ着いた日から四日過ぎた二月五日、赤化防止団員と称する壮漢が数名、後藤新平の邸へ押しかけて、面会を求めた。家の者が不在の旨答えると、壮漢たちは邸内に乱入して、窓ガラスを打ち破ったり、家具調度を壊したりして引き揚げた。

続いて二月二十八日、暴漢が再び乱入した。後藤家は、その二日前の二十六日、新平の母利恵が九十九歳で大往生を遂げ、家族一同悲しみに沈んでいる最中であった。

新平の嗣子一蔵が応対に出たが、暴漢のため顔を下駄で殴られて負傷した。

両度とも、家人はさっそく警察へ電話をかけて、保護を求めたが、警官の態度は甚だ緩慢で、むしろ暴漢の味方をしているのではないかと疑われるほどであった。

「警察は何をしているのだ」

「まるで、乱暴者とグルになっているとしか思えないではないか」

現場に居合わせた人たちの間から、非難と忿懣の声があがった。

越えて四月二十日夜、後藤新平は青山会館で政界革新演説会を開いた。

九時半ころ、新平の自動車へ大きな棺桶をかつぎこんだ若者があった。所轄の青山署で犯人を捕えたところ、一人は建国会会員赤尾敏（二十八歳）と名乗り、他は多久井達雄（二十六歳）と名乗った。

さらに五月八日、北一輝の署名で「ヨッフェニ訓ユル公開状」なるパンフレット三万部が、各方面へ配布された。それはこういう風に書き出されていた。

「敬重すべきヨッフェ君。君は今革命露西亜の承認とそれに付随せる外交的折衝のために日本に来た。病軀を担架に横たえて敵国に乗り込む信念と勇気だけにおいて、すでに君の歴史に悲壮なる幾ページを加えている。君が交渉の相手としている後藤新平君の階級及びそれを中心として愚論を渦まいている知識階級とに対照する時、拙者共は実にお恥しい次第だと思っている」

なかなかの名文である。

北一輝がヨッフェの日本訪問を黙って見ていられない理由は二つあった。

一つは、彼の弟子の岩田富美夫が、ロシヤに潜入して捕えられ、監獄にぶち込まれていることである。

岩田富美夫は熱心な忠君愛国主義者であったが、あるときロシヤ革命の記録を読んで痛憤し、目を吊り上げて師の北一輝のところへやって来ると、

「これからロシヤへ渡って、革命の惨状をつぶさに見て来ますから、旅費として百円下さい」

といった。

「とても君、そんな大金の持ち合わせはないよ」

北がことわると岩田は
「ふだん贅沢三昧の暮しをしているくせに、国家の一大事に臨んで、百円の金を出し惜しむのか。よし、それならこちらにも考えがある」

彼は北夫婦の二階の居間の真下へ来ると、一晩じゅう上へ向けてピストルを放った。弾丸はたいてい天井を通らなかったけれど、夫婦は朝まで眠れなかった。

北一輝は閉口して、六十円ばかり都合すると、岩田に渡した。岩田もどうやら納得して出かけたが、シベリヤへ潜入した途端に捕まって、チタの監獄にいれられた。

これまでにロシヤ政府に捕まった者は七八人いるが、ほとんど死刑になるか、生死不明になっている。岩田もおそらくあぶないであろう。時には師にピストルを向けることもある、物騒な子分だが、見殺しにするわけにもゆかない。

北一輝は岩田の首と引き換えに、ヨッフェの首を頂戴してもいいぞという顔をする必要があった。

北がヨッフェを歓迎しないもう一つの理由は、孫文との関係にあった。

ヨッフェは日本へ渡航する直前に、上海で孫文に会って、共同宣言を発表した。労農ロシヤは中国革命を援助するだろうという趣旨のもので、後藤新平がかねておそれていた通りになったわけである。

ところで、北一輝にとって、孫文ほどイヤな男はなかった。

明治四十四年、中国に革命が勃発するや、北一輝は黒竜会から派遣されて、革命軍の援助におもむいたが、中国の革命家の中でも、北は宋教仁と親しくて、孫文とは疎かった。孫文が米国で成長したため親米的、国際主義的傾向が強く、外国の援助をアテにしすぎて、東洋の民族主義者らしい風格に乏しいことを嫌ったのである。

そのうちに、北一輝の盟友宋教仁が暗殺された。刺客を送ったのは袁世凱であろうというのが、世間の一致した意見であったが、北はひとり、孫文が殺したのだと言い張った。

ついに北一輝は、宋教仁の亡霊が夢枕に立って、孫文に殺されたと告げたといって、どこまでも責任を追究しようとした。

国内に紛争と混乱の起ることをおそれた中国政府によって、北は日本へ放逐された。

それ以来、北は孫を憎んでいる。その孫と握手したヨッフェは、明白に彼の敵であった。

北一輝と後藤新平との間には、多少の因縁がないでもなかった。安田善次郎を殺した朝日平吾という男は、三通の遺書を残して割腹自殺したが、中の一通は北一輝にあてたものであった。彼は北の思想的影響を受けて、安田を殺したのであった。

そして、殺された安田は、その死の間際に後藤新平を通じて東京市へ——というより、後藤新平個人に三百万円の寄付を申し出ている。北と新平との因縁は、朝日、安田という二つの結び玉によってつながっているわけである。

また、北とヨッフェの間には、岩田富美夫、孫文という二つの結び玉がある。

こうして北は小冊子の中でヨッフェにむかって言う。

「君が今相手としている後藤君及び輿論は、君等の政府が革命の始めにおいて投獄し、銃殺した地主貴族階級と、知識階級とである。君の周囲に群り接している彼等の心理状態を側面から観察していると実に面白い。怖いような、安堵したような、接近したいような、逃げ出したいような、ちょうど子供等が猛犬の耳や尾に触れる時のビクビクした、また強がりを示す心持である。胆力も智力も、分娩の時産婆に盗まれて持ち合わせない連中ではあるが、ただもう、いかにしてヨッフェ閣下の逆鱗に触れまいかという憂慮が、彼及び彼等の全部を支配している。

君が一言ノーと吼えれば、子供等はワアと逃げ腰になる。君が目を細くして『後藤君の顔を立ててやる』とでも言えば、子供の一人は君の耳を引き、尾をつかんで、他の子供等にむかって、己れの強がりを誇示する。これだけで君は全勝に近い程度の勝利を把握している」

北一輝はこういう文章を書きながら、ちょうど雄弁家が自己の雄弁に酔うように、彼の文才に酔っているようである。

北一輝はロシヤ革命に対する反感と、労農政権に対する憎悪を思う存分にぶちまけたのち、最後に言う。

「ヨッフェ君は世界と日本との歴史的交渉に蒙古来襲戦のありしことを想起する必要がある。

……君の今交渉している後藤新平君とその輿論とは、年老いた寡婦と同じき女性的人物なのだ。……日本に人無しとして帰るなかれ。相模太郎胆甕の如し。この一書簡によりて諸君の政府が五六年間、全世界の資本主義者を脅威し、無産階級に君臨拝跪せしめて来た革命理論――従って理論を宿す貴公の首を――喝ッ！　いま由比ヶ浜に斫り落したのである」

そして熱狂的な国家主義者たちは、ヨッフェに面会を強要して、その秘書を殴打したり、街頭でビラをまいたり、国民大会を開いたりした。

一方、社会主義者たちも、負けずに集会を開き、宣言や、決議や、声明を発表して、気勢を挙げた。

ヨッフェは日本へ着いてから、十日ばかり東京に滞在したが、やがて熱海へ向うと、海浜ホテルに泊って、療養することになった。

後藤新平はたびたびヨッフェを訪ね、日露国交について話し合ったが、問題になったおもな点は次の通りであった。
一、日露両国平等の権利
日露が国交を回復するに当って、双方対等の立場に立つべきことを、ヨッフェは主張したが、日本側としては、ポーツマス条約によって得た既得権益を全く放棄して新条約を結ぶことに、同意できないと主張した。しかし、これは話し合っているうちに、ロシヤ側も、必ずしも旧条約を無視して新条約を結ぼうと思っているわけでなく、旧条約は充分尊重するというところに歩み寄った。
二、尼港事件について
日本は尼港事件を口実にして、北樺太に出兵しているが、ヨッフェに言わせれば、これはロシヤにとって威信の問題である。尼港事件の責任は日本軍にもあり、さらにロシヤ側は事件の直後に有罪者を処刑してもいる。日本がこの事件にいつまでもこだわって、賠償を求めるのは、両国の親善を増すゆえんでないというのが、ロシヤ側の考えである。

後藤新平はこれに対して、今日ロシヤが尼港事件について何等の誠意を示さないならば、日本国民の感情として、到底労農政府を承認することができないだろうといった。

三、北樺太について

ヨッフェの主張は、日本が北樺太の占領を続ける限り、露国民の感情は緩和されないであろうというのであるが、後藤新平はこれに対して、樺太はもと日本の領土であったが、明治初年、帝制ロシヤの圧迫に堪え兼ねて、日本がこれを千島と交換に手放したものであるから、露国民が日本の占領に不愉快を感ずるのは正当でないといって、詳細な歴史的文献をヨッフェに交付した。

これに対してヨッフェは、樺太はロシヤ人の目から見れば、ロシヤの領土であると反駁する。すなわち、その領有の際に、あるいは非難すべき点があったかも知れない。しかし、あらゆる大国の発展は多かれ少なかれ侵略によってもたらされたものであるが、そのような歴史的論拠は、現代の係争を解決するため持ち出すにふさわしいものではないというのである。

しかし、ヨッフェに言わせれば、ロシヤは最初から日本にむかって、北樺太の経済的利用を認めるつもりは充分に持っていたのであるから、撤兵のあかつきは、改めて油田、鉱区、森林、漁場等の利権を供与してもいいというのである。

四、暗号電報について

後藤新平は外務省に交渉して、ヨッフェとモスクワとの間に、暗号電報の使用を許可させた。交渉が進むにつれて、両者は少しずつ歩み寄りの形を見せて来た。

新平は思い切って、東京市長の職を退くことにした。身軽になって、交渉に専念するためである。

ヨッフェとの交渉は、次第にまとまりそうな様子を見せたが、それは半月や一月で片づく問題とも思えなかった。

それよりも、日本にとっては大急ぎで解決しなければならぬ問題があった。北洋漁業の季節がせまっているけれど、ロシヤ側では日本の出漁に許可を出さないのである。漁には漁季というものがある。五月上旬までに出漁しなければ、この年一年の漁獲を失ってしまうのである。日本の外務省は気が気でなくて、ウラジオストックのロシヤ政府機関を責め立てたが、先方はモスクワから回訓が到着しないといって、出漁を認めない。日本のヤキモキするのが、先方は嬉しくてしようがないのである。

日本はついに、ロシヤ側の返事があまりおそいようだったら、自由出漁をするかも知れぬとほのめかした。しかし、自由出漁となると、ロシヤ側は軍艦をもって日本漁船を阻止するか、拿捕するかするだろうし、日本側も軍艦で防がねばならぬ。戦争に突入する覚悟でなくては、できることではない。

万策尽きた外務省は、後藤新平のところへ頼みに来た。貴下はヨッフェ氏と御懇意のようだから、同氏を通じて、露国政府へよろしくおとりなしを願いたいというのである。

後藤新平は腹の中で

「それ見たことか」

と叫んだ。彼も日本人だから、日本の外務省の困るのを、喜んでばかりいるわけでもないが、これまでさんざんいばり返っていた相手が困り果てているのを見て、まったく嬉しくないほどの聖人君子でもなかった。

新平はさっそくヨッフェに頼み、ヨッフェはモスクワへ電報を打った。

モスクワから、たちまち返電が来た。いわく

「ロシヤ政府は、日本の要求に同意するけれど、それは後藤子爵の誠意ある友誼に報いんがためである。日本政府は、ロシヤ側が承諾しないときは、自由行動に出るなどと威嚇して来たが、ロシヤ政府は、日本政府のそのような言動が、国際間の礼譲に合しないことを遺憾とする。ロシヤ政府は右威嚇の故にこれを承諾するものではない」

そしてこの電報を後藤新平に渡すとき、秘書はにこやかな微笑とともに、

「はじめヨッフェさんは、日本政府の要求は条理にかなわないものだといって、モスクワへ打電する意志はなかったのですが、ただ後藤子爵に敬意を表する意味で、伝達したものです」

と、恩に着せたとも、御機嫌を取るともとれるような言い方をした。

日本の外務省はロシヤ政府へ、五月十二日までに返答がほしいと、正式申し入れをしていたのだが、それにはウンともスンとも音沙汰なく、返事は後藤新平へ期限より二日前に来た。

後藤新平とヨッフェの話し合いは一応まとまったけれど、二人の会談はもともと私的な立場ではじめられたものであるから、これを公的なものにするには、両国政府によって正式に任命された代表の手に移さねばならない。

ロシヤ側は別に代表を選任することなく、ヨッフェを滞日のまま正式代表に切り替えたが、日本の外務省は新たに、ポーランド公吏川上俊彦を代表に任命した。

しかし、ヨッフェはこれに不満で、新平に

「どうしてあなたが、引き続いてやってくれないのですか。これまであなたと話し合って、よう

やく諒解に達した事項は、あなたでなければわからない事が多いのに、ここで人が変っては、いちいちの事柄を、はじめから説明し直さねばなりません」

「おっしゃる通りですが、私は日本政府を代表する権限も、資格もありません。正式交渉には、やはり正式の代表が出なければならないでしょう」

「しかし、あなたは、表向きはともかく、内実はいちいち政府の意向を確かめながら、やっていたのでしょう。それならば、実質上は正式代表と変りないではありませんか」

「いや、私の役目は、あなたとの間に交渉成立の可能性を見出すことだけです。その可能性を現実のものとするのは、法制上に資格ある外務官吏です」

ヨッフェは苦々しげに
「私はその、貴国の外務省なるものが、信じられないのです。私の友人たちが教えてくれたところによると、こんど正式代表に任ぜられた川上公使は、新聞記者に対する談話で、ロシヤは交渉妥結を急いでいるが、日本はなにもあわてることはないと言っているそうですね……なぜならば、ロシヤ国内には現政府に対する反抗的気分が横溢して、何どき暴動が勃発するかも知れないから、一日も早く外国と和平したがっている。交渉が長びけば長びくほど、ロシヤは譲歩して、日本に有利になるだろうと……こう言っているそうですね」

「たしかに、そういう記事はありました。しかし、それは何かの誤伝ではないでしょうか。日本の外交官が、そんな軽率なことを言うとも思いませんが」

「いや、私は日本の外交官なら言い兼ねないと思うのです。先日もある英国の新聞は、ロンドン駐在の日本大使が、シベリヤの開発はロシヤ人の手に任せられない、シベリヤに門戸開放の原則を確立して、諸国民をしてその富源を開発せしむべきだと演説したと伝えています。ロシヤを植民地か何かと同一視した言辞ではありませんか。私はそういう外交官と交渉しなければならないのですか」

「一部にそういう空気があることは事実です。しかし、われわれは原則的には諒解に達していますから、あまりこまかなことにこだわる必要はないでしょう」

新平はそう言うよりなかった。

ヨッフェが神経質になるのも、無理はなかった。彼が日本にいる間じゅう、日本全土はまるで、コレラかペストのバイキンが侵入したかのように、敏感な反応を示したのである。

一方には熱烈な歓迎があった。ヨッフェ一人が来たことを、まるで革命の前触れを迎えたかのように狂喜し、おどり上る群があった。

そして、それを呪い、憎み、今にも日本が崩壊するかのように騒ぎ立てる一派があった。

熱海で二カ月療養していたヨッフェは、病状がやや好転すると共に、五月五日、ふたたび東京へ出て、築地精養軒に泊っていたが、その界隈にはいつも、怪しげな男たちが出没して、不審訊問の網にかかった。

ときどき、ヨッフェの一身上に関するつまらない噂話が流れて、彼をいらだたせることがあった。

ある新聞は、ヨッフェの若い妻と秘書とが日比谷公園であいびきをしていたと書いて、ヨッフェを怒らせた。

しかし、ヨッフェ自身にも、そういうことを書き立てられる弱味がないではなかった。彼は強度の阿片中毒者で、毎日多量の注射を必要としていた。

彼が麻薬を最初に用いたのは、前年の秋、シベリヤにいて、猛烈な流感にかかった時がはじめてであると説明していたが、本当のところはわからない。何しろ彼は医者で、薬を手に入れる便宜はあったから、一度その魔力に取り憑かれると、自分を抑制することができなかった。

ヨッフェが日本に上陸して間もなく、後藤新平の好意で診療に差し向けられた女婿佐野彪太博士は、いち早く彼が麻薬中毒者であることを看破したものの、私的ではあるが一国を代表する使節という彼の立場を尊重して、世間へ公表することをしなかった。

しかし、彼が中毒患者であるという猟奇的なニュースは、猟奇的であるだけに伝播することも早く、しばらく後には、関係筋で知らぬ者もなくなった。

ヨッフェの来日を、百万の味方を得たように喜ぶ社会主義者にとっては、痛手であったが、反対派にとっては思う壺であった。

ヨッフェの妻と秘書との醜聞も、ヨッフェが中毒者で、無能力者であるからという説明がつくと、いかにもありそうなことに思えた。

外務省の高官連は、ヨッフェをなぜ虚心に受け入れぬかという新聞記者の質問に、正面からムキになって答えるよりも、ぬらりくらりと要領を得ない返答をしたあとで、さも秘密らしく
「あれは君……知ってるかね……ここだけの話だが……阿片中毒だよ」

と耳打ちするほうが、遥かに利き目があることを心得ていた。

ヨッフェの病状はたしかに悪かった。彼は後藤新平と会談するにも、自分の病室で、ベッドに横たわったままだった。病身なら当然のことだが、それが赤色ロシヤの使臣で、中毒患者のする

こととなると、ひどく不潔なことのように見る者もあった。

後藤新平の代りに登場した川上俊彦代表とヨッフェとの交渉は、六月二十八日から開かれることになった。

その十日ばかり前に、チタの監獄に入れられていた岩田富美夫が、突然釈放された。おそらく北一輝の作文の中で「喝ッ……」とばかりに由比ヶ浜で首を斬り落されたヨッフェが、本物の刀で本物の首を斬り落されては大変と、あわててモスクワへ岩田助命の電報を打ったものであろう。

岩田富美夫は上機嫌で帰国すると、新聞記者にむかって
「係官は態度も言葉づかいも丁寧であった。官紀はなかなか厳正で、露国は目下建設にいそがしいようである」

と赤色ロシヤを賞めそやした。

川上代表とヨッフェとの交渉はなかなか順調に進まなかった。

一番問題になったのは、尼港事件である。日本側はどこまでもロシヤの陳謝を要求し、ロシヤ側は、尼港事件には日本軍にも責任があるといって譲らない。

しかし、ヨッフェも日本へ来て、半年近くもたつうちに、日本人が思いのほか尼港事件のことを深刻に考えていることが、少しずつわかってきた。これまで彼は軽く考え過ぎていたようである。

結局、彼は何かの形で陳謝の意を表するのも、やむを得まいと思うようになった。

しかし、どういう表現を取るかが問題である。甚だしくロシヤの面目を失するような形式にはしたくない。その点で、日本の外務省との間に押し問答が繰り返されたが、最後には、ほぼ妥協

点に達した。

しかし、ヨッフェは必ずしも満足ではなかった。後藤新平を相手にしたときは、スラスラ運んだ交渉が、外務省が相手だと、どうもギクシャクするのである。

ヨッフェにとって、日本という国はまったく不可解な国であった。自分の交渉の相手は外務省かと思っていたら、その上に元老とか枢密院とかいうものがあり、軍部というものもあるらしい。

さらにまた、国士とか浪人とかいうものがあって、目に見えぬ力を揮っているらしい。後藤子爵の家へ乱入して、子息の頭に負傷させたり、自分の秘書の田口運蔵を殴ったりしたのも、その仲間らしいし、自分の首をどこかの海辺で斬り落したとか言い触らして歩く男も、そういう仲間の首領株の一人だという。

ヨッフェはだんだん神経質になった。というより、はっきりした精神病の病状を呈して来た。ヨッフェには、見知らぬ日本人は皆、自分の首を斬りに来る男のように見えた。

彼はあるとき、ホテルのベッドの下に、電気で爆発する危険物のようなものが仕掛けてあるといって、客室係に抗議した。

彼はまた、バスルームのステインド・グラスに何か怪しいものの影が映ったといって、ステッキで叩きこわした。

川上代表と交渉中も、ヨッフェは急に怒りだしたり、その場にふさわしくない事を口走ったりして、てこずらせた。

梅雨に入って、毎日ジメジメした日が続くと、ヨッフェの病状が悪化した。彼は痛みのため一歩も動けず、日本側との会談はすべて、ベッドに横臥したままの姿勢でおこなった。

神経痛の上に、阿片中毒のための妄想と幻想が彼を苦しめた。すべての日本人が彼に敵意を持ち、彼を襲撃しようとしているように見えた。

彼はどう見ても、狂人であった。

七月の終りころ、突然、モスクワ政府は、ヨッフェに帰国命令を発した。日本におけるヨッフェの狂態を、誰かが報告したものらしい。

ヨッフェは、日露の予備交渉をあらかた終えて、これから本交渉の段階に入っても、引き続き自分が担当するつもりだったらしいが、本国政府からの召還とあればやむを得ない。あわただしく日本を去ることになった。

日露交渉は一旦打切りとなった。

出発の前に、ヨッフェは後藤新平や内藤民治など、世話になった日本人を招待して、別れの宴を張った。

宴会の案内状には、夫人同伴と書かれてあったが、内藤民治の妻は永い間病床についていたので、世間へは友人と称していた愛人伊沢蘭奢を、臨時の妻に仕立ててつれていった。伊沢蘭奢は、徳川夢声と同郷の島根県津和野の出身で、内藤の経営していた雑誌「中外」のタイピストをしながら、新劇女優になった。

ヨッフェの退京は八月十日夜であった。極度に神経が高ぶっているヨッフェは、些細なことにも興奮するおそれがあるので、東京駅の警戒は厳重をきわめた。

警戒の責任者は日比谷警察署長江口浩である。彼は警視総監赤池濃に面会を求めると

「思い切り厳しく警衛しようと思いますが、御承知置き下さい」

「どんなふうにやるつもりかね」

「新聞社の写真班には、一切写真をとらせません。マグネシウムをたく音が、ピストルの音とよく似ていますので、ヨッフェが興奮するおそれがあります」

「しかし、写真をとらせないというのは乱暴だね」

赤池総監は内相水野錬太郎の子分で、学究肌の、おとなしい人物であるから、ヨッフェを特別あつかいすることを好まない。それに、部下には正力松太郎のように社会主義を蛇蝎のように嫌う男もいて
「ヨッフェなんか、特別待遇する必要があるもんか」

と公言しているから、江口署長は孤立無援である。しかし、江口自身としては、ヨッフェがロシヤ人だからでなく、一人の重病人として、大事にしてやりたい。すくなくも、彼の責任である日比谷署管内で、事故を起してほしくないので、警視総監にはあとで怒られてもいいから、自分の好きなようにやることに決心した。

いよいよヨッフェ退京という日、江口日比谷署長は部下に
「写真は絶対にとらせてはいかん。マグネシウムもたかせないように。場合によっては、写真機を取り上げてもかまわん」

と命令した。

夜の八時半になると、ヨッフェは築地精養軒の自室から、大きな担架に乗せられたまま、患者輸送用の自動車に運び込まれた。車の中でも、医者と看護婦が付きっ切りである。

ヨッフェの自動車のあとからは、随員や護衛の警官の自動車が十余台続いた。

東京駅に着くと、三百名に余る警官や私服が厳重な人垣を作って、一行を取り囲み、一般人は一人も近づくことができない。

新聞社の写真班がウロウロしていると、警官に追い立てられ、カメラをたたき落されてしまう。怒って抗議すると
「反抗するのか」

とにらみつけ、寄ってたかって検束してゆく。群衆の中から非難の声が上がると
「いま何か言った奴は誰だ」

と、その男もついでに検束する。

ヨッフェは担架のまま、駅の地下道を運ばれると、エレベーターでプラットフォームに出て、そこに横付けされた特別列車に吸い込まれてしまった。

あとはただ叫喚と怒号の渦である。

あくる日の新聞は、ヨッフェの写真をのせたものは一紙もなく、大勢の警官に取り巻かれて、ポツンと立った見送りの後藤新平の写真ばかりが目立った。

ヨッフェら一行は、翌日正午すぎ、敦賀に着くと、官民多数の出迎えを受けて、桟橋に繋留中の鳳山丸に乗り込んだ。

夕方六時、鳳山丸は出航した。

ヨッフェを上海まで迎えにゆき、そのまま秘書となって同行して以来、半年の間その身辺に付き添っていた共産主義者田口運蔵は、ヨッフェの帰国と共にロシヤへ渡るつもりであったが、正規の旅券手続きをしていないという理由で、敦賀署から出国を阻止された。田口は

「旅券うんぬんというのは、当局の口実で、要は僕をロシヤへやりたくないということなのだ。しかし、僕は警察と喧嘩してまで、渡航を強行しようというほどの命知らずではない」

と新聞記者に語って渡航をあきらめた。

内藤民治も敦賀までヨッフェを送って、別れを惜しんだ。ヨッフェは彼の手を握って

「内藤さん、日露国交の回復のため、あなたのたてられた功績は多大なものです。ブルジョア国家ならば、勲章をさし上げるところですが、労農ロシヤには勲章の制度がありませんので、残念です。そのかわり、今度国賓として御招待しましょう。その時は、ロシヤ全土の鉄道とホテルは、どこへ行っても無料のはずです」

といった。

ヨッフェの来日は、日本にさまざまの波紋を残した。

ヨッフェが熱海に滞在して、ときどき訪ねてくる後藤新平と非公式の予備会談をかさねていたころ、同じホテルに泊って、ヨッフェの身辺に出没している不思議な中国人の父娘があった。十四五歳になる娘は、ヨッフェ夫人に中国語を教えるという名目で、しょっちゅうその私室に出入りしていたが、廖さんと呼ばれる父親は、何者ともわからず、内藤民治や田口運蔵と毎日玉突きなどやりながら、ぶらぶらしていた。

あとでわかったことであるが、父親は廖仲愷といって、中国の革命家であった。彼はのちに広東政府の財政部長となり、暗殺されたが、その息子は廖承志といって、現在の中国の要人である。

廖仲愷の使命は、国民革命軍のための資金の調達であった。

そのころヨッフェには、約三百万円の金が入ることになっていた。廖仲愷はそれを受け取るた

めに、日本へやって来ていたのである。

三百万円の出所は日本であった。

ヨッフェと後藤新平の交渉によって、漁業権の問題が解決するまで、日本の漁船が自由出漁と称して、軍艦の護衛を受けながら、北洋に出漁していたことは、前に述べた通りである。

しかし、いくら自由出漁といっても、まったくタダでひとの物を頂戴するわけにはゆかない。その間、業者たちは、いずれはロシヤへ払わねばならぬ補償金の分として、毎年一定の金額を共同積み立てしていた。その金が三百万円に達していたのである。

漁業問題が解決すると共に、積立金はロシヤへ支払われることになった。ヨッフェは三百万円の小切手を、右の手で後藤新平から受け取ると、手品のように、左の手で廖仲愷へ渡した。

小切手を受け取った廖は、もはや内藤や田口と玉突きをする暇もなく、そそくさと熱海から姿を消した。

三百万円の金が、蔣介石の北伐を成功させ、新生中国の基礎を固めるのに役立ったことは、いうまでもない。

ヨッフェがロシヤへ帰って三週間目に、東京は震災で壊滅した。今ごろまで東京にウロウロしていたら、北一輝の宣言の通り、ヨッフェの首が飛んでいたかも知れないと、関係者一同胸をなでおろした。

まもなく、日露の会談は北京で、駐支公使芳沢謙吉とカラハンの間に開かれることになった。

同じころ、内藤民治はモスクワ政府から招待を受けて入露した。

橋本徹馬も、ぜひにと懇望して、一行に加わったが、途中まで行ったところで、芳沢カラハン会談が陸軍の反対で行き詰まっているという情報が入ったので、橋本は急いで東京へ引き返すと、親友の荒木貞夫少将を説いて、陸軍を譲歩させ、会談続行のきっかけを作った。
内藤はそのままモスクワへゆき、トロツキーはじめクレムリンの幹部たちと会って、芳沢カラハン会談の裏面工作を進めた。

取材余話

近畿大学教授小林幸男氏は近世外交史の研究家で、特に日露交渉の歴史にくわしい方である。昨年（昭和三十九年）の夏の盛りの、暑い日であった。休暇を利用して、研究のため東京へ出て来られた小林教授は
「多摩川の上流の福生に、内藤民治という人が住んでいるから、訪ねてみましょう。ヨッフェ会談の舞台裏で働いた人です」
と誘って下さった。福生の駅からタクシーで相当の距離の、ほんとうに人里離れたという感じのところに、夏草の生い茂った庭があり、その奥に簡素な住宅があったが、固く錠がおろされて、無人であった。
お隣の人に聞いてみると、親戚の方らしく
「今年の春ころ、郷里の新潟へ帰りましたが、また出てくるようなことを言っていました」
といって、新潟県三条市の所番地を書いた紙を下さった。私たちは暑い日ざかりに、無駄足を

ふんだ疲れが一度に出て、茫然と顔を見合わせた。

私はその時すぐ、内藤氏に手紙を出すべきであった。

ところが「大風呂敷」はまだはじまったばかりで、ヨッフェ会談はずっと先の話である。その日その日の取材に追われて、私はつい内藤民治氏に会う段取りを先へのばしていた。

今年の八月になってから、私は新潟県出身のある友人と、毎日新聞社の新潟支局を通じて、内藤氏の消息を聞いてもらった。

すると、内藤氏はこの七月十五日、八十歳の高齢でなくなられたという返事である。

まったく一足ちがいであった。内藤氏にじかに会えたら、私はヨッフェ会談について、もっと面白いことが聞き出せたかも知れなかったのである。

そこで私は雑誌「論争」の昭和三十七年十二月号と翌年一月号に載った「内藤民治回想録」に主として拠ることになった。内藤氏に会って、もっと細かな点が聞けたらと、残念でならないが、これだけでも充分興味深いかと思う。

ある日、毎日新聞社へ世田谷区北沢に住む佐竹黎子という方から電話があった。内藤の娘だけれど、紙面に父のことを発見して、なつかしさに堪えないということであった。

まもなく拙宅へ訪ねてみえた佐竹さんは、写真で見る内藤民治氏とよく似た顔をしておられた。この九月一日が四十九日の法要だということである。私がそのことを、挿絵担当の宮永岳彦氏に伝えると、宮永氏は、それでは「大風呂敷」の三四九回の挿絵として描いた内藤氏の肖像を、記念にさしあげようといわれた。多分九月一日に間に合ったことかと思う。

内藤民治のヨッフェ工作を蔭で援助した堤清六は、内藤と同郷の新潟県三条の人である。そして、ヨッフェ交渉に反対して「ヨッフェニ訓ユル公開状」を配布した北一輝も、新潟県佐渡の生まれである。北一輝は二人が同県人だから、わざとこんないたずらをしたのかも知れない。北という男には、そんな性質があった。

なおヨッフェ交渉の史実については、後藤力氏が「岩手日報」に連載された「日露交渉回顧録」に教えられるところが多かった。

地震のあと

加藤友三郎内閣が、首相の死によって崩壊したのは、大正十二年八月二十四日、震災の一週間前であった。

後継内閣を誰が組織するかについて、いろいろと下馬評が流れたが、後藤新平という声はそれらの中で最も有力であった。

後藤新平はもう大分以前から、首相候補という噂が高かったが、ヨッフェ会談で彼の人気は頂点に達した。

新聞は毎日、ヨッフェと後藤新平のことを書き、彼の鼻眼鏡の写真や漫画が載らぬ日はなかった。全国各地から講演の依頼が殺到し、彼も時間の許すかぎりそれらに応じて出掛けると、得意の機智や皮肉を連発して、聴衆を喜ばせた。彼の行くところ、いたる処に歓呼の声が渦巻いた。後継内閣は後藤新平を無視して考えられぬ状態であった。

しかし、新平の人気には、たったひとつ、大きな欠陥があった。彼が社会主義者と仲よくしすぎるという点である。

後藤新平は昔から、左翼とも右翼とも連絡があった。そういうことをあまりやかましく言わないのが、彼の性格の美点であった。

東京大学の若い助教授吉野作造がヨーロッパ留学の旅に出たのは、明治四十三年四月である。

吉野の家庭は大人数で、留守中の生活費に不安をおぼえると聞いた新平は、毎年五百円ずつ三年間の援助を約束した。

後年、吉野作造は日本の民主主義の代表的論客として、後藤新平の属する寺内内閣を痛烈に攻撃したが、個人としての後藤新平を徳とする念は終生変ることなく、新平の没後は、命日ごとに墓参を怠らなかった。

後藤新平が大杉栄の面倒を見たことも、有名である。彼は大杉に仏典をフランス語訳させて、毎月いくらかの金を恵んでいた。

後藤新平の身辺にも、社会主義者の大物がいた。第二次共産党の巨頭佐野学は、彼の女婿（養女静子の夫）佐野彪太博士の弟である。そして彪太の長男、つまり新平の孫に当る碩もまた共産党員であった。

このように、社会主義者に取り巻かれながら、後藤新平自身は最も熱心な皇室中心主義者であった。彼の書斎の壁にはいつも大正天皇の御真影を掲げ、その前は垂れ幕で覆っていたが、彼は朝夕にそれを拝することを怠らず、床に紙をのべて揮毫するときも、決して御真影にうしろを向けることがなかった。

従って、後藤新平が社会主義者と親しく交わったのは、日本が社会主義国となること、あるいは革命によって顚覆することを望んだためでなく、日本は万世一系の皇室を戴く以上、どのように世の中が進んでも、ロシヤのようになる気づかいはないと安心しているためであった。いくらか詭弁じみた論法であるが、国体観念が強固であればあるほど、社会主義国と国交を回復し、社会主義者と親しんでも、感染する心配はないというのが、彼の主張であった。

ヨッフェを招致して、日露交渉の局面を打開したことは、後藤新平の大衆的人気を上昇させたけれど、一面から見れば、政治家としての彼に対する不信を増すことにもなった。

日本の政治は大衆的人気だけで動いているのではない。政界の上層部には、大衆の拍手喝采とは無縁の勢力が動いていて、重要な問題は少数の実力者ともいうべき人々の間で決定されることが多い。

そういう実力者の間で、後藤新平の評判はかならずしもよくなかった。

後藤新平のやることは、いかにも華々しくて、時代の感覚に合致しているようだけれど、実力者は時代感覚などというものをあまり重く見ていない。少数の目覚めた知識階級や言論界が後藤新平をいくらかつぎ上げても、実力者は、もっと広汎な、目覚めない多数を背景にして、自分の欲するところを強行しようとする。

北洋の漁場の問題を解決したことは、たしかに後藤新平の功績だが、日本全体の経済から見れば、一部分の問題にすぎない。その一部分の問題と引き換えに、労農政府が日露交渉全体を有利に導こうとしているのも気にくわない。

第一、後藤新平が交渉の橋渡しに、田口運蔵や内藤民治などの共産主義者、あるいはその同調者を手先に使ったのも気にくわない。共産主義者は国賊ではないのか。そういう者を手先に使う後藤新平は一体、何者なのか。彼自身は皇室尊崇の念において誰にも劣らないと称しているけれど、それならば、なぜそういうウサン臭い人物を手先に使うのか。それは、彼自身の考え方の中にウサン臭い、アイマイなものがある証拠ではないのか。それとも、あとはどうともなれという、その場限りの人気取りにすぎないのか……。

後藤新平の人気が上昇すればするほど、政界の玄人筋では彼に対する嫉妬とからみあった不信、疑惑の念も濃くなってきた。

しかも後藤新平の存在は、いまや誰も無視することができないくらい、大きくなっている。次の内閣は、後藤新平抜きでは考えられないというのが、実情である。

そこで考えられるのは、後藤が誰かと手を握ることである。彼の大衆的人気を背景にして、上層部の保守勢力に受けのいい誰かと提携して、互いに両者の欠けたところを補いあう内閣を作ることである。

誰がいいか？

加藤高明、清浦奎吾、山本権兵衛などの名が浮んだ。

中で、山本権兵衛が最も有力にみえた。

ただ、山本権兵衛は後藤新平に宿怨がある。九年前の大正三年、山本内閣の打倒に狂奔したのは後藤新平であった。内閣をつぶされた怨みは、そう簡単に忘れられるものではない。

しかし、間に立つ者があって、後藤と山本の提携は成った。

八月二十八日、地震の四日前に、大命は山本権兵衛に下った。

山本権兵衛は、はじめ挙国一致内閣を作るつもりで、議会における三党首に入閣を求めた。

しかし、政友会の高橋是清も、憲政会の加藤高明も拒否し、承諾したのは国民同志会の犬養毅だけであった。

そこで山本権兵衛は、独力でゆく方針に転じ、側近の薩摩出身者に相談しながら組閣工作を進めた。

はじめ後藤新平は、山本と対等の立場で連立内閣を作るつもりであった。ところが山本は後藤に何の相談もせず、自分勝手に入閣交渉をはじめた。後藤新平は無視された形である。

このままでは連立内閣でなく、山本の単独内閣に、後藤が一人ポツンと入閣する形になる。後藤新平は憤慨して、入閣を拒否すると言い出した。

しかし、山本は彼に内相として入閣することを求めた。連立は問題にならないが、後藤一人は受け入れようという態度である。連立内閣ということになれば、自分にもいい運が向いて来るかも知れぬと、心ひそかに期待していた新平の子分たちは焦慮して、騒ぎ立てた。

新平が山本の要求を受け入れれば、子分たちを失望させることになる。どこまでも意地を通せば、新内閣に置き去りを食うかも知れぬ。むずかしいところである。

両者対立したまま譲らず、組閣が難航しているところへ、大地震である。

地震は対立を解きほぐすにいい機会であった。二日早朝、新平は取るものも取りあえず、山本権兵衛のところへ駆けつけると

「国家非常の時に当って、区々たる行きがかりに拘泥しておられません。あらゆる条件を抜きにして、御協力します」

と申し出た。

親任式は即日行われることになった。まだ余震が揺れやまず、宮殿内では危険が予想されるので、赤坂離宮の庭園の中の萩の茶屋で、蠟燭の光に照らされながら、式はおごそかに挙行された。

内務大臣になって最初の一月の間、後藤新平は罹災者の救護、生活物資の配給、治安の維持などに忙殺された。

社会主義者の活動を予想して、彼の取った取り締まり措置は、かならずしも穏当なものといえなかった。朝鮮人虐殺についても、彼は責任があった。

一方、後藤新平は甘粕大尉が大杉栄を殺したと聞いて、憤激した。大杉の貧窮時代、彼はそのポケット・マネーをさいて、生活を助けたことがある。

大杉殺害をめぐって、陸軍と警察は感情的に対立した。社会主義者が大杉の葬式を盛大に挙行しようとしたとき、警察は見て見ぬふりをした。

憲兵隊から金をもらって、大杉の通夜の席へ乗り込み、その遺骨を奪い去ったのは、北一輝の子分で、すこし前にチタの監獄から釈放されたばかりの岩田富美夫とその一党であった。

震災直後の混乱がおさまると、まず必要になったのは、東京の復興であった。

後藤新平はつい半年前まで東京市長であった。彼は東京の都市改造をもくろんで八億円計画を発表し、大風呂敷と嘲笑されたけれど、東京が焼け野原と化した現在は、この案をもう一度持ち出すに最もふさわしい機会であった。

はじめ彼の頭に浮んだのは、復興省という独立した一省を設けることであった。しかし、この案によると、各省の持っているあらゆる権限は復興省へ移されることになる。それだけ、各省は縄張りを削り取られるわけで、常に自分の勢力範囲の拡大ばかり考えている官僚には、堪え難いことである。彼等は復興省案に反対した。

代りに提出されたのは、復興院設置の案である。この案では、復興院はただ、帝都復興計画を決定するだけで、執行機関は従来通り各省に留めておこうというのである。後藤新平はこの案に屈服した。

九月二十九日、後藤新平は帝都復興院総裁を兼任することとなり、早急に人事を定めて、復興計画の立案に着手した。

これより先、後藤新平は山本内閣の親任式から自邸へ帰るやいなや、鶴見祐輔にむかって

「ビーアド博士に電報を打って、すぐ来いといってくれ」

と命じた。焼け跡がまだブスブスと煙を上げ、焼死体がゴロゴロしているとき、彼はもうそこに建設されるべき壮麗な近代都市のことを頭に浮べ、ビーアド博士の知恵を借りようと考えているのであった。

ビーアド博士は新平の電報に

「新街路を設定せよ。街路決定前に建築することを禁止せよ。鉄道ステーションを統一せよ」

と返電を打った。

彼にとって、何より大事なことは、東京の道路を広くすることであった。道路は都市の動脈である。これが狭いと、あらゆる機能は停滞してしまう。家屋がすべて焼け失せたことは、それぞれの所有者にとっては悲しむべきことだが、五十年、百年先のことを考えれば、またとない機会である。ここに建築を許して、もとのゴタゴタした、狭くるしい東京を再現させてはならない……

地震の翌る月の六日には、ビーアド博士は東京の土を踏んでいた。一望の廃墟と化した東京を眺めて、彼はくりかえし後藤新平に道路の重要さを説いた。

ビーアド博士の意見を参考にして、彼が作製した復興計画は、四十億円の予算を計上していた。八億円計画さえ大きすぎると騒いだ世間は、四十億と聞いて、あきれ返った。平時でさえこの

額は多すぎるのに、今や東京は壊滅して、国民の経済力も消耗しきっている時、どこからこういう大金を絞り出せというのか。食う物も食わず、家も建てず、ひもじい腹をかかえて、雨露にさらされながら、ただ道路工事ばかりしているというのか……

後藤新平の大風呂敷は非難攻撃の的となった。

もっとも、彼の四十億円計画は、はじめからこの通りに実現できるという見通しで立てられたものではなかった。

彼は下僚に命じて、予算のことを念頭に置かず、理想的な案を作らせたのであって、実現不可能なことははじめから承知であった。

従って彼は、反対にあうごとに三十億、二十億と縮小してゆき、最後には蔵相井上準之助と交渉の結果、七億二百万円に落ち着いた。

しかし、このことも彼は計算ずみであった。もし彼がはじめから七億と打ち出していたら、おそらく五億、四億に削減されていたろう。はじめに四十億と吹っ掛けたからこそ、まだしも七億で留まったのであった。

四十億という数字も、彼から見れば、全くでたらめのものではなかった。実際のところ、東京を彼の思う通りに再建するとすれば、それだけの金は必要だったのである。それは現実には不可能であるとしても、理想としてはこうであるということを、彼は世人に知ってもらいたかった。七億で完全な首都が建設できると思ったら大まちがいだということだけは、彼は世間の人の頭にたたきこんでおきたかったのである。

しかし、はじめに四十億と吹っ掛けて七億で引き下る彼のやり口を、人は夜店の植木屋のようだと評した。後藤新平は駆け引きの多い男だということになった。

七億二百万円の復興計画案は、復興院の諮問機関として設置された復興審議会に提出されたが、ここで思わぬ障害にあった。委員の一人伊東巳代治がまっこうから反対したのである。

伊東巳代治は後藤新平のもっとも親しい友人であった。彼等は政治家として、いつも同一歩調を取ってきたし、個人としても、いっしょに茶屋遊びをしたり、いっしょに新宿将軍浜野茂の鴨猟に招かれたりする仲であった。後藤新平の外遊中、彼が新橋から落籍して囲っていた桃千代の世話をたのまれて、自分の邸の近くへ住まわせたのも伊東であった。

その伊東巳代治が、彼の案に真向から反対したのである。

伊東巳代治の攻撃は、主として区画整理のための土地買収費に向けられた。彼はときどき後藤新平の顔を、横目でじろりと見ながら
「土地収容法によって買い上げた土地の代価は、公債によって支払われることになるでしょうが、支払われた方は、これをそのまま金庫にしまっておくということは、まずないでしょう。実際のところ、土地を買い上げられる人たちは、いずれも震災によって、家を焼かれ、財産を失って、その日の暮しに困っている人ばかりであります。彼等は公債を金庫にしまっておくどころか、受け取ったその場で売り払って、現金にかえたい人ばかりである。ほとんど無際限に発行される公債を、みんなが一時に売りだしたら、どういうことになるか……震災前からすでに、額面百円の五分利付き公債は八十二、三円していました。ここへ一時に多額の公債が売り出されると、どういうことになりますか。七十円、六十円と下ってゆくでしょう。さらに、土地収容法によって、政府が収容する土地は、市価の半額で買い上げるという。しかも、その代金は百円の額面が七十

円、六十円にしか通用しない公債で支払われるということになる。土地所有者の側からみれば、こんな無茶なことはありません……」

やっかいなことに、伊東巳代治は銀座四丁目一帯に、広大な土地を持っていた。

このあたりは日本中で一番地価の高いところで、そのころ坪三、四千円するといわれていたが、復興計画では、道路拡張のため、ここに大きく線をひいて、全部買い上げることになっていたから、持ち主としてはたまったものではない。

伊東巳代治の反対が、自分の土地を取り上げられては大変という気持ちから出ていることは、誰の目から見ても、明らかであった。そして、そういう利己的動機から出た反対論を、公共の問題を審議する席で、恥も外聞もなく持ち出すところに、師直とアダ名をつけられる伊東巳代治の面目が躍如としていた。

伊東巳代治は頭脳明晰で聞こえた男である。彼はその頭の冴えを伊藤博文に愛されて、帝国憲法制定の仕事をてつだわされ、博文の没後は「憲法の番人」と呼ばれた男であるが、今や自分の土地の番人となって、得意の憲法論を持ち出すのである。

「諸君も御承知の通り、憲法第二十七条には『日本臣民ハ其ノ所有権ヲ侵サルルコトナシ』という規定があります。これは憲法起草当時において、大なる趣意があるということに、御考慮を願いたい。ただこれに除外例として『公益ノ為メ必要ナル処分ハ法律ノ定ムル所ニ依ル』とありますが、この法律とは、たとえば土地収用法である。しかし、この土地収用法は、所有権の譲渡を強制するだけであって、決してただで取り上げてよろしいというのではない。補償は充分にしなければならぬというのです。ところが、新聞などで見ますと、復興院では、この土地収用法さえ無視し、もっと簡単な法律を制定して、人民の土地を取り上げるつもりのようですが、これこそ憲法の精神にもとるものです」

後藤新平は、伊東巳代治の銀座の土地が道路計画にひっかかって、大部分取り上げられることになることを、知らないわけではなかった。従って、この計画案を審議会に出す前に、伊東に見せて、諒解を得ておくことも考えないではなかった。

しかし、見せればゴテつくにきまっている。そうなれば、伊東は親友であるだけに、あつかいがむずかしい。

一方、親友であるだけに、なんとか目をつぶってくれそうだという気もしないではなかった。それが甘かった。師直の前には、親友もヘッタクレもなかったのである。

伊東巳代治の反対は、銀座の大地主という個人的立場からなされたものだったことは事実であるが、同時に彼は震災で家を焼かれ、土地だけしか持っていない多くの市民の利益を代表していたので、審議会では伊東を支持する空気が強くなり、後藤新平の案は修正を余儀なくされた。

修正された案では、道路計画が大幅に縮小され、はじめの案にあった京浜間の運河計画が消えていた。そのため、予算総額は五億七千五百万円に減っていた。

政府はこれを、十二月十一日からはじまる臨時議会に上程した。

しかし、山本内閣の弱点は、議会に足場を持っていないことであった。革新クラブの犬養毅だけ入閣しているが、その党員は四十五名という少数で、ほとんど力にならない。

そこで復興計画案は、またしても大修正を受けることになった。すなわち、政友会は政府原案に対して一億六百万円を削減する修正案を出し、予算総額を通過させた。

後藤新平の面目は丸つぶれである。

政府は修正案を呑んで、政友会に屈服するか、議会を解散して、どこまでも戦うか、二つに一つをえらばなければならない。

これより先、ビーアド博士は新平の復興案が行き悩んでいると聞いて、激励の手紙をよこした。その中には、次のような意味の言葉があった。

「世界中の目はあなたをみつめています。あなたが失敗することは、日本が失敗することです。ロンドン大火の後の英国首相の名は、誰もおぼえていませんが、あらゆる歴史家は、ロンドンの町を建設したクリストファー・レンの名を書きとどめます。パリにあそぶ者は、この美しい都を計画したオスマンの名をたたえます。あなたは勇気をもって、東京の町を作り上げるべきです。そうすれば、日本国民はながくあなたに感謝するでしょう」

鶴見祐輔がこの手紙を読んで聞かせると、新平は
「それは腐儒の意見だ」

と一言だけいった。

鶴見はさらに、この手紙を仲小路廉と中村是公に見せた。二人は涙を流して感激し、新平のところへ駆けつけて、あくまで戦うべしと励ました。

しかし、新平は黙っていた。

彼は妥協する腹だったのである。あとで彼は鶴見にむかって言った。

「あの時おれがやらなければ、復興事業のやれる人間はいなかったのだ」

それに彼は、臨時議会で政友会に屈しても、すぐ後の通常議会で盛り返して、もう一戦まじえ

る決意であった。

通常議会の開院式は十二月二十七日であった。

しかしこの日、摂政宮は開院式に行啓の途中、虎ノ門で難波大助に狙撃され、内閣は責任を取って総辞職した。

後藤新平の政治家としての生命は、この日をもって終りを告げた。

残りの火

後藤新平が妻を失ってのち、その晩年の孤独を慰めてくれるものは、もと新橋の芸妓桃千代だけとなった。

彼女はその生まれつきのやさしく従順な性質で、こまごまと新平の世話をやいた。

いつも火のようにたけり狂っている新平は、彼女のそばにいるときだけ、水のように静かな、落ちついた自分を取り戻すことができた。

震災のとき、彼女は永田町の伊東巳代治の邸の前の小さな家に住んで、ひとり恐ろしさにふるえていた。

こういうとき、一番たよりになるのは、たくましい男の力である。しかし、たよりにする新平は、ふたたび大臣の重任を拝して、焼け跡の中を東に西に駆けまわっている。彼女のことなど、考える暇もないらしい。彼女はなんともいえず心細くなった。

ある日、新平の友人の杉山茂丸がたずねて来て
「どうだろう、おきみさん。あんた、ひとつ後藤君のそばについていてあげる気はないかね」

「……とおっしゃいますと？」

「桜田の家へ入るのさ……奥さんの後釜にすわるのさ」

「まあ……」

「といっても、籍はべつだがね。実際は同じことさ。後藤君も、それを望んでいるがね」

「しかし、一蔵さまが……」

新平の長男の一蔵が、彼女の存在を憎み呪っているとは、かねて聞いている。

それも無理はない。一蔵にとっては、彼女こそ、なつかしい母の思い出に泥をぬる、悪鬼のような女であろう。

一蔵は純粋で、生一本な男であった。何か一つ事を思いつめると、自分を押える余裕のない男であった。彼はたしかに新平の一面を受けついでいた。

しかし、一蔵は父の知力と気力とを受けつがなかった。不肖の子という冷たい批評が、彼をますますいらだちやすい男にした。

学生のころ、彼はどうしても、父の母に対する侮辱を許すことができず、面とむかって父を非難したことがある。

新平も怒りを押えることができず、二人は声をふるわせて、激しく言い争った。

一蔵は発作的に立ち上ると、拳をかためて新平の頭を打った。

新平は失神して、その場に倒れた。

一蔵はそのまま邸を出ると、赤坂のゴミゴミした路地裏に小さな家を借りて、しばらく一人で暮らした。

彼女はそんなことを聞いているから、まっさきに一蔵のことを頭に浮べた。

杉山茂丸は事もなげに
「一蔵君だって、もう三十をすぎているから、いつまでも子供じゃないさ。このごろじゃ、新橋へあそびにいって、君のむかしの朋輩なんかに、桃千代さんをいじめると、あたしたちが承知しないわよと、包囲攻撃を受けるもんだから、頭をかいて、あやまっているよ」

それならいいと、彼女は思った。

麻布桜田の後藤新平の邸には、女丈夫の母利恵も、妻和子もなくなっていた。

姉初勢は、結婚にやぶれて帰ってからは、ずっと新平のそばにいて、その出世に奉仕することを何よりのたのしみとし、生まれつきの才気と、調和的な性格で、大家族の中に起りがちな風波や摩擦をやわらげる役割を果していたが、彼女も八十にちかくなって、もはや人の世話をするより、される身になっていた。

自然、主婦の役目は、新しく迎えられたきみのものとなった。

後藤家には、もう一人女性がいた。新平の長女で、鶴見祐輔に嫁した愛子である。彼女は鶴見姓になってはいたが、夫妻は同じ敷地内に住んでいたので、事実上は家つき娘の立場にあった。男の一蔵が受けつがなかった後藤新平の明敏な頭脳と、剛毅な気象を、女の愛子が受けついだ。

ふつうならば、きみと愛子は反目するところだが、どこまでもやさしく、しとやかなきみは、自分の地位をわきまえていて、常に相手に譲ったから、何事も起らなかった。

一蔵も、きみが水商売の出らしいところが微塵もなく、内気でつつましやかなのに、思いがけなかったという風で、むかし一途に憎んだことをつぐなうかのように、やさしい目を向けた。

むしろ、一番やっかいなのは新平であった。彼が日本一多忙で、活動的な男だということは、知っていたが、いっしょに住んでみるまで、毎日こんなに目まぐるしい生活を送っていると知らなかった。

桜田町の邸には、大ぜいの使用人や書生がいたが、ボンヤリしているものは一人もなかった。彼らはいつも、何かしら用事を言いつけられて、廊下を小走りに走りまわっていた。後藤新平はいつも、夜おそくまで机にむかって、調べ物をしたり、物を書いたりしていた。寝るのは一時、二時であった。

朝は五時に起きて、運動のため、ゴルフの練習をする。きみにはゆっくり眠る時間もない。朝飯がすむと、もう来客である。日に二三十人を下らない。

後藤新平は派手ずきで、おしゃれだから、日に何度も着る物を替える。羽織袴のリュウとしたいでたちで出かけたかと思うと、帰って来て、モーニングに着替えて、また出かける。

そのほか、背広、スポーツ服、ボーイ・スカウトの制服と、まるで役者の早替りのように、ぬいではまた着る。

そのたびごとに、ネクタイ、靴下、ネクタイピン、カフスボタンの注文がやかましい。言いつけられた品がサッと出せないと、いきなりカミナリが落ちる。

きみはクタクタになって、こんなことならあのまま永田町に住んでいたほうがよかったと、溜め息をついた。

麻布桜田の後藤新平の邸内では、大規模な建築工事がはじまった。西洋のおとぎ話に出てくるお城のような、りっぱな建て物が建つことになったのである。

この建て物は、新平の母利恵の注文で、西洋風に設計された。彼女はむかしの人に似ずハイカラな好みを持っていて、一生に一度、洋館に住んでみたいと言いだしたのである。

一方、新平の頭にはいつも、水沢城のほとりの、あばら家といいたいほど貧しい家のことが浮んでいて、そこで彼を生み、育てた母を、できるだけりっぱな家に住まわせようという夢が去らなかった。

この洋館は、一階から二階へ上る階段のかわりに、エレベーターが使われることになっていた。来年百歳になる利恵が、上り下りに不自由な足を使わなくてもすむようにという配慮からであった。

彼女は設計図を見ながら、この家について、いろいろと空想をめぐらしてたのしんでいたが、工事に取りかかる前に、急になくなった。

ひきつづいて、震災である。

新平は、帝都復興の大任を負うて、自分の家を建てる前に、他人の家の心配をしなければならない身になった。

やっと震災の混乱はおさまった。

新平は大臣をやめて、自由の身となった。

そこで彼は、ながらく見合わせていた工事に取りかかることにした。

利恵がなくなったからには、エレベーターの必要もなくなったわけで、ふつうの階段にしたらどうかという意見も出たが、新平はやはり、はじめの設計の通りにせよと命じた。

世間はなき母をしのぶ彼の孝心に感激し、彼自身も人に聞かれれば、そのような顔をしたが、もともと彼は、電気で動いたり、石炭で走ったり、バネ仕掛で飛び出したりするもの、——いわゆる文明の利器というものが大好きであった。

したがって彼は、科学や技術の進歩発達に役立つことならば、協力援助をおしまなかった。

家庭電気普及会というものが創立され、後藤新平がその会長に推戴されたのは、大正十三年の四月である。そのころはまだ電気器具は高価で、電気料も高かったから、一般の家庭へはなかなか入らなかったが、それが今日のように普及する最初の基礎を作ったのは、彼であった。

個人の住宅で、一階から二階へ上るのにわざわざエレベーターを使うというのも前代未聞だが、それをさせたのは、彼の孝心のほかに、家庭電気普及会総裁として、率先垂範しようという責任感もたしかにあった。

新しい洋館は、麻布の高台の上にあって、反対側の崖から見ると、宮殿のようにそびえて、あたりを圧していた。

この邸は、のちに満州国大使館となり、現在は中国大使館となっている。

ここに住むようになって間もないある日、彼は外出から帰ると、メマイをおぼえて床についた。彼は医者であったから、自分で診断することができた。脳溢血が彼を襲ったのであった。後藤新平は周囲の者に命じて、自分が脳溢血で床についていることを、絶対に世間へ知らせないようにした。

政治家にとって、何より大切なのは、活動力である。彼は民衆の前に、どんな重い荷物でも軽々と運び、どんな高い山へでも楽々と登る力を持っているかのように振舞う必要がある。実際にはそのような力がなくても、彼は世間にそれをさとられてはならない。

政治家の健康にヒビが入ったと知ったら、経営の欠陥を露呈した企業のように、人々は彼を見捨てるであろう。

後藤新平は世間へは、肺炎で床についているかのように公表した。

さいわい、彼の症状は軽かったので、まもなく回復した。

よく見れば、彼の手足の動きはにぶく、舌はもつれたけれど、遠目には、そこまでわからない。

人々は後藤新平がもとの元気を取りもどしたと見て、安心した。

しかし、新平は床についているうちに、深く決意するところがあった。

脳溢血は、何どき再発するかわからない、危険な病気である。三度目に発作があったら、あぶないと思わねばならない。

してみると、自分に許された時間は、あとごく僅かである。この時間を、もっとも有効に使うには、どうしたらいいか。

後藤新平はかねてから、日本の政党政治の腐敗を嘆いていた。政治は民衆に立脚せねばならず、その意味では、政権がしだいに軍閥、官僚の手から政党へ移ってくることは、願わしいことであるが、その民衆の意志を代表するはずの政党が、今日のように堕落していては、とても国家の運命を託することができない。

たまたま、永年の懸案であった普通選挙が実施されようとしていた。今こそ政界を浄化するに絶好の機会である。政治家は党利党略をしりぞけ、政治道徳を確立して、理想国家の建設に進まねばならぬ……彼はその生涯に残されたわずかの時間を、この目的の実現のために捧げようと、心にきめた。

後藤新平は「政治の倫理化」という標語をかかげて、広く国民に呼びかけることにした。

大正十五年四月一日、彼は東京の青山会館で講演会をひらいて、政治の倫理化運動の第一声をあげた。

四千の聴衆は場を埋めて、彼の言葉に耳をかたむけた。彼の声は病後の人とも思えぬほど、力がこもっており、熱烈な気魄は人の胸を打った。

「政治の倫理化」という合言葉は全国の隅々まで広まり、国民ひとりひとりの胸に、大きな感激をよびおこした。

書店の店頭にうず高く積まれたパンフレットは、みるみる売り切れとなった。

後藤新平は全国各地へ講演の旅にのぼった。いたるところで会場は満員となり、人々は歓呼の声をあげた。

気運は充分に熟した。後藤新平の人気は絶頂に達した。

政治の倫理化運動は、野を焼く火のように、日本中にひろがった。

しかしまた、野の火のように、燃えるだけ燃えると、ひっそり消えてしまった。

もともとこの運動はそういう性質のものであった。

はじめ後藤新平が政治の倫理化ということを言いだしたとき、世間は、いよいよ彼が政党運動に乗り出すのかと思った。

しかし、後藤新平はもともと、政党に対して否定的である。それに、政党運動としては、この提唱には具体的な政策がなかった。倫理化という理想はうつくしいが、それは左右いずれの立場にもあてはまるものである。倫理化ということだけをかかげて新しく政党を組織することは無意味であった。

従って、この運動はおのずから教化運動の方向をとらざるを得なくなった。教化ということは、大いに結構なことであるが、それだけでは一つの勢力となり得ない。倫理化運動は、空中にうかんだ美しい楼閣となった。

後藤新平の理想とするものが、政党政治を超克した一種の官僚政治であったことは明らかである。その意味で、彼の提唱には、後年のファシズムへの通路もひらけていたが、それが実現するには、まだ機運が熟していなかった。そして、彼の運動はたかだか選挙粛正くらいの意味しか持たなかった。

たまたまこの運動の最中に、後藤新平は田中首相の懇請でロシヤ訪問の旅に出かけ、しばらく日本を留守にしたが、それはあたかも普通選挙法施行後最初の総選挙を前にひかえた時に当ったので、彼はこの大事な機会に、倫理化の主張を実地に試みることができなかったのである。

こうして政治の倫理化運動はしぼんでしまった。そして彼はしだいに政界から浮き上った存在になった。

後藤新平がロシヤ訪問の旅に出発したのは、昭和二年の暮れのことであった。

日露の国交は、後藤・ヨッフェ会談によって一応の橋渡しがなされ、つぎに芳沢謙吉とカラハンとの北京会談によって正式に成立したけれど、なお細部については幾多の問題を残していた。

特に漁業問題はむずかしかった。日本の出漁権は、ヨッフェ会談のとき、臨時に承認され、芳沢・カラハンの交渉で暫定協定ができたけれど、カムチャツカの現地では、ロシヤ側官憲と日本漁船の間に、感情的な対立があって、いざこざが絶えなかった。

ロシヤ側の監督官にも、法規を楯にとって、むやみと取り締まりをきびしくする者もあれば、比較的寛大な者もあり、海岸に立って望遠鏡であたりの景色を眺めただけで、スパイ容疑で取り調べを受けるようなこともあって、意志の疎通、感情の融和がまったくおこなわれなかった。

ここはどうしても、両国政府の首脳部の間で充分な話し合いをおこない、諒解に達する必要があるというので、後藤新平の派遣が決定したのであった。

昭和二年八月、後藤新平は二度目の脳溢血で倒れた。

最初のときより、今度の発作のほうが重かった。手当ての結果、回復したけれど、舌のもつれは以前よりひどくなり、全体としてやつれが目立った。

田中首相からロシヤ訪問の相談があったのは、この直後である。

後藤新平の側近の者は、みなロシヤ行きを諫止した。脳溢血は三回目があぶない。この衰弱した身体で、長途の旅行に出るのは、求めて死地に入るようなものである。

しかし、新平は思いとどまらなかった。もと医者である彼は脳溢血の危険を誰よりよく知っている。しかし、彼はそれを恐れていられないと思った。

日露国交の打開は、壮年のころからの彼の夢である。彼の政治生涯は、ただ一つ、この目的にのみ捧げられたといってよかった。

伊藤博文の遭難も、この目的のためであった。

ヨッフェとの会談も、このためであった。

ながい間かかって積み重ねてきた事業が、いま、最後の努力によって完成しようとしているのを目の前にして、彼はじっとしていられなかった。

彼はどこまでもロシヤ行きを固執してやまなかった。彼は倒れてもいい決心であった。

もし会談の最中に倒れたとすれば、男として、こんなはなばなしい死に場所はないであろう。

それはまさに大政治家の最後を飾るにふさわしい舞台である。彼は万一の危険をおそれるよりも、その英雄的な場面に心をひかれた。

彼の側近は、いくら止めても思い止まらないと知ると、彼の欲するままにさせようと決意した。彼等は万一の場合、彼の遺骸を奉じて帰国する覚悟で、出発の準備をととのえた。

随行者は田中清次郎、前田多門、八杉貞利、森孝三、引地与五郎、関根斉、佐藤信の七名である。

十二月五日、一行は盛んな見送りを受けて東京駅を出発した。

途中、宇治山田に一泊して伊勢神宮を拝し、神戸から香港丸に乗船して、大連についたのは十日であった。

翌朝、新平は満鉄本社で社員一同に面接ののち、午前十一時の列車で北へ向った。

後藤新平は車窓にうつる沿線の風景に見入りながら、感慨にふけった。

二十年のむかし、彼が満鉄総裁として、この地にあったころ、一帯は見渡すかぎり荒れ野原であった。いまは隅々まで、よく耕されているところを見ても、日本人の進出のさまがうかがわれるが、この状態はいつまで続くであろうか。

日本人はほんとうに、満州に根をおろすことができるか？　満州における日本人は、このままでいいのか？　ここが将来、東洋の平和に禍をもたらす因となることはないか？

自分のこのたびの訪露は、この地の将来に関係するところが多いと思うと、彼は心なしに窓外の景色を見ることができなかった。

一行がモスクワに着いたのは、十二月の二十二日であった。

ヨッフェはその五週間前、新平がまだ東京にあって、訪露の準備をととのえているころに、ピストルで自殺していた。

死後発表された遺書によると、彼はトロツキー派に属していて、スターリン政権に迫害されたために、死を選んだということであった。

しかし、モスクワへ来て、いろんな人の話を聞いてみると、事情はすこし違っていた。

ヨッフェは阿片中毒が一段と進んで、ほとんど狂人になっていたのである。彼は医者であったから、はじめのうちは自分で処方して阿片を手にいれていたが、中毒患者であることが明らかになるに及んで、当局は彼に阿片を売り渡すことを禁止した。

中央委員会から派遣された医者は彼を診察して、外国に転地療養させることを決定したが、そのために支給される費用は、彼が必要と考えた額をはるかに下廻るものであった。

彼は政府のあらゆる役職から遠ざけられた。

すべてこれらのことを、ヨッフェは自分がトロツキー派に属しているからだと考えたが、政府側の人たちは、狂人特有の被害妄想にすぎないといった。

それはどちらであるにせよ、ヨッフェは後藤新平にとって、なつかしい友人であった。東京における会談のさいも、彼はときどき興奮状態におちいったけれど、それとは別に、彼が卓抜な外交的手腕を見せたことも事実である。彼はやはり後藤新平が相手とするに不足のない非凡な男であった。

新平はモスクワへ着いて四日目に、雪に埋もれた彼の墓をたずねて、深く頭を垂れた。

あくる日から彼の活動ははじまった。

彼はスターリン、外務人民委員チチェリン、同代理カラハン、中央執行委員会議長カリーニン等に会見して、日露国交について語り合った。

スターリンはクレムリンの大広間で新平に会った。彼はムッツリした男で、何か聞かれてもなかなか返事をせず、一言ずつ考えながら口をきいた。

新平は言った。

「東洋の平和は、日露支三国の協力によってのみ確立されるでしょうが、支那は目下、いくつもの軍閥によって分裂して、混乱していますから、まず日露の間で充分に話し合って、支那問題処理の方策を立てる必要がありましょう」

しかし、スターリンは

「支那は分裂しているといっても、将軍たちはみな愛国者で、祖国を植民地的状態から救うために努力しているのです。日本はこの点を誤解しているのではありませんか。支那を除外して、日露だけで支那問題を語り合っても、しようがないでしょう」

「ともかく、日露は充分な諒解に達する必要があります」

新平はなおモスクワの要人たちに会って、日露交渉の下ごしらえをし、漁業問題についても、カラハンと懇談をかさねて解決ののち、東京へ帰った。

後藤新平が東京へ帰り着いたのは、昭和三年二月七日であった。

彼は田中首相に帰朝の報告をし、参内して訪露の顛末を言上すると、長い旅の疲れが一時に出て、床についた。

二月二十日、普通選挙法による第一回の総選挙が施行されたけれど、彼は病床から眺めているきりであった。

後藤新平はようやく自分の政治的生命のみならず、肉体の生命も終りに近づいたことを自覚しはじめた。

三月十五日、日本共産党の一斉検挙があった。このとき後藤新平の婿佐野彪太博士の弟学は、一足先に上海へ渡って、逮捕をまぬがれたが、新平が事前に検挙を知って、佐野を逃がしたのだろうと噂する者があった。しかし、真偽のほどは明らかでない。

十一月十日、御大典が挙行され、後藤新平は日露国交の打開に尽した功によって、伯爵を授けられた。

彼はまだ政界に興味を失っていなかったが、おそらく健康が充分の活動を許さないだろうと、知らないわけでもなかった。

彼の老後のたのしみはボーイ・スカウトを育成することにあった。彼はボーイ・スカウトの集りというと、団服を着て、どこへでも出かけてゆき、無邪気な少年たちに取り囲まれて、ニコニコしていた。

昭和四年四月三日夜、後藤新平は東京駅から岡山へ講演の旅にたった。

名古屋を過ぎたころ、夜が明けた。

米原のすこし手前で、後藤新平は寝台から出ると、身支度をはじめた。

ズボンをはき、チョッキをつけ、あと上衣を着るばかりになったとき、彼は突然よろめいた。

付添いの書生が駆けよって、彼を支えた。

三回目の脳溢血が彼を襲ったのであった。

京都駅で担ぎおろされようとするとき、彼は僅かに動く左手で、あたりの物につかまって、こばむ身振りをした。

同時に、彼は不自由な口を動かして、何かしきりに言おうとしている。よく聞くと、それは
「岡山……岡山……」

といっているのであった。

後藤新平は京都府立病院へかつぎこまれた。

いつの旅行にも、新平に付き添っていたもと桃千代のきみは、この時にかぎって、東京に残っていたが、急を聞いて、駆けつけた。

その他、あらゆる血縁、親族、友人が京都へ集まった。

新平の容態は一時、持ち直したが、一週間目にはふたたび危険な状態におちいった。

しかし、彼の意識は終始はっきりしていて、かわるがわる枕頭にあらわれる人に、にこやかにほほえみかけた。それはいかにも
「水沢の貧少年は、ともかく、その一生を思う存分に生きたよ」

といおうとしているようにみえた。

十三日未明、巨人は溘焉《こうえん》として逝った。

＊現在の基準では適切でない表現を含んでいる可能性があります。
刊行当時の時代を表す歴史的・学術的資料としての趣旨をご理解ください。

下巻あとがき

後藤新平という官僚政治家の人生はまことにきらびやかである。水際立っているのが、台湾総督府民政長官としての8年余の仕事である。この仕事は、後藤終生の思想「生物学の原理」にもとづいて政策を編み出し、ぶれることなくこれを追究してなし得たものである。

後藤の「生物学の原理」とは何か。

個々の生物はそれぞれ固有の生態的条件の中で生きている。一国の生物を他国に移植してもうまくいかない。個人や集団の中に古くから伝わる固有の習慣、制度を無視して権力を一方的に行使してはならない。権力が行使される「場」の習慣、制度を十分に尊重し、これとできるだけ齟《そ》齬《ご》をきたさないような政策が必要だと考えたところに、後藤の思想の練《れん》磨《ま》があった。後藤の広く知られている語りに、〝鯛《たい》の目と比《ひ》良《ら》目《め》魚の目〟がある。そこでは「社会の習慣とか制度というものは、みな相当の理由があって長い間の必要から生まれてきているものだ。その理由も弁《わきま》えずに未開国に文明国の文化と制度を実施しようとするのは文明の逆政《ぎゃくせい》というものだ」という。

後藤は第4代総督の児玉源太郎という比類なき軍政家に仕え、その厚い信頼を得た。しかも、帝国憲法や帝国議会の制約から離れてフロンティア台湾の白いキャンバスのうえに年来の思想「生物学の原理」にもとづくアヘン漸禁策、土匪招降策、旧慣調査、土地制度改革、衛生事業、インフラ整備事業などを次々と展開していった。台湾近代化の基盤形成は後藤の思想と政策によって幕が切って落とされたのである。

後藤といえば、満州経営の先駆者であり、満鉄の基礎を築いた人物であるかのようにいう人が少なくない。だが、後藤本人はそう語ってはいない。あれほど自己顕示欲において強烈であった後藤の口から聞こえてくるのは、愚痴、不平、不満、怒りばかりである。満鉄総裁の後藤の文言の中に、総裁らしき口吻がほとんどみられない。台湾総督府民政長官の時代の語りや文章の中で輝いていたあの明朗さは、不思議なほどにここでは影を潜めている。なぜなのだろうか。

＊　＊　＊　＊

日露戦争勝利の主役は軍人である。満州で手にしたものは遼東半島の租借地であり、ここを統治していたのは軍部である。しかし、ポーツマス条約では日露両軍は一定期間後に満州から撤兵することが約されている。軍政はほどなく民政へと転換させねばならない。わかっていることだが、おびただしい数の兵士の犠牲の代償を支払って得たこの地から軍人の力を排除することの難しさは言語を絶するほどのものだった。樺山、桂、乃木の3代の台湾総督による武断政治の時期を経て民政に重点をおく文治的統治へと舵を切ったのは、第4代総督の児玉源太郎である。権力と権威において並ぶものなき児玉の果断があったからこそなし得たことだが、その児玉は日露戦争から帰還後、自宅で就寝中に脳卒中に襲われて息を引き取ってしまった。

軍部を代表する都督府、外務省の出先機関の領事館、この2つに挟まれて新たに生まれた一つの株式会社の満鉄が地歩を固めることは難行であった。民政へと転じるに際しての軍部の頑強な反発は生半《なまなか》なものではなかった。後藤は元老・重臣に働きかけて、満州における軍部の牙城・都督府の顧問兼任を手にした。しかし、満鉄は株式会社である。総裁といえども天皇の親任を得て任命される親任官ではない。その権威にはさしたるものがなかった。後藤の嘆きには実に深いものがあった。満鉄在任期間は1年と8ヶ月に過ぎなかった。

後藤の水際だったリーダーシップのありようを今に残しているものに、関東大震災後の帝都復興への献身がある。

＊　＊　＊

首相の加藤友三郎が現職のまま死去、海軍大臣の山本権兵衛に臨時内閣を組成するよう大命が降下されたものの、組閣は難航。ようやく第2次山本内閣が成立して後藤は内務大臣兼帝都復興院総裁となった。9月2日の親任式を終えて帰宅した後藤は自宅にこもって帝都復興根本策をひたすら練った。鶴見祐輔『正伝 後藤新平』(藤原書店)によれば、後藤の帝都復興の根本策は次の4点に集約されたという。

一、遷都すべからず。
二、復興費に三十億円を要すべし。
三、欧米の都市計画を採用して、我国に相応しき新都を造営せざるべからず。
四、新都市計画実施の為めには、地主に断固たる態度を取らざるべからず。

後藤は大震災を、東京を日本の真に近代的な首都とするための「好機」だと捉えたのである。維新後、全国各地方から人々が蝟集《いしゅう》して形成された無秩序の人間社会を、都市計画構想にもとづいて復興させようというのが後藤の目論見であった。とはいえ後藤の復興計画予算はあまりに大きく、最終的には大幅な減額を余儀なくされた。「焦土全部買上案」までが構想されたものの、さすがに強力な既得権益集団に阻まれ閣議でこれが承認されることはなかった。しかし、やるしかないと後藤は臍《ほぞ》を固め直し、区画整理、幹線道路、橋梁、ガス管などの整備、さらには公園や衛生施設、教育施設の建設などに邁進した。土地所有者や借地権者の手強い反対にも後藤は動じることはなく、区画整理は震災による消失区域の9割に及んだという。いかにも激しい気性の後藤らしきリーダーシップを帝都復興の中に観察することができる。

＊　＊　＊

後藤新平という人物について語る醍醐味は、その実に豊かな発想力にある。再び台湾についての話だが、1つのエピソードを述べておきたい。

後藤が初めて台湾の地を訪れたのは、明治29年（1896）6月初旬のことであった。桂太郎が第2代の総督として台湾に赴任するに際し、伊藤博文、西郷従道《じゅうどう》とともに後藤も同道、この地を観察する機会を得た。

後藤は台北の街を歩きながら不思議な気分であった。本土の日本であればどこの街でも酒や煙草を商う店は必ず目に入る。ところが、台北の街ではこれがほとんど見当たらない。本土とは店舗の構えなども異なるだろうから自分の見間違いかもしれない。でも、おかしい。同行する総督府の官吏に尋ねてみたが、やはり酒と煙草の店舗は珍しいという。どうしてなのか。後藤は、あそうか、と考え直した。住民の嗜好がアヘンの一点に集中して煙草の喫煙者は次第に駆逐され、酒も同様の経緯で売られなくなったのではないか。

嗜癖《しへき》（アディクション）というのは、〝はまる〟とか〝のめり込む〟といった意味の精神医学の用語である。アヘンはこの嗜癖性において煙草や酒などに比べ相当に強い。そうか、人間は何かに依存せずしては生きていけない、そういう存在なのだ。ならば嗜癖性のより強いアヘンからより弱い煙草や酒へと依存の対象を変化誘導してやるしかない。そのためにはアヘンの販売価格を高価にし、煙草と酒をより安価にするより他ない。

アヘン漸禁策である。漸禁策が閣議決定され、同時に後藤は総督府衛生顧問に任じられた。とはいえ、実現は容易なことではなかった。

吸引が常習化すると体は次第に衰弱し、生気を失い、心神耗弱《こうじゃく》を招く。その症状から脱しようとさらに強く吸引を求め、吸引者の関心のすべてがアヘンのことで埋め尽くされる。アヘン入手のための費用が嵩《かさ》み、生計が立ち行かなくなり、入手のためには手段を選ばないという道徳観念の喪失にまでいたる。アヘンが社会の深層を蝕んでいた台湾を日本は清国から割譲されたのである。台湾統治の起点においてアヘン禍の恐ろしさをまるで知らない日本がこれにどう立ち向かうのか。最初の難題がこれであった。

後藤の発想はユニークだと先に述べたが、ユニークな発想の根拠にはつねに徹底的な調査があった。後の満鉄総裁時代の満鉄調査部、東京市長時代の東京市政調査会などは、いずれも日本ではまれなほどに本格的な調査機関であった。台湾アヘンについても後藤は、衛生局から台湾総督府に出向中の2人の部下に実地調査を行うよう指示、忠実にして優秀なるこの部下は懸命な調査に励んだ。その結果、厳禁策は不可能であり、漸禁策より他に道なしとされ、アヘンは総督府の専売制とされた。医師の診断によって常習喫煙者に認定されたものに対し鑑札通帳を発行、通帳所持人に限定して特定薬舗からアヘンを購入させるようにした。専売価格は市場価格の3倍、これらを骨子とする意見書が伊藤総理により裁可されるにいたった。

後藤はアヘン漸禁策が奏功して台湾からアヘン禍を排除するには30年から50年の長期を要すると考えた。しかし、とりわけ初動が肝心であり、最初の2年間に制度設計を万全に整えることができれば、やがて台湾からアヘンを最終的に駆逐できるとみていた。実際、吸引者数は明治33年（1900）の約17万人をピークとし、明治39年には13万人、明治43年には10万人を切り、大正5年（1916）には6万人台、大正12年には3万人台となった。このあたりが漸禁政策の終焉期であろう。台湾のアヘン禍は、後藤の構想通り30年前後をかけて排除されたのである。後藤の政策の時間軸については一層の研究を要しよう。

令和5年6月24日

渡辺利夫（拓殖大学顧問）

＊初出　「毎日新聞」　昭和三十九年八月二十一日より昭和四十年九月十六日まで連載
＊本書は１９９９年、毎日新聞社刊行の『大風呂敷　後藤新平の生涯　下』（毎日メモリアル図書館）を復刊したものです。
＊カバー地形図出典：国土地理院発行１万分１地形図

〈著者略歴〉
杉森久英（すぎもり・ひさひで）

1912年、石川県生まれ。東京大学国文科卒業。河出書房の『文芸』編集長を務める。
1953年、短編「猿」を発表、芥川賞候補となり、これを機に文筆に専念。1962年、同郷の異色作家・島田清次郎を描いた『天才と狂人の間』で直木賞受賞。『辻政信』『徳田球一』『明治の宰相』など、伝記文学にすぐれた作品があるが、『回遊魚』など風刺小説でも好評を博す。『能登』で平林たい子賞受賞。1997年没。

大風呂敷《おおぶろしき》　後藤新平《ごとうしんぺい》の生涯《しょうがい》　下

印　刷　2023年８月10日
発　行　2023年８月30日
著　者　杉森久英《すぎもりひさひで》
発行人　小島明日奈
発行所　毎日新聞出版
〒102-0074
東京都千代田区九段南1-6-17 千代田会館5階
営業本部：03（6265）6941
企画編集室：03（6265）6731
印刷・製本　光邦

ISBN978-4-620-10869-8